双循环

中国经济新格局

陈元　黄益平　主编

人民日报出版社
北　京

图书在版编目（CIP）数据

双循环：中国经济新格局 / 陈元，黄益平主编. — 北京：人民日报出版社，2021.3

ISBN 978-7-5115-6917-2

Ⅰ. ①双… Ⅱ. ①陈… ②黄… Ⅲ. ①中国经济–经济发展–研究 Ⅳ. ①F124

中国版本图书馆CIP数据核字（2021）第018686号

书　　名：**双循环：中国经济新格局**
SHUANGXUNHUAN——ZHONGGUO JINGJI XINGEJU
主　　编：陈　元　黄益平

出 版 人：刘华新
责任编辑：蒋菊平　李　安
封面设计：主语设计
版式设计：九章文化

出版发行：人民日报出版社
社　　址：北京金台西路2号
邮政编码：100733
发行热线：（010）65369527　65369512　65369509
邮购热线：（010）65369530　65363527
编辑热线：（010）65369528
网　　址：www.peopledailypress.com
经　　销：新华书店
印　　刷：北京中科印刷有限公司

开　　本：710mm × 1000mm　1/16
字　　数：217千字
印　　张：18.25
版次印次：2021年3月第1版　2021年9月第2次印刷

书　　号：ISBN 978-7-5115-6917-2
定　　价：58.00元

中国金融四十人论坛书系
CHINA FINANCE 40 FORUM BOOKS

“中国金融四十人论坛书系”专注于宏观经济和金融领域，着力金融政策研究，力图引领金融理念突破与创新，打造高端、权威、兼具学术品质与政策价值的智库书系品牌。

中国金融四十人论坛是中国极具影响力的非官方、非营利性金融专业智库平台，专注于经济金融领域的政策研究与交流。论坛正式成员由40位40岁上下的金融精锐组成。论坛致力于以前瞻视野和探索精神，夯实中国金融学术基础，研究金融领域前沿课题，推动中国金融业改革与发展。

自2009年以来，“中国金融四十人论坛书系”及旗下“新金融书系”“浦山书系”已出版100余本专著。凭借深入、严谨、前沿的研究成果，该书系在金融业内积累了良好口碑，并形成了广泛的影响力。

序言

Preface

走向更加波澜壮阔的经济大循环

2021年是“十四五”的开局之年，当前受到最广泛热议的经济话题是以“双循环”为核心的新经济发展格局。那么，双循环究竟意味着什么？怎样才能形成新的经济发展格局？它将如何改变中国经济？围绕这些问题，中国金融四十人论坛组织部分成员、资深研究员、学术顾问展开了全面而深入的研讨，形成《双循环：中国经济新格局》一书。

本书分四个方面汇总、展示了部分研讨成果：解读“双循环”、实现“双循环”靠什么、双循环的抓手及金融服务双循环。本书的分析可以说是精彩纷呈，比如，“内外循环也是量与质的循环”，“在‘去全球化’中实现全球化”，“从‘被地球转动’到‘转动地球’”，以及“以企业需求为中心改革投融资体制”等，这些观点既独到又深刻。本书的大部分作者都是长期浸润于经济政策分析的学者与官员，因此这些分析往往既有学术高度，也有现实价值，而且可能具有重要的政策启示。

同样值得指出的是，经济运行复杂而具有个性，千百年来，各国经济学家试图厘清真相，找出规律，时至今日，仍有诸多问题难以达成一致意见。同样，书中的各位专家从各自角度进行分析、讨论，有些观点存在分歧、差异。不过这也与中国金融四十人论坛长期坚持的学术自由、服务政策的理念一脉相承。本书将各家的观点完整地展示给读者，既希望传达百花齐放、百家争鸣的精神，更希望大家通过不同的视角来看待问题，能够对“双循环”问题形成更为全面、客观的认识。

我个人的看法是，从 20 世纪 90 年代后期开始实施以“国际大循环”为核心的“沿海发展战略”，到现在“加快形成以国内大循环为主体、国内国际双循环相互促进的新发展格局”，是国际、国内经济形势的大变局背景下的顺势而为。不过，有部分解读过多地突出“国内大循环”，造成了将来是不是不要“国际大循环”了这样的疑问。如果从两个百年目标之间承前启后这个背景下来聚焦“双循环”新发展格局，或许可以大胆地做一个预言：这次战略调整的目的肯定不是要把中国经济变成一个内循环，而是要推动形成更加波澜壮阔的国际经济大循环，中国经济将在那个新的大循环中发挥关键性的作用。

这个理解的意义，不仅有助于摆脱无休无止地解释“双循环”战略不是“闭关锁国”政策，也有利于形成在更加开放政策下实现国内经济大循环的共识。一个与国际经济日益疏离的国内经济大循环既不能持续，也无法帮助达成第二个百年目标。改革开放前期，外强我弱，“国际大循环”的目的是主动参与国际市场，利用国际经济的力量带动中国经济快速成长。现在世界各国经济屡遭打击，经济增长萎靡不振，保护主义思潮抬头，中国决定将工作重心转移到促成国内经济大循环，支持持续的经济增长。但这个转移的目的不是要在国际经济之外另搞一摊，而是要促进形成新的国际经济大循环。如果说过去国际经济大循环的主体是欧美发达经济体，中国应当在未来新的国际经济大循环中居于更为核心的地位。形成这个新的大循环，对中国有利，对世界也有利。

1978年年底，中国政府决定实施改革开放政策，当时可以说是尽得“天时、地利、人和”。世界经济刚刚开始全球化的进程，中国实施“两头在外”的“国际大循环”战略，积极利用外资，带来资本、技术与管理，与国内低生产成本结合，生产大量的劳动密集型制造品出口到世界各主要经济体。这个战略取得了巨大的成功，20世纪90年代中期，中国在全球劳动密集型产品的总出口中占到五分之一甚至更高。2001年年底中国加入世界贸易组织，进一步将“国际大循环”战略发挥到淋漓尽致，在短短的几年内，中国一跃成为“世界工厂”。中国在过去几十年间创造了一个新的“经济奇迹”，首先要归功于改革开放政策，但同时也不能否定，中国经济搭上了“全球化”这趟快车，而“国际大循环”战略正是那张上车的车票。

不过在过去十年间，国际经济格局开始发生变化。欧美发达经济体过去一直是世界经济的压舱石，却一次又一次地惨遭蹂躏，首先是次贷危机，然后是新冠疫情。虽然各国央行与政府采取了“不计一切代价”的政策稳经济、稳金融、稳社会，但经济复苏始终疲软乏力。在此背景下，各国对各自的全球化政策做出来各种各样的反思，甚至采取了不少反全球化的政策措施，国际贸易冲突也频频发生。这样，如果中国继续坚持实行“国际大循环”战略，困难变得越来越多。不过，部分困难其实也来自自身的变化，甚至可以称为“成功的烦恼”。中国在刚开始改革开放时，是世界上最贫穷的国家之一，但现在已经成为世界第二大经济体，而且估计会在未来几年赶上美国成为全世界最大的经济体。

经济发展新格局的核心是“以国内经济大循环”为主，这其实是上述国际、国内经济形势变化所决定的。国内经济大循环包含两大环节，一是需求，二是供给，需求与供给良性循环，经济增长才能不断持续。增强内需的关键是消费，过去推动中国经济增长的三驾马车中，发力的主要是投资与出口，消费相对疲软。眼下的当务之急是要挖掘消费潜力，但不能无节制地支持超前消费。改善消费主要靠收入和保障，具体可以考虑四个方面的措施：一是加速要素市场化改革，提高居民收入在国民收入中的比重；二是改善收入分配，提高消费倾向较高的低收入家庭的收入；三是完善社会福利体系，增强消费者信心；四是加快城市化进程，提高人均消费水平。在未来几十年，消费将成为中国经济增长的主要推动力量。

改善供给的关键是鼓励创新、支持产业升级换代。过去几十年，中国经济增长主要依仗低成本的优势，只要能生产出来，产品肯定有竞争力。现在成本大幅提高，只有改善产品质量、提高技术含量，才可能保持持续竞争力。所以说中国经济增长要从过去的要素投入型转向创新驱动型，但创新驱动型怎么做，是一个新课题，要解决的问题也很多。比如怎么鼓励科学家和企业家创新，这里既有政策层面的问题，也有法律层面的问题，更有金融层面的问题。如何在政府和市场之间形成合理的分工，既支持创新，又不伤害市场。如果看政策大方向，过去几十年的成功，主要是归功于改革与开放政策，将来估计也是如此。具体的做法可以更加务实一点，在不损害市场原则的前提下，看效果。这其实就是“摸着石头过河”的精髓。

总之，“以国内经济大循环为主”，并不是要将中国变成一个内向型的经济，而是为新的国际经济大循环打下更为坚实的基础。过去中国“国际大循环”，搭的是欧美经济发展的列车。现在中国经济已经成为世界经济发展的引擎，中国对全球经济增长的贡献达到三分之一左右。中国很快将成为世界第一大经济体，中国的社会零售总额已经在2020年超越了美国，成为世界最大的消费品市场，而且其增长速度起码是发达经济体的两倍。这个消费品市场很可能成为下一个世界级的“中国故事”，它是稳定全球产业链的一个锚，也是拉动世界经济进一步融合的重要引力。因此，双循环战略最终将为全球经济发展这列火车打造一个新的引擎。未来几十年，中国要逐步走近世界经济舞台的中央，成为新的“国际大循环”的重要驱动力量。

黄益平

中国金融四十人论坛学术委员会主席

北京大学国家发展研究院副院长

2021年2月7日

目录

CONTENTS

第一章 解读双循环

第二章 实现双循环靠什么

目录

CONTENTS

第三章 双循环的抓手

第四章 金融服务双循环

第一章

解读双循环

双循环的由来

徐奇渊

一位拿着拨火棍的哲学家曾经说过："如果讨论是一片土壤，那么一个新词就像是一粒新的种子。"近期，双循环这个新词激起了各种猜想、讨论和演绎。凡是能说的事情，都必须说清楚。双循环也是一个可以说清楚的概念。要理解这个新词，就需要回顾近年来国内外形势的变化，以及经济政策思路的演进。

为了减少个人揣测，笔者尝试从考据的角度对双循环的提出过程进行回顾、梳理。

国际大循环与沿海发展战略的巨大成功

1987 年 10 月底，时任国家计委经济研究所副研究员的王建向中央提出了《关于国际大循环经济发展战略的构想》。当年 12 月 30 日的《光明日报》刊登了王建同志答记者问的相关内容，解释了国际大循环战略就是"大力发展劳动密集产品的出口，在国际市场换回外汇，为重工业

作者系 CF40 研究部主任，中国社会科学院世界经济与政治研究所研究员。

发展取得所需资金与技术，再用重工业发展后所积累的资金回来支援农业，从而通过国际市场的转换机制，沟通农业与重工业的循环关系”。

“国际大循环”的构想很快引起了中央决策者的重视，并促成了“沿海发展战略”的提出。

1987 年 11 月至 1988 年 1 月初，赵紫阳赴江苏省、福建省考察，并向邓小平呈上了《沿海地区经济发展的战略问题》。邓小平对该报告作出批示：“完全赞成。特别是放胆地干，加速步伐，千万不要贻误时机。”

1988 年 2 月 6 日，中共中央政治局会议通过了组织实施我国地区发展战略的决定。同年 3 月中旬，党的十三届二中全会召开，讨论了实施沿海发展战略的有关问题[①]。

具体而言，“国际大循环”构想下的“沿海发展战略”有三个要点[②]：第一，利用我国劳动力充裕的资源优势，发展劳动密集型产业；第二，吸引外商直接投资，大力发展“三资企业”；第三，实行“两头在外”，大进大出，使经济运行由国内循环扩大到国际循环。

此后，尤其是 1992 年邓小平南方谈话之后，中国经济更快融入世界经济秩序，对外开放程度不断提高。同时，发达国家的资本、产能开始向发展中国家转移，全球化浪潮汹涌澎湃。

1992 年—2011 年，中国累计实际利用外资金额达到了 1.14 万亿美元，成为全球外资最重要的投资目的地；同一时期，中国从全球第十二大出口国，迅速成长为全球第一大出口国。中国也从全球生产网络的边缘角色，一跃成为世界制造业的中心。

① 参见李树桥，《八十年代改革开放的决策机制》，《经济管理文摘》，2008 年第 11 期。

② 参见田纪云，《沿海发展战略的形成与实施》，《炎黄春秋》，2015 年 3 期。

在此基础上，中国解决了很多发展中国家普遍遇到的“双缺口”问题：外汇短缺、国民储蓄短缺。与此同时，中国进一步从全球价值链、国际规则体系、全球金融市场等维度，深度融入全球经济体系。国际大循环构想下的沿海经济发展战略获得了巨大成功。

2011 年 11 月，以国家发展改革委印发《河北沿海地区发展规划》为标志，我国关于沿海地区发展的战略与政策形成了从南到北、比较完整的体系。

国际大循环战略日益面临挑战

在推动形成国际大循环的过程中，“两头在外”、出口与投资双驱动所带来的弊端逐渐显现：经济过度依赖于投资、出口，不但使中国面临严重的国际收支失衡和外部压力，而且还面临国内收入分配差距扩大，产业升级遭遇瓶颈制约，生态环境恶化等问题。

此外，中国进出口贸易依存度的峰值一度达到 64%（2006 年），国际大循环处于主导地位，外向型特征十分明显。对于一个大国经济体而言，这种经济结构十分少见。

在此背景下，2006 年初发布的“十一五”规划指出，应“立足扩大国内需求推动发展，把扩大国内需求特别是消费需求作为基本立足点，促使经济增长由主要依靠投资和出口拉动向消费与投资、内需与外需协调拉动转变”。

2011 年初发布的“十二五”规划进一步指出，“构建扩大内需长效机制，促进经济增长向依靠消费、投资、出口协调拉动转变”。国际大循环的思路逐渐发生改变，经济政策的重心逐渐从侧重国际循环，转向国内外循环相协调。

2014 年末的中央经济工作会议指出了新常态的九大特征，其中的两个判断指出：（1）生产要素方面，人口老龄化日趋发展，农业富余人口减少，要素规模驱动力减弱，经济增长将更多依靠人力资本质量和技术进步；（2）出口和国际收支方面，全球总需求不振，同时我国出口竞争优势依然存在，高水平引进来、大规模走出去正在同步发生。

这意味着，国际大循环构想下的“沿海发展战略”不仅面临前述日益显现的弊端，还面临新常态下的两大挑战：其一，人口红利减退，依靠劳动密集型产业吸引外资、获取国际竞争优势的时代已经过去；其二，全球经济陷入长期停滞，出口的扩大基本取决于竞争优势，而非全球市场的蛋糕做大。

此后的情况是，中国出口在全球市场中的份额于 2015 年达到峰值，直至 2019 年一直保持在相当稳定的水平。

不过，这一时期以国际大循环为主的情况仍然在一定程度上存在。新常态判断当中也提道：高水平引进来、大规模走出去正在同步发生。通过直接投资等渠道，中国引进高质量的国外资本、先进技术，同时通过“一带一路”倡议等走出去的渠道，对外输出直接投资、广泛建立对外经贸联系。

供改下半场环境变化　首提“畅通国民经济循环”

2015 年末的中央经济工作会议提出了供给侧结构性改革。此后，2016 年和 2017 年以去产能为工作重心，并提前完成大部分目标，2018 年更是全部完成了去产能预设目标。从 2017 年末、2018 年初开始，供给侧改革的重心逐步转向去杠杆、防风险。到 2019 年末，上述工作也取得了重要的阶段性进展。

在此过程中，对于供给侧结构性改革和扩大总需求政策的平衡关系，存在颇多不同观点的讨论。有观点认为，应当保持政策定力，着力推进结构性改革，同时避免大水漫灌；但也有观点认为，供给侧结构性改革与适度扩大总需求两者之间并不矛盾，不应将两者对立起来。在 2016 年、2017 年外需不断向好的情况下，扩大总需求的紧迫性有所下降，前一种观点对经济政策的影响似乎占了上风。

到了 2018 年后期，经济环境出现两方面的变化。第一，供给侧改革在去产能、去杠杆领域已经或正在取得重要进展，经济和金融领域的短板、梗阻成为供给侧更突出的问题。第二，投资增速持续回落、外部需求增速明显放缓，中美贸易摩擦增加了不确定性，适度扩大总需求的必要性上升。

与上述两个变化对应，经济政策思路也开始调整。2018 年 12 月的中央经济工作会议已经有相应体现，也就是明确提出了“畅通国民经济循环”和“促进形成强大国内市场”。

一方面要“畅通国民经济循环”。从供给补短板、供求衔接的角度，这次会议强调要在“巩固、增强、提升、畅通”八个字上下功夫。

具体地，“巩固”的提法，肯定了供给侧改革的阶段性成绩，同时也指出了供给侧改革在降成本、补短板方面仍然需要继续努力。

另外，从“畅通”的角度出发，这次会议也特别强调了打通经济循环，会议通稿指出，“要畅通国民经济循环，加快建设统一开放、竞争有序的现代市场体系，提高金融体系服务实体经济能力，形成国内市场和生产主体、经济增长和就业扩大、金融和实体经济良性循环”。

从具体表述来看，“国民经济循环”还是聚焦在国内经济循环方面。

另一方面，从扩大总需求的角度，这次经济工作会议第二次提出了“促进形成强大国内市场”（首次提出是在当时一周前的中央政治局会议）。具体地，会议强调了增强消费能力、发挥投资关键作用。

2019 年 3 月的政府工作报告，基本延续了 2018 年 12 月中央经济工作会议的思路，再次强调了“畅通国民经济循环”，并且从“持续释放内需潜力”“推动消费稳定增长”“合理扩大有效投资”等角度，再次指出要“促进形成强大国内市场”。在 2019 年初，“强大国内市场”的提法也一度引发了市场的关注和讨论。

此后，2019 年 12 月中央经济工作会议中，去杠杆的色彩悄然淡出、暂告一段落，供给侧结构性改革的重点正式转向了“补短板、强弱项”。会议内容从民生补短板、基建补短板、产业升级补短板三个方面为切入点，将“释放国内市场需求潜力”与供给侧改革的“补短板”互相衔接起来，为“畅通国民经济循环”提出了具体政策抓手。

从前述政策思路的演进来看，从 2018 年后期到 2019 年，在外部环境发生较大变化的情况下，“强大国内市场”从需求端对“供给侧改革”的提法起到了一定的平衡作用。同时，供给侧改革本身的内容更多转向“巩固、增强、提升、畅通”八个字，“畅通国民经济循环”成为供给侧改革的延续，并且兼顾了供给、需求两个方面。

疫情冲击、中美摩擦之下
“畅通国民经济循环”的变与不变

2020 年之前，“畅通国民经济循环”、“强大国内市场”的政策思路，

对应的主要是中国经济运行中存在的“周期性、结构性、体制性问题”。2020 年初以来，疫情的暴发、中美关系紧张升级，对外部需求、国际供应链带来了双重冲击。“畅通经济社会循环”在时间维度、空间维度上的视角也随之发生了重要调整。

2020 年初疫情暴发，2020 年 2 月下旬的中央政治局会议一边部署疫情防控，一边统筹推动复工复产。当时的人流、物流、资金流都受到一定程度的冲击，这次会议提出的“畅通经济社会循环”已经超出供给侧改革的范畴，成为一个具有突出重要性的紧急任务。

之后，疫情在全球更大范围、更长时间蔓延。同期中美关系紧张程度明显上升，并且也对我国产业链的稳定带来了新的、更大程度的冲击。

4 月，美国商务部宣布了新的针对中国的出口管制条例（EAR），并且升级了对华为的制裁，限制华为使用美国技术和软件在美国境外设计和制造半导体。美国工业安全局进一步扩大针对中国出口管制的“实体清单”。

5 月，美国政府发布《对华战略报告》，宣布将以“有原则的现实主义”为指导，采取对华竞争的方针。

6 月，随着香港国家安全立法的推进，美国进一步收紧对华出口管制。同时，国际环境也在更大范围发生变化。

在此基础上，供给侧改革中补短板的外延，也从民生补短板、基建补短板、产业升级补短板三个方面，进一步扩展到了产业链安全视角的补短板。

总体上来看，疫情和中美关系紧张，从以下三个方面推动了“畅通国民经济循环”这一思路。

其一，“新冠肺炎疫情冲击，使得全球经济陷入深度衰退，国际贸易和投资大幅萎缩、国际金融市场动荡、国际交往受限”。而且，由于疫情还将持续相当长一段时间，这种冲击也将具有一定的持续性。

其二，“经济全球化遭遇逆流、一些国家保护主义和单边主义盛行、地缘政治风险上升等不利局面，中国必须在一个更加不确定的世界中谋求发展”。

其三，我国经济面临较大压力，但是国内基本盘总体稳定。“我国经济潜力足、韧性强、回旋空间大、政策工具多的基本特点没有变”。

“国民经济循环”向空间、时间维度拓展成为双循环

需要说明的是，上述三点论述表明，关于中国经济面临主要挑战的判断，从 2020 年之前的“体制性、结构性、周期性问题”，又进一步加上了疫情带来的全球冲击和国际局势的变化。

这些分析揭示了当下的“变”——外部环境重大变化，以及“不变”——国内基本盘保持稳定。这就使得“畅通国民经济循环”的落脚点，具有了国内、国际的空间区分，同时也有了国内、国际重心的区分。在此次政协经济界委员联组会上，习近平总书记首次公开指出“逐步形成以国内大循环为主体”、国内国际双循环相互促进的新发展格局。

与上述背景一致，2020 年 5 月 14 日召开的中央政治局常委会会议，基于供给、需求视角首次提出了双循环概念，即“要深化供给侧结构性改革，充分发挥我国超大规模市场优势和内需潜力，构建国内国际双循环相互促进的新发展格局”。

2020 年 7 月 21 日，习近平总书记与企业家座谈，进一步明确指出以下三点：

第一，“中国开放的大门不会关闭，只会越开越大。以国内大循环为主体，绝不是关起门来封闭运行”。

第二，“国内循环为主，是通过发挥内需潜力，使国内市场和国际市场更好联通，更好利用国际国内两个市场、两种资源，实现更加强劲可持续的发展”。

第三，“从长远看，经济全球化仍是历史潮流，我们要站在历史正确的一边，坚持深化改革、扩大开放，加强科技领域开放合作，推动建设开放型世界经济”。

这次会议上强调的“集中力量办好自己的事”，也可以视为对“内循环为主”进行的另一种形式的概括。

2020 年 7 月 30 日，中央政治局会议再次强调了双循环的政策思路。会议指出，“当前经济形势仍然复杂严峻，不稳定性不确定性较大，我们遇到的很多问题是中长期的，必须从持久战的角度加以认识，加快形成以国内大循环为主体、国内国际双循环相互促进的新发展格局，建立疫情防控和经济社会发展工作中长期协调机制”。

这次会议进一步明确了双循环的发展格局，不是一项短期考虑，而是“从持久战的角度加以认识”。

至此，“畅通国民经济循环”在空间上拓展到了双循环，在时间上拓展到了持久、中长期的视角。这也意味着，双循环将成为中长期经济政策的总体指导思路，尤其将对“十四五”期间的经济工作部署产生重要影响。

回顾 20 世纪 80 年代末，“从国内循环转向国际大循环”构想推动了沿海经济发展战略的落地，那么“以国内大循环为主的双循环格局”也将在经济的空间布局上具有重要含义。

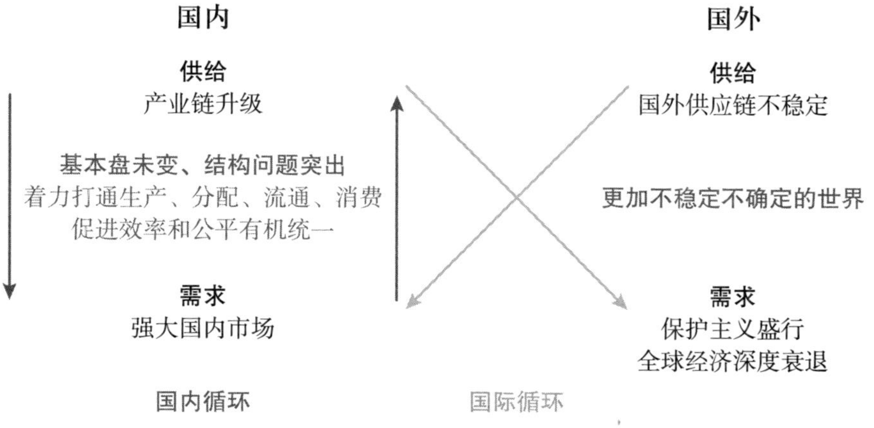

图 1　图解双循环结构

国内循环为主的双循环　强调对外开放主动性

2020 年 5 月以来，我国对外开放的节奏和步伐仍在加快。5 月《关于金融支持粤港澳大湾区建设的意见》正式发布，6 月《海南自由贸易港建设总体方案》正式印发，2020 年外商投资准入负面清单进一步缩减。2021 年已经或还将分步取消期货、基金、证券公司的外资股比限制。

在 2020 年 5 月中旬，中共中央、国务院发布《关于新时代加快完善社会主义市场经济体制的意见》也专门指出："实行更加积极主动的开放战略，全面对接国际高标准市场规则体系，实施更大范围、更宽领域、更深层次的全面开放"。并在一带一路、自贸试验区和自贸港、高水平开放政策保障机制、参与全球治理体系变革四个方面进行了具体阐述。与此同时，我国也在积极推动中欧双边投资协定谈判，2020 年 11 月，《区域全面经济伙伴关系协定》（RCEP）正式签署，会进一步助力中国加快形成新发展格局，为全球多边贸易体系和世界经济复苏注入强大正能量。

不过另一方面，外部环境正在变得"更加不稳定不确定"——供给端的国外供应链不稳定，需求端保护主义盛行、全球经济陷入深入衰退。这些都将使得我国的国际经济循环面临冲击，对外开放效果受到影响，甚至使我国在对外开放中面临被动局面。

而从国内来看，在受到疫情冲击的情况下，但经济基本盘未变、发展空间仍然巨大、国内经济政策仍大有可为。但是国内也存在突出的结构问题，需要“着力打通生产、分配、流通、消费各个环节”，“促进效率和公平有机统一”。其中，效率更多对应于生产环节、更加强调“高质量发展”，公平更多对应于分配环节，公平分配将使得生产、消费更加畅通循环。

在对外开放面临较大不确定性、边际收益减弱的情况下，以“国内大循环为主体”意味着国内改革、打通内部经济循环将成为下一阶段的政策重心。外面刮风下雨，唯有“集中力量办好自己的事”。

在不确定的外部环境中，“我们必须充分发挥国内超大规模市场优势，通过繁荣国内经济、畅通国内大循环为我国经济发展增添动力”，从而“培育新形势下我国参与国际合作和竞争新优势”，增强我国在对外开放过程中的韧性和主动性，进而形成“双循环相互促进的新发展格局”。

在改革开放40余年中，我国对国际市场开拓有余，而对国内市场建设不足。如果说，过去数十年的全球化极大地推动了我国的对外开放，那么经济全球化遭遇逆流将促使我们更多反思国内经济的结构性问题、倒逼国内改革加速。

事实上，对外开放当中面临的很多困难和障碍，其根本制约因素往往来自国内的体制和机制问题。目前，我们已经到了这样一个发展阶段：唯有打通国内大循环，才能够使国内市场和国际市场更好联通，更好利用国际国内两个市场、两种资源，实现更加强劲可持续的发展。

准确理解双循环背后的发展战略调整

余永定

2020年7月30日，中共中央政治局提出“加快形成以国内大循环为主体、国内国际双循环相互促进的新发展格局”的战略部署。对于双循环可以从不同角度和维度加以理解。我本人更愿意把双循环的提出看作是发展战略的调整。改革开放前，中国执行的发展战略是“独立自主、自力更生”。改革开放后中国基本上执行了出口导向的发展战略。而中国的出口导向政策又具有两个突出特点：大力推行加工贸易和大力吸引外国直接投资（FDI）。

为了理解双循环的概念，需要对中国改革、开放历史做一个简单的回顾。在20世纪70年代末和80年代初，外汇短缺是中国实现经济起飞的最突出瓶颈。第一，中国希望引进外国先进设备，但外汇奇缺。1978年中国的外汇储备只有可怜的1.67亿美元。第二，中国希望积极参与国际分工，通过开展对外贸易，发挥中国的比较优势，但没有外汇难以起步。自然资源丰富的国家，像沙特，有石油可以出口。它们凭借

作者系CF40学术顾问，中国社会科学院学部委员。

出口初级产品赚取外汇，“有出有进”，扩大贸易。中国虽然稀土资源丰富，有些石油，但总体上是个资源贫乏的国家。中国具有较强的工业制造能力，特别是拥有庞大、廉价和技术熟练的劳动大军。在这种条件下，中国应该出口具有比较优势的劳动密集型产品。然而，中国不了解海外市场，没有设计图纸、没有必要的原材料、中间产品，生产不出在海外有市场需求的制造品，只能出口农副产品和少数制造品。这样，中国也就无法通过大量出口制造品赚取足够的外汇。当然，没有外汇就没法购买设计图纸、原材料和中间产品，从而扩大出口。这是一个“先有鸡还是先有蛋”的死结，用英文来形容就是“Catch-22”（“第二十二条军规”）。

1978 年 2 月，中国和日本签署了能源换技术的协定，日本向中国出口技术和设备来换取石油。1978 年 12 月，中国进出口技术总公司和日本新日铁公司在上海签订了关于订购上海宝山钢铁总厂成套设备的总协议书。1985 年，宝钢一期工程完工投产，总投资 85 亿美元。1978 年到 1985 年，中国对日本出口石油、煤炭的总价值达 100 亿美元。1978 年，中国外汇储备还不到 2 亿美元。1979 年，中国出口总额是 137 亿美元。1979 年到 1989 年（两年除外），中国都处于贸易逆差的状态。外汇短缺使得中国无法引进更多的外国先进设备和技术。

中国也是幸运的。OEM（代工、贴牌生产）模式于 20 世纪 70 年代甚至更早的时候在东亚国家和地区兴起。中国改革开放恰逢代工、贴牌生产的高峰期。20 世纪 70 年代末、80 年代初，广东沿海地区出现“三来一补”企业（来料加工、来样加工、来件装配和补偿贸易）。这种企业最大的特点是不需要花外汇储备买原材料和中间产品，外商提供图纸、技术、原材料、中间产品和销售，中国的企业只负责加工这一环节。这样一种贸易方式正好能够帮助中国解决由于外汇短缺而无法大规模开展对外贸易的问题。在来料基础上加工，中国可以在出口后获得对应于价值增值的外汇。随着“三来一补”贸易的发展，中国开始逐渐积累起一定的外汇。由来料加工，中国的对外贸易又进一步提升为“进料加工”。“进料加工”同“来料加工”的主要不同是原材料、中间产品是由中国企业自己用外汇购买；提供原材料、中国产品的外商也不一定是中国出口产品的买方。

对外贸易可分为一般贸易和加工贸易。所谓加工贸易是境内出口商利用本国的劳动力资源将自己进口或进口商提供的原料、材料或零件加工装配成工业制成品后再出口至国外以获得收益的贸易方式。“来料加工”和“进料加工”都是加工贸易的具体形式。伴随“来料加工”和“进料加工”的发展，加工贸易在中国对外贸易中的地位变得日益重要。按定义，加工贸易一定会形成贸易顺差。进口原材料、中间产品，经过加工、装配，即经过在国内的价值增值之后再出口。尽管改革开放初期的一般贸易量高于加工贸易量，但是一般贸易一直维持贸易逆差。在相当长的时期内，尽管有多种形式的贸易，中国的贸易顺差基本上是由加工贸易提供的。

1987 年，中国宏观经济学会秘书长王建提出“两头在外，大进大出”国际大循环理论，得到了政府的支持。最后，中央出了文件，国际大循环理论成为中国的正式战略。王建表示，当年他提出国际大循环的初衷是克服外汇缺少，难于解决国内技术改造的资金问题。可见王建的“大进大出”不仅指加工贸易意义上的“大进大出”，而且包含了一般贸易的“大进大出”。

除积极发展加工贸易外，中国还通过建立合资企业大力引进 FDI。

到 1982 年底，中国成立合资企业 83 家，外商投资企业 1.4 亿美元。[①] 在建立三资企业的时候，中方特别强调两点：第一，三资企业必须保证自身的外汇平衡；第二，产品是面向国际市场的。这是因为只有通过参与国际市场竞争，才能提高企业技术水平；同时合资企业的产品技术含量较高、价格较贵，在国内市场不大，只能外销。总之，合资企业应该是创汇型的而不是用汇型的。需要指出的是，在 20 世纪 80 年代，中国也通过借债的方式引入外资。当时，FDI 并不占中国外资的主要地位。后来，由于拉美债务危机等因素的影响，中国政府最终选择了以 FDI 为主的引资方式。与此不同，大多数发展中国家是靠借外债引资的。

无论是开展对外贸易还是建立合资企业，中国的指导思想就是要创汇。在 20 世纪八九十年代，最流行的经济口号就是建立“创汇经济”。通过发展加工贸易和引入 FDI，中国外汇储备迅速增加，由 1978 年的 1.67 亿美元，上升到 1996 年的 1050 亿美元，超过了当时国际公认的外汇储备持有量的安全线。

现在，回过头来谈谈所谓的双循环的问题。既然是循环，就必须存在一个周而复始的回路（loop）。“两头在外”的国际循环简单来看就是：进口原材料、中间产品，经国内加工后出口，再用出口得到的外汇重复以上过程。由于是在国内加工，循环一定是一个价值增值的过程，出口额一定大于进口额，一定是有外汇净收入。与国际循环并存的另一个循环是“两头在内”的国内循环：在国内市场购买原材料、中间产品，国内生产，在国内市场出售。一定程度上，中国经济可以看作是这两个循环的一个共同体（图 1）

① 武力等：《中华人民共和国经济史》，第 702 页。

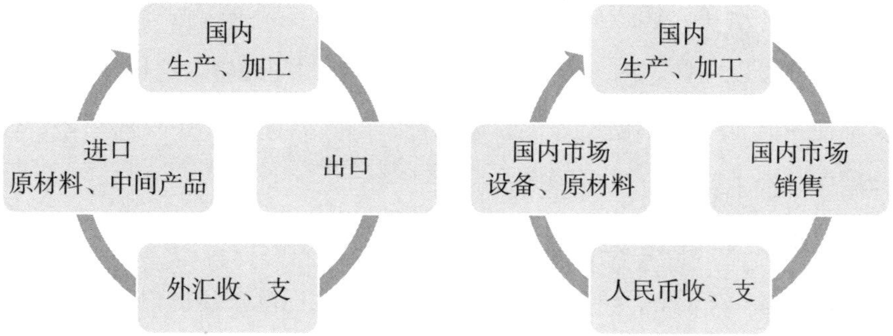

图 1 国际 – 国内双循环

资料来源：作者提供

我们此处定义的国际大循环是以加工贸易为特征的，因而在反映国际大循环的左图的进口中并未包含设备（资本品）。在现实中，加工贸易企业也必须进口机器设备。即便考虑到这点也不会影响加工贸易导致外汇储备增加这一结果。因为参与加工贸易的企业大多是合资企业，购买设备的外汇是 FDI 提供的。同时，以国内市场为主的企业也要从海外进口机器设备。应该看到，国内、国际循环的划分只是一种理论抽象概括。一个企业或一个行业很难被简单归类为国内循环或国际循环。事实上，国内、国际两个循环相互影响，互相渗透，相辅相成，相生相克，又衍生出许多小循环（图 2）。

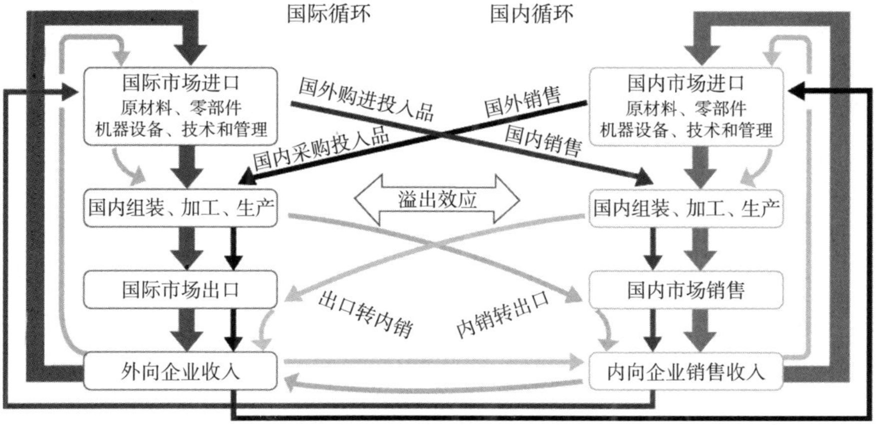

图 2 国际 – 国内双循环的相互影响、渗透

如图 2 所示，国内企业（或产品）有四种基本循环形式。第一种，国内循环可以叫作“内 – 内”型，两头在内，封闭经济。这样一种循环，既不使用外汇，又不创造外汇。第二种，国际循环是“外 – 外”型，这种循环以加工贸易为载体，创造外汇。

这两个基本循环形式之外，还有四种相关的循环：

1）外 – 内 a 型，一头在外，一头在内。在国际市场进口原材料、中间产品等，在国内加工、组装，在国内市场销售最终产品。例如，电子产业中的大部分企业的循环形式为外 – 内 a 型。

2）外 – 内 b 型，原来最终产品用于外销，但由于某些原因变成了“出口转内销”。外 – 内 a 和外内 b 型都是用汇型的循环形式。

3）内 – 外 a 型，一头在内，一头在外。传统的出口创汇产业，稀土企业即是这种类型。

4）内 – 外 b 型，原来最终产品用于内销，但由于某些原因变成了内销转出口。

外 – 外、内 – 外 a、内 – 外 b 都是创汇型的循环形式。2019 年中国的两大出口产品是电气机器设备（占出口总额的 27%）和含计算机的机器（占出口总额 17%）。由此可以推断，外 – 外型产品是中国最主要的创汇产品类型。在国际大循环发展战略时期，中国的政策是有倾斜的：鼓励创汇型企业，鼓励创汇型经济活动。当然，出口导向发展战略不仅鼓励“两头在外”企业，还鼓励传统出口企业的发展。但是，用汇型企业一般不享受更多的优惠政策。

这里应该强调：国际大循环同国内大循环是相辅相成的。例如，国际大循环企业可能会对国内循环企业产生技术溢出效应。比如某人在“外 – 外”企业工作，之后辞职到“内 – 内”企业工作，就可以把“外 – 外”企业的先进管理技术带到“内 – 内”企业。虽然两种循环确实有不同特点、不同目的，但是它们相互影响，互相渗透，是不可分割的。事实上，也很难把中国的经济截然分成两个循环。另外，有相当多的经济活动，既不能归入“外 - 外”循环，又不能归入“内 - 内”循环。例如，从境外购入消费品在国内消费的纯进口活动，由于并不涉及国内加工和装配，不能纳入任何循环过程。

外资企业在中国的国际大循环中占有极为重要的地位。事实上，在作为国际大循环的主要载体的加工贸易中，外商投资企业占据绝对主导的地位。直至 2019 年，外商投资企业在加工贸易进口、出口中的占比，仍分别高达 77.3% 和 80.7%。

FDI 企业或者合资企业也有这样四种基本循环形式：

1）外 - 外型，两头在外的，大部分的外资企业都是两头在外的。比如外资的电子产业中的企业就是两头在外，富士康是两头在外的。

2）内 - 内型，两头在内的，应该是少数。

3）内 - 外型，国内采购原材料、零部件，外销，比如纺织企业。

4）外 - 内型，进口原材料、零部件，内销，比如汽车企业。

以电子行业中的企业进、出口与总产值的比例为例，说明电子行业企业在双循环中的地位。

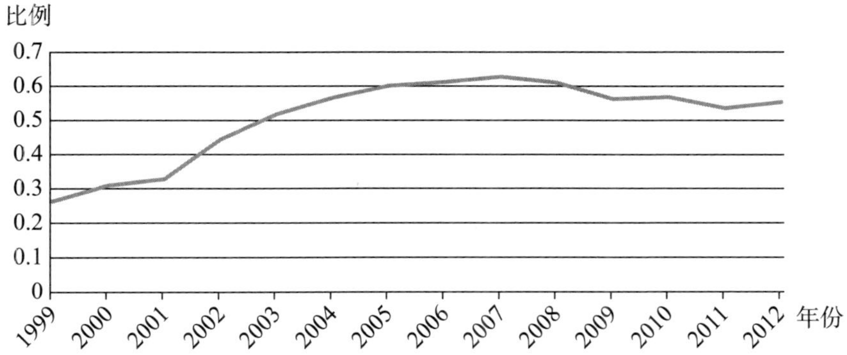

图 3　电子行业出口 / 总产值比

资料来源：作者提供

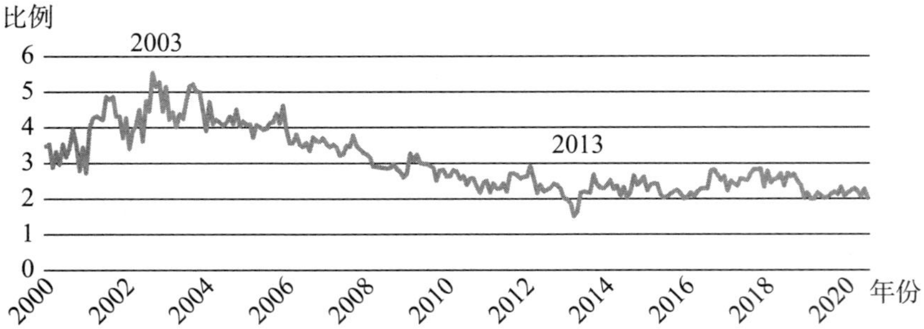

图 4　电子产品进口 / 出口比

资料来源：作者提供

图 3 和图 4 显示：第一，电子产业出口 / 总产值比 ≥ 50%，说明电子产品对国外市场有很高依存度（例如同汽车等行业相比）。第二，电子产业进口 / 出口的比值高达 2-5 倍说明大部分或绝大部分电子产品进口用于国内最终消费，不参与国际循环。第三，电子产品（作为最终产品和中间产品）严重依赖进口。事实上，半导体出口的进口含量达 90%。因而可以推断：电子产品（或相关企业）的循环类型是"外 - 外型"和"外 - 内 a 型。"同时，还可以推断，电子企业既有创汇企业（参与外 - 外型循环）又有用汇企业（外 - 内 a 型），电子产业则总体是用汇产业（进口大于出口）。在电子产业中，参与外 - 内 a 型循环和纯进口（不参与循环）的企业占支配地位。总之，在电子产业中，中国是消费者、组装者、用汇者。

内资企业和外资企业在两个循环上没有很大不同，不同的是对国际收支的影响。外资（合资）企业的外国投资者，拥有企业的股权，作为股东在企业获利后取得了投资收入。外国投资者的投资收入，在国际收支平衡表上表现为经常项目上的流出。而国内企业的进、出口则仅影响国际收支平衡表的贸易项目。地方政府和企业非常欢迎 FDI，用股份换取资金，好像我们自己不需要花什么钱。但企业一旦盈利后，大量利润是要汇出的。任何一种引资形式都有利弊。比如借债，债还清就完了。但 FDI 只要工厂存在，就始终要求分享利润（表 1）。例如，德国汽车企业，靠它们在华合资企业的盈利，弥补了它们在国内的亏损。所以，对中国而言，从长远来看，FDI 是成本更高的一种引资形式。

表 1　FDI 流入和投资收入汇出对国际收支平衡表的影响

贷　方	借　方
经常项目	经常项目
贸易项目（出口）　+	贸易项目（进口）　–
投资收入	投资收入　–
资本项目	资本项目
FDI　+	FDI
官方储备资产　–	
说明：由于生产过程中的价值增值，出口 – 进口 >0 外储增加 = 出口 – 进口 – 投资收入	所考虑时段可假设为：FDI 资金开始流入至开始投产、创汇的会计年度

符号代表资金的流入（+）和流出（–）。

根据世界银行，贸易可以分成传统贸易和全球价值链贸易。后者又可分为简单全球价值链和复杂全球价值链贸易（表 2）。在考虑到全球价值链的“大进大出”的循环中，中国所进口的原材料、中间产品可能已经在多个国家进行过加工。这个产品在中国加工后又出口到其他国家进行加工或作为最终产品销售。贸易品可能要在经过多次跨境的加工后才能成为最终产品。以半导体为例，其制造过程是，一般先在日本对硅锭、裸晶圆进行加工，然后在美国进行芯片切割，再在澳大利亚进行封装测试，随后在新加坡被制成半导体，最后在中国完成集成电路的组装，成为最终消费品，最后运到美国市场销售。

表 2　世界银行对经济活动的分类

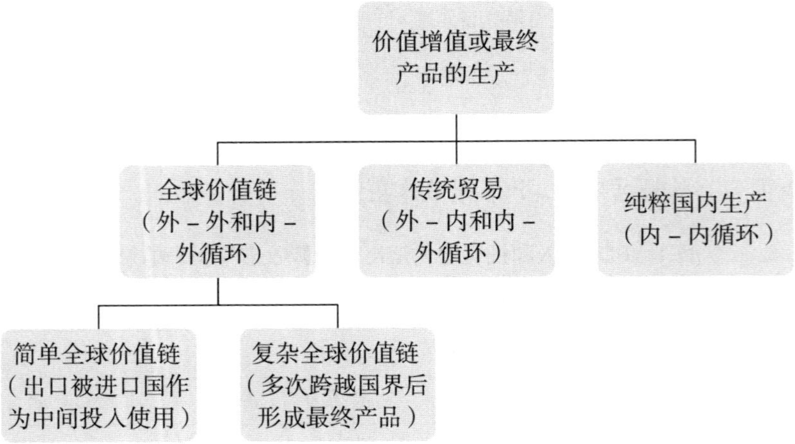

资料来源：作者提供

在执行国际大循环发展战略时期，我国的政策是鼓励创汇型企业，鼓励创汇型经济活动。这些政策包括汇率政策、出口退税政策、金融支持政策、保税区、自由贸易区等。应该注意，出口导向发展战略不仅鼓励两头在外企业，而且鼓励传统出口企业的发展。而用汇型企业则一般不享受更多的优惠政策。

国际大循环战略成功克服了中国外汇短缺、缺乏现代化资本的发展瓶颈，为中国经济走上高速发展道路做出了重要贡献。

1979 年，中国 GDP 全球排名第 11，排在荷兰之后，在世界经济中的比重仅为 1.79%。1978 年，中国出口达 97.5 亿美元，在世界出口中的比例为微不足道的 0.78%。[①]2009 年，中国成为世界上的第一大出口国。2013 年中国成为世界上第一大贸易国。1995 年，中国进出口在世界贸

---

① 武力：《中华人民共和国经济史》，第 662 页。

易中的比重仅为 3%，2018 年，这一比重上升到 12.4%。2010 年，中国超过日本成为世界第二大经济体，2018 年，中国 GDP 总量达到 13.6 万亿美元，在世界 GDP 中占比为 16%，是日本 GDP 的 2.7 倍。特别值得注意的是，2020 年 8 月，中国的外汇储备是 3.16 万亿美元。在 2014 年，中国外汇储备一度高达近 4 万亿美元，世界上从来没有一个国家曾经积累如此之多的外汇储备。

既然如此，为什么中央提出形成“以国内大循环为主体，国内国际双循环相互促进的发展格局”？马克思曾指出，辩证法中对任何现存事物的肯定理解中，必然包含着否定理解。任何事物都有一个度，过了这个度，矛盾的主要方面就会发生转化。失败是成功之母，但成功也可能会成为失败之母。我们的成功给我们提出了一系列的挑战，如果我们不能与时俱进、处理好这种挑战，中国经济就可能陷入停滞。

事实上，对以往成功的发展战略进行调整的必要性是多方面的。可以从五个方面谈调整发展战略的必要性和如何调整的问题。

（一）国际市场容量有限，成为世界第二大经济体之后，国际大循环战略难以为继。中国有必要进一步降低整个经济的对外依存度

我们经常说世界经济是汪洋大海，太平洋足够宽大，能容下所有国家。过去在决定贸易政策时，我们可以假定世界市场是完全竞争市场，中国进出口对产品的国际价格不会产生什么影响。但是，由于中国已经成为世界第一贸易大国，众多产品在世界市场上已经占据举足轻重的地位，（表 3）早在 2000 年，国际市场就出现了中国买什么什么涨价，中国卖什么什么跌价的形势。中国进出口会对世界产品价格产生的重要影响本身说明，进、出口数量已经存在最优值问题。

不仅如此，中国早已不存在外汇储备不足的问题。早在20世纪90年代后期，无论用何种国际标准测量，中国的外汇储备都已经超过必要的数量。

表3　2018年中国重要产品出口占世界总出口的比重

产品类别	比重
货物贸易合计	12.77%
农产品	4.58%
食品	4.67%
燃油和矿产品	2.54%
燃油	1.94%
制成品	17.62%
钢铁	13.30%
化工产品	7.43%
医药品	2.74%
机械和运输设备	17.86%
办公和电信设备	31.61%
电子数据处理和办公设备	36.25%
电信设备	42.29%
集成电路和电子元件	16.24%
运输设备	5.92%
汽车	3.92%
纺织品	37.91%
服装	31.95%

指标计算：比重（%）=（中国该产品出口额/世界该产品出口总额）*100%

资料来源：WTO数据库 https://data.wto.org/

与此同时，继续推行出口导向政策的副作用也越来越明显：例如，恶化了贸易条件；抑制国内消费市场的发展；中国经济抵御外部冲击的能力下降等。总之，中国经济早已到达一个新阶段，在这个新阶段，适用于小国经济的出口导向战略已经不再适用于中国。扩大出口和贸易总额在GDP总额中的比例、增加外汇储备不应该再是中国宏观经济政策和贸易政策的主要目标。

中国政府早就意识到出口导向发展战略的局限性。2006年初，“十一五”规划提出以内需为主的方针，也就是说，以内需为主的思想在2006年就已经提出来了。事实上，2006年，中国出口占GDP比达到35.21%的峰值，此后就开始持续下跌（图5）。

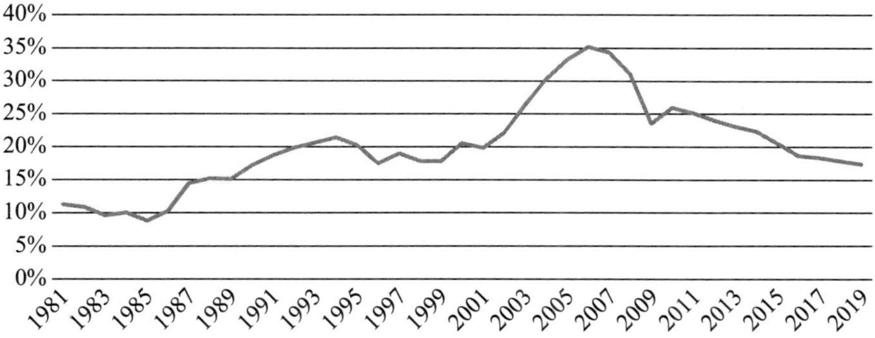

图5　1981–2019年中国出口占GDP比重

资料来源：作者提供

2006年之后，中国所有的对外依存度指标都在下降。显然，大进大出范式的调整早已开始，现在只不过是进一步强调了范式调整的紧迫性。贸易总量占GDP比同出口占GDP比的变化趋势基本一样。2006年，中国贸易总量占GDP比达到63.94%的峰值，此后开始下降，金融危机使这一占比的下降速度更快。现在贸易总额占GDP的比例是30%多，可以看出，中国经济对外依存度的调整幅度是非常巨大的（图6）。

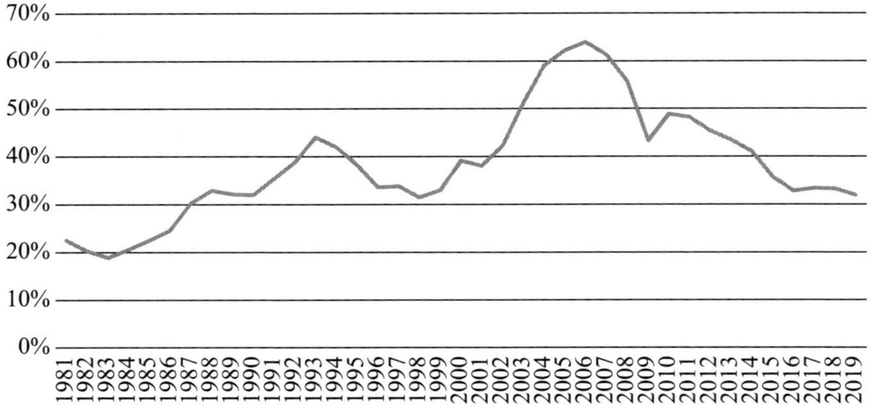

图 6　1981–2019 年中国贸易总额占 GDP 比重

资料来源：作者提供

加工贸易占比畸高是中国出口导向战略的重要特征。中国加工贸易的占比从 1981 年开始一直上升。到 2005 年前后，加工贸易出口在贸易出口中的占比开始下降。这种下降趋势一直延续到现在。同时，由于进口替代的努力，中国加工贸易出口中的进口含量也在下降。但是，进口含量依然相当高。

总体而言，出口导向发展战略适用于处于起飞阶段的小国经济。事实上，在改革开放之初，中国的经济规模小于荷兰。随着中国经济体量、贸易量和金融实力的增加，对发展战略进行调整是不可避免的。而全球范围内贸易保护主义的兴起和中美贸易战的爆发，更是大大加强了中国调整出口导向政策，强调双循环并以国内循环为主体的迫切性。

过去，我国对发达国家的保护主义兴起问题的重视不够。中国有廉价劳动力的优势，大力推动劳动密集型产品和制造品出口，理论上是互利的事情。但是，中国的出口浪潮必然对发达国家的蓝领造成冲击，过去他们可以组织工会，可以跟工厂主议价，现在工厂主说，好，我把工厂迁到中国去了，或者我从中国进口产品。虽然总体上来讲发达国家从中国的廉价商品得到了好处，但是发达国家的精英阶层并没有公正分配本国从国际贸易中得到的收益，没有采取有效的产业升级政策，发达国家中的劳动阶层蓝领受到了冲击，自然会产生一种保护主义的排外情绪。发达国家保护主义的兴起，对中国来讲是一个严峻的挑战。由于关税和非关税壁垒，中国的出口会越来越困难。即便没有问题，我们的贸易条件也会进一步恶化。

为了减少中国经济的对外依存度，中国逐步放弃了旨在推行出口导向发展战略的一系列经济政策。2005 年人民币汇率的升值是这种战略调整的一个重要标志。经过十年的升值，人民币汇率已经基本处于均衡汇率水平。在双循环，以国内循环为主的思想指导下，中国还将进一步推进贸易自由化、对进出口贸易采取中性政策，对外国投资者实行国民待遇和负面清单政策。与此同时，通过体制改革、税制改革、户籍制度改革、城镇化、宏观经济政策调整等一系列措施，中国的内需必将进一步扩大。这样，中国经济的内、外部平衡，将得到进一步改善。

（二）国际大循环战略加速了中国技术进步和经济增长速度，但降低了中国抵御外部冲击的能力。中国必须强化产业体系安全

从自然经济到商品经济，从农业社会到工业社会，分工是推动经济发展的重要驱动力。在工业化社会，分工首先是在民族国家的范围内实行，然后才开始跨越国界，在世界范围内扩展。领先国家希望使本国具有比较优势的产业进入其他国家市场，充分利用规模效益带来的好处。而后发国家则利用关税等办法保护本国幼稚产业，使之不至夭折。所有

国家都希望最终有一个相对完整且自主可控的产业体系。但在本国建立这样的产业体系同广泛参与国际分工存在矛盾：完善其自主可控的产业体系意味着安全性和独立性，但会导致生产效率下降；反之，深度参与国际分工则意味着生产效率和经济增速提高，但会削弱经济的安全性和独立性。

工业革命之后，英、法这样的老牌资本主义国家率先建立了自己的产业体系，并通过殖民主义政策把以宗主国为中心的产业体系推广到世界。工业化进程起步较晚的国家，诸如德国、美国等，则借助保护贸易主义政策也成功地建立了自己的产业体系。发达国家的产业体系是根据国家意志建立的。而国际分工则是伴随发达国家建立本国产业体系而形成的。国际分工提高了各个国家的生产效率，并反作用于各个国家产业体系的形成。由于国际分工，在特定国家，一些行业得到加强，另一些行业被削弱甚至完全消失。与此相对应，一些产品的国外消费、使用变为由国内生产者提供，另一些产品的国外消费、使用则变为由外国生产者提供。

参与国际分工和对本国产业体系进行的调整，应该是以不威胁本国经济安全为前提条件的。例如，中国之所以执行“独立自主、自力更生”的发展战略，就是要建立一个即使在西方实行经济封锁条件下，也可以生存、发展的现代化产业体系。日本、韩国等亚洲经济体在战后在执行出口导向战略的同时，也致力于建立自己的产业体系。例如，尽管没有比较优势，韩国在20世纪70年代大力发展重化工和钢铁产业，在相当大程度上，是出于安全考虑[①]。一个国家的产业体系同其在国际分工中的

① Il SaKong：《世界经济中的韩国》，IIE，1993。

地位是相互对应的，对于出口导向国家，情况尤其如此。

国际分工和国际贸易格局不是静态的。后发国家会寻求在国际分工和贸易体系中处于较为有利的地位，具有一定发展潜力和雄心的后发大国都会致力于赶超。而发达国家则会竭力保持其领先地位。因而，除安全考虑外，发展中大国参与国际分工，一定会考虑如何不被锁定在国际分工体系的低端水平而丧失赶超能力。

20 世纪 70 年代末和 80 年代初，“雁形模式”曾引起中国经济学家的高度关注。“雁形模式”试图把不同国家产业体系的形成同它们发展国际贸易的进程相联系。根据“雁形模式”，领先国家（头雁）的某一个产业通过进口、生产和出口三个阶段实现增长。随着该产业的成熟和竞争力下降，该产业被转移出去，被后发国家承接。而领先国家则进入资本、技术密度更高的产业，生产和出口更为高端的产品。不同产业从领先国家到后发国家转移的顺序一般是从纺织、钢铁、造船、汽车到计算机。这种转移次序也可以划分为从消费品到资本品或产品从简单到复杂、从低级到高级的升级。在把丧失竞争力产业转移到追赶国家之后，领先国家对已不生产产品的需求则依靠进口来满足。

韩国在 20 世纪 60 年代以来的经济发展比较好地展示了在出口导向战略下，产业和贸易由初级到高级的发展进程以及相应的贸易结构（表 4）：在开始时“一穷二白”，只能出口初级产品。以后建立起轻纺工业，主要出口纺织品和服装。最后电子产业发展起来，电子产品成为最重要出口产品。

表 4　韩国前三大出口项目的演变

年份	出口行业	出口占比	出口行业	出口占比	出口行业	出口占比
1961	铁矿石	13%	钨	12.5%	生蚕丝	6.7%
1970	纺织、服装	48%	胶合板	11%	假发	10.8%
1975	纺织	36.2%	电子	8.9%	钢制品	4.6%
1980	纺织、服装	28.6%	电子	11.4%	钢制品	10.6%
1985	纺织、服装	23%	船舶	16.6%	电子	14.1%
1991	电子	28%	纺织、服装	21.5%	钢制品	6.3%

资料来源：Il SaKong：《世界经济中的韩国》，IIE，1993。

在改革开放之后，中国是以两种方式加入国际分工体系的。其一，大体依照“雁行模式”，通过一般贸易方式加入国际分工体系。如 1978 年，中国签订 22 个进口大项目，如上海宝钢项目，四套 30 万吨乙烯项目，德兴铜基地项目和四套 30 万吨大化肥项目。中国希望通过从日本等国家进口大型成套设备，发展现代化的钢铁、重化工业。其二，通过加工贸易的方式加入全球价值链（国际生产网络），从事由跨国公司外包的某些环节的生产活动，原材料、中间产品的进口大幅度增加。由于执行了以加工贸易和 FDI 为特征的出口导向战略，中国逐渐形成了一般贸易和加工贸易并存的两种国际贸易模式。对应两种不同的国际分工参与方式，可以把中国的产业大致划分为传统产业和加工贸易产业。无论以何种方式扩大国际贸易，中国的产业体系对外依存度都显著提高。

对外依存度在超过一定限度后就意味着中国产业体系脆弱性的增加，中国产业的对外依存度可以从供给和需求两个方面看（表 5）。

表 5　生产对外依存度最高的 10 大产业（2018 年）

产　　业	进口中间品比国产中间品	（进口中间品 + 进口固定资本）/ 总产出	出口比产值
石油、炼焦产品和核燃料加工品	0.885	0.356	0.370
通信设备、计算机和其他电子设备	0.481	0.288	0.711
金属冶炼和压延加工品	0.186	0.119	1.110
化学产品	0.123	0.084	0.621
电气机械和器材	0.117	0.093	0.592
造纸印刷和文教体育用品	0.114	0.079	0.626
交通运输设备	0.108	0.105	0.126
木材加工品和家具	0.102	0.074	0.441
专用设备	0.092	0.172	0.243
通用设备	0.077	0.110	0.385

资料来源：中国经济统计年鉴

计算：杨涵博

这里的所谓生产对外依存度是指，国内生产在多大程度上要依靠外国提供原材料、中间产品和机器设备。比例越高意味着该产业的脆弱性可能越大。石油业的生产对外依存度远高于通信设备业多少有些意外，但也足以提醒我们，中国经济的阿喀琉斯之踵可能是能源。正如黄奇帆先生所说：中国能源对外依存度高达 70%，能源安全“比芯片脱钩重要 100 倍”①。

由于统计的原因，我们无法把同一产业中参与和未参与全球价值链的部分区分开来，也无法从部门、部门大类等层次区分传统产业和全球

① 黄奇帆教授在 2020 年上海财经大学校友高峰论坛上的演讲。

价值链产业。但不难猜出，通信产业对外依存度畸高的原因是由于该部门的细分项目深深嵌入全球价值链的缘故。

表 6　2018 年市场对外依存度最高的 10 大产业（见第三列）

产　　业	进口中间品 / 国产中间品	（进口中间品 + 进口固定资本）/ 总产出	出口 / 最终使用
金属冶炼和压延加工品	0.186	0.119	1.110
纺织品	0.039	0.031	0.862
非金属矿物制品	0.025	0.017	0.776
通信设备、计算机和其他电子设备	0.481	0.288	0.711
金属制品	0.046	0.036	0.675
造纸印刷和文教体育用品	0.114	0.079	0.626
化学产品	0.123	0.084	0.621
电气机械和器材	0.117	0.093	0.592
纺织服装鞋帽皮革羽绒及其制品	0.043	0.034	0.536
木材加工品和家具	0.102	0.074	0.441

资料来源：中国经济统计年鉴

计算：杨涵博

说明：出口在投入产出表中是最终使用的一部分。出口 / 最终使用比大于 1 可能是因存货调整之故。

从表 6 可以看到，中国产业，特别是制造业，即便并未深度嵌入全球价值链，对外需的依赖度也普遍非常高，但不难猜想，参与全球价值链大大提高了中国产业体系的对外依存度。

国际生产网络或全球价值链的形成使国际分工体系成为两种不同类型分工的混合体。一种类型是传统的按产业的分工。如澳大利亚和巴西生产铁矿石；韩国和中国生产纺织和服装、钢铁制品。另一种类型是国际生产网络或全球价值链分工。

国际生产网络是由生产过程的碎片化（fragmentation）导致的（图7）。由于技术进步、贸易自由化等原因，发达国家的生产出现碎片化趋势。例如，当一定的技术和制度条件得到满足之后，把处于不同生产阶段的电子产品模块分散到不同国家生产，可以显著降低生产的总成本。处于生产过程不同阶段的模块就被分散到世界各地进行生产，便形成国际生产网络或全球价值链。国际生产网络的概念反映了全球生产者之间错综复杂的相互关系。全球价值链可看作是国际生产网络的一种形态。当然，如果把“链”的概念理解得更为宽泛一些，两者可以看作是同一个事物（下文中将仅使用全球价值链这个概念）。

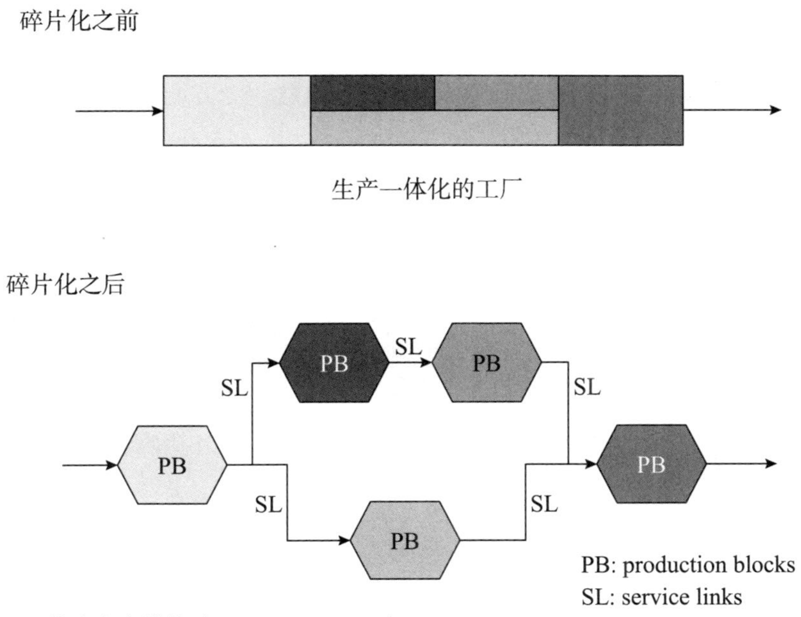

PB: 代表生产模块（production blocks）
SL: 板块连接环节（service links）包括运输、通信、整合环节

图 7 生产过程的碎片化之前 / 后

在价值链中，不同企业的地位作用不同。企业可以分为主导企业和合同制造商（供应商）。在主导企业之下存在不同层次的合同制造商。首先是一级制造商，一级制造商下面又有众多二级制造商等。主导企业拥有品牌商标，并把最终产品销售给消费者。主导企业对上游合同制造商具有支配能力。合同制造商为主导企业组装产品，对市场的影响力有限。但它们往往规模庞大并且散布于不同国家。不同层级的合同制造商从事不同生产、服务活动。大多数主导企业都位于发达国家（美、欧、日、韩），合同制造商一般都来自发展中国家。

全球价值链的“长度”可以按已分割的，从上游到下游的跨国生产阶段的数目衡量。例如，电视和通信设备的网络长度是不动产活动的网络长度的两倍左右。[①] 全球价值链的“参与度指数”则是根据一国出口产品中所包含的外国中间产品的比例来衡量的。

中国作为加工者、组装者加入全球价值链，一方面提高了国家福利水平和技术水平，另一方面也增加了产业体系的对外依存度和脆弱性。中国企业在全球价值链中的生产活动能否正常进行，取决于整个全球价值链中各个环节的生产活动能否正常进行以及最终产品能否顺利销售。产品的全球价值链越“长”，生产因外部冲击而中断的概率越高。不仅如此，中国深度参与全球价值链必然会对原有产业体系或国内价值链的完整性造成冲击。事实上，中国实施以加工贸易和 FDI 为特征的出口导向战略之后，在一些产业得到急剧发展的同时，一些重要产业衰落了，一些产业干脆就消失了。其中一些变化是产业升级和转移的自然结果；另

① De Backer, K. and S. Miroudot (2013-12-19), “Mapping Global Value Chains”, OECD Trade Policy Papers, No. 159, OECD Publishing, Paris. http://dx.doi.org/10.1787/5k3v1trgnbr4-en

一些则是全球产业链冲击的结果。

一个国家必须在产业体系安全性同最大限度参与国际分工中找到平衡。如何选择？美国给我们提供了有用的参考。美国当选总统拜登声称：他的政府甫一上台就将用 100 天时间对供应链存在的漏洞进行清点，并立即填补这些漏洞；要在包括能源、网络技术、半导体、关键电子、电信基础设施和关键原材料等众多领域建立更强大、更有弹性的国内供应链。具体措施包括：通过联邦政府购买，提高国内指定关键物资的制造能力；推动企业将关键物资的生产转移回美国本土；为了使关键物资的生产在危机期间能够不依赖中国或任何其他国家，美国将扩大国内生产、增加战略储备、消除威胁供应链的反竞争行为、执行在危机期间能够迅速增加产能的“巧计划”（smart plans）、同盟国紧密合作。拜登还打算要求国会同意建立每四年就对关键供应链进行一次评估的永久性安排。拜登团队指出，执行这种政策并非是为了实现“自给自足”，而是为了使美国具有一种基础广泛的应变能力。

应该承认，我们过去低估了地缘政治因素的重要性。在参加全球价值链的过程中，没有准备“备胎”。当变化突然发生之时，措手不及。事实上，如何调整中国在全球价值链中的地位已成为我们对产业体系进行调整的紧迫挑战。

中国产业体系的安全性或自主可控性主要取决于其对外依存度（生产和销售两个方面的对外依存度），而对外依存度的高低又是由产业体系的完整性和应变能力决定的。

完整性问题可以从投入－产出矩阵的角度看，一个国家的各产业都是相互依赖的，缺少一个产业（或大类、中类、小类）其他产业都会受到不同程度的影响。完整性并不等于“大而全”和“自给自足”。但存在一个相对完整的产业体系对中国这样的国家来说十分重要。许多国家片面追求产业的“高级化”，产业结构畸重畸轻，一旦出现外部冲击，经济的脆弱性就暴露无遗。与此相反，在这次疫情中，中国表现出色，很大程度上要归功于中国拥有一个相对完整的产业体系，特别是拥有一个强大的制造业。

适应性概念兼顾了效率与安全的考虑。例如，即使一个国家由于参与国际分工，产业体系不够完整，但该国具有强大的制造能力，一旦形势需要，该国就可以迅速补上短板。

在网络安全性、脆弱性研究中，学者发展了中心度（degree centrality）和进口集中度等概念。我们应根据中国实际情况，构造一个衡量中国产业体系安全性的指数，为中国产业体系调整提供指南。

从生产网络的角度看，我们似乎需要处理四方面的问题。

对于已经深度嵌入全球价值链的高技术行业产品而言，中国政府应该帮助中国企业尽可能提高其在链内的自主可控度，尽可能留在链内以便为准备“备胎”争取时间。

即便有些产品不属于高技术产业，为实现经济增长、减少地区发展不平衡，中国也需要适当缩短这些产品参与全球价值链的“长度”，把更多生产环节留在国内，特别是向西部和北部转移。

中国必须发展以中国龙头企业主导的国内生产网络。打破地方藩篱，在全国（而不是一省、一地）范围内，实现重要产品生产的最优分工。这点同不少数学者所说的“双循环、国内循环为主体”意味着打通国内生产、流通的“堵点”的看法是一致的。由于国际生产网络和国内生产网络并存，一些中国企业宁愿加入国际生产网络而不愿意或没有机会加入由中国龙头企业主导的国内生产网络。对于这种状况，政府似乎有必要进行某种干预。

通过经济体制、税收政策、社保体系、公共产品提供等领域的改革培育和扩大国内市场，从而降低中国产品对海外市场的依赖度。

总之，由于全球经济和地缘政治形势的变化，中国也有必要在双循环思想指导下，对中国产业体系的现状进行国家评估，确认薄弱环节，从产业和产品多个层面进行调整，实现在经济效率和产业体系安全之间的最佳平衡。

（三）国际大循环战略不足以使中国赶超世界先进技术水平。占据高新技术产业制高点必须依靠自主创新

中共中央关于“十四五”规划的建议指出：坚持创新在我国现代化建设全局中的核心地位。同一般发展中国家不同，追赶世界的先进技术水平始终是中国国家发展战略的一个核心目标。20 世纪 80 年代初，中国实现这一目标的具体途径有两条：一是购买大型成套设备和先进资本品，二是希望合资企业的外方带来先进技术。20 世纪 90 年代以来，中国的另一条思路是通过深入参与全球价值链赶超世界先进技术水平。从根本上看，这条思路同通过 FDI 获得先进技术的思路是一样的。

日本和韩国在经济起飞阶段引进先进技术的主要方式是通过借债购买先进机器设备和技术许可。进口机器设备主要是为了通过逆向工程进行自主开发，而购买技术许可的需要只有在进行自主开发时才会产生。日韩的技术引进是本国 R&D 的补充而不是替代物。特别要指出的是，在相当长时期内，日本和韩国一直严厉限制 FDI。[①]

---

① 路风、余永定：《转变经济发展方式的宏观和微观视野》，中国社会科学，2012 年。

20 世纪 90 年代后，中国对 FDI 的优惠越来越多，跨国公司也开始大举进入。FDI 的大量涌入，对促进中国的经济增长发挥了积极作用。从国际生产网络的角度来看，FDI 是跨国企业将中国企业嵌入国际生产网络和全球价值链的一个重要环节。跨国公司把劳动密集型产品的生产、加工和装配环节转移到中国，使中国变成出口美国的最终产品的“总装厂”。尽管在中国的出口中被列为高技术产品的比例在上升，但中国参与的生产环节仍然集中在劳动密集的终端组装，而且必须依赖外国的设计、营销和零部件供应。这种全球价值链布局的宏观经济结果则是使中国对美国维持大量贸易顺差，而对日本、韩国、中国台湾这些中间产品供应者维持大量贸易逆差的微观基础。[①]

正如路风教授所指出的：“对技术引进的偏重在实践中逐渐发展成为对自主开发的替代，并产生了可以依靠引进技术和外资来发展中国经济的幻觉”。中国希望通过以“市场换技术”的政策鼓励外国投资者把物化了先进技术的设备带到中国。但外国投资者并没有动力转让技术，国产化的进展也不等于技术开发能力的增长。

路风教授指出：轿车产业的主要企业从 20 世纪 80 年代中期开始相继与国外主要汽车企业建立合资企业。但在 20 年之后，在这些企业中仍然没有一个企业能够自主开发出来一个车型。如果把产品开发定义为该产业最主要的技术，就可以说合资并没有给中国汽车产业带来关键技术。而韩国汽车工业（20 世纪 60 年代才诞生）在 20 世纪 70 年代走上自主开发道路后，也不过 20 年就打入国际市场。中国汽车工业后来在产品开发上获得某些突破，原因是在中国加入 WTO 前后，出现了包括奇瑞、

① 路风、余永定:《转变经济发展方式的宏观和微观视野》，中国社会科学，2012 年。

吉利等一批重视自主开发的新型企业。[①] 正如路风教授所说，以引进技术为初衷的合资道路实际上阻滞了中国汽车产业实现自主开发，它既使中国企业因依赖外资而能力发展不足，又使外资通过中方伙伴而得到政府保护，形成一种使依附性得以持续的既得利益结构。而迅速成长的中国汽车市场所带来的利益却主要由外资收获。中国机床工业的经验也证明，通过合作、合资引进技术的道路走不通。摆在中国企业面前的，只有自主研发一条路。

通过 FDI 获取新技术十分困难，通过被嵌入全球价值链获取新技术也是如此。发达国家大公司构建全球价值链的目的包括：绕开关税保护、利用东道国的廉价劳动力、加快上市时间、缩短研发和产品生命周期等等。地缘政治因素对全球价值链布局的形成也具有重要影响。发达国家主导企业提高东道国技术水平的动机仅限于使东道国企业可以生产出合乎标准的产品。

不仅如此，发达国家的主导企业在行业中处于寡占地位，可以决定本行业的技术路线、产品规格和市场销售。与此同时，这些寡占巨头可以利用规模经济、无形投资、对供应商网络的控制、品牌效应、销售渠道和售后服务等手段建立强大的行业壁垒，使后来者难以进入相关行业，从而维持自己的高额利润。

新兴国家企业虽然可以选择进入或不进入、在什么环节上进入，但能否根据自己意愿加入全球价值链，一旦进入能否保住已有地位，甚至向上、下游延伸，很大程度上取决于发达国家主导企业的意愿。当然也要看到，被嵌入国际生产网络的发展中国家企业也不是完全没有机会。

① 路风、余永定:《转变经济发展方式的宏观和微观视野》，中国社会科学，2012 年。

通过在“干中学”，发展中国家企业变得强大起来，它们可能提高自己的地位，抢占原来属于主导企业的地盘，全球价值链的“长度”“参与指数”等就会出现调整。但是，一般而言，发展中国家依靠全球价值链实现技术升级的余地是有限的。靠代工和国外品牌难以建立起强大的高科技产业。

中国企业是否可以通过海外并购获得高技术呢？尽管有成功案例，总体来说，通过在发达国家的海外并购实现技术升级是一条荆棘之路。例如，2004 年后在中国的机床制造行业兴起了海外并购热潮。但这些并购大多都以失败告终。全球金融危机爆发之后，中国曾兴起一股海外并购的高潮。但结果也很不理想。目前，在美国对中国全面围堵的情况下，通过海外并购获得新技术的道路就更是行不通了。

中国在自主创新领域的进展不尽如人意，比较重要的原因包括：

1）中国的企业，特别是国有企业，由于体制和激励机制缘故，普遍缺乏自主创新的动力和能力。

2）得不到必要的资金支持。项目启动后，得不到必要的长期贷款支持。勇于创新的企业只能靠借短贷支持长期研发，债台高筑。不仅如此，一旦中国企业研发取得突破，外国企业就大幅度降价，使在研发过程中投入大量资金的中国企业血本无归。这样，创新企业容易因债务问题而破产。

3）资本市场的发展不充分，不足以支持企业创新。

4）由于地方保护主义等原因，对知识产权的保护仍不够充分。

由于创新活动一定会给企业的生存和发展带来极大风险，市场机制不足以支持企业的创新活动。在这种情况下，中国政府就必须发挥应有作用，弥补市场机制的不足。

中美贸易摩擦爆发之前和爆发之初，中国各界对于是否应该制定产业政策争论不休。不少人甚至认为，“中国制造 -2025”是导致中美贸易摩擦的重要原因。事实上，世界上所有发达国家都有自己的产业政策，都在运用各种政策手段扶植支柱产业和高科技产业。在美国，尽管大公司一直是研发的主力和资金的主要提供者，美国政府在美国高科技产业的发展中也扮演着重要角色。为了扶植制造业和高科技产业的计划（to boost America’s manufacturing and technological strength），拜登宣布在未来 4 年投资 7000 亿美元，用于清洁能源、量子计算、人工智能、5G、高铁、癌症治疗。其中 3000 亿美元用于研发。

在中美贸易摩擦爆发两年后的今天，对于应不应该有产业政策大概已无争议。但是，我们确实需要根据外国和我们自己在产业政策上的成败经验深入讨论如何制定和执行产业政策的问题。中国是市场在资源配置中起决定性作用的市场经济这一基本现实就决定了：一方面，在产业发展、产品开发等方面，政府不应过多干预；另一方面，在高风险、暂时无回报的高科技产业的发展上，政府需要发挥重要作用。

政府和学界专家的普遍共识是：应保留“功能性”（“横向”）产业政策而放弃“纵向”产业政策（挑选支持对象的具体产业）。实施产业政策有两个重要政策工具。一个是以市场准入投资项目和生产资质等为对象的限制性审批。另一个工具就是政府新兴产业的认定。[①] 限制性审批的初衷是防止重复建设、浪费资源。但根据过去的经验，这种审批可能妨碍新兴产业的发展。而“认定新兴产业”则是执行产业政策的世界

① 陈清泰：中国二十年产业政策的得与失，“中国经济与国际合作年会暨新巴山轮会议 · 2016”演讲。

通行做法。

“十四五”规划建议提出了发展战略性新兴产业的目标。中央点名的产业包括：信息技术、生物技术、新能源、新材料、高端装备、新能源汽车、绿色环保、航空航天、海洋装备、互联网、大数据、人工智能。既然认定了哪些产业是战略性新兴产业，就必须制定支持这些产业的政策，而产业政策也就不可能仅仅是功能性的了。

关键是在制定和执行产业政策的过程中，必须防止腐败和权力寻租行为；防止政策被地方、部门和企业利益集团所俘获；避免因政出多门、条块分割、政策方案不具有可操作性等问题。例如，通过申报获得产业政策支持的重大项目申报制度亟待改进：申报者没有机会成本、审查者没有必要的专业水平和激励机制。此外，也必须解决产业政策的制定过程不透明，没有真正做到最大限度集思广益等问题。如何制定和执行产业政策是有许多国内、外经验可以参考的。中国政府应该在以往经验的基础上完善产业政策制定和执行的指导规则。

政府可以发挥什么作用呢？

第一，政府为研发提供资金。研发投资是高科技产业发展的必要条件。在过去 10 年中，美国半导体产业的研发投资是 3120 亿美元，是全球其他国家在半导体产业投资的两倍。2018 年美国在半导体产业的研发投资是 390 亿美元。研发可以分为基础研究、应用技术研究、开发研究和实验。2020 年 12 月 12 日，欧盟 17 国电信部长签署声明，宣布在未来两三年内投入 1450 亿欧元用于研发先进处理器和其他半导体技术。

第二，很多国家通过建立技术创新中心（Technology Innovation Center）来跨越研发和应用之间的鸿沟。建立研究共性技术应用的研究院和高新技术开发区是执行产业政策的重要内容。但滥建“高新区”的势头必须抑制，对已建“高新区”应该加以整顿。[①]

第三，中央政府必须加强各个政府部门的协调。许多国家重大项目是需要用举国之力才能完成的。没有最高层的统一领导和协调，项目攻关很难形成合力。由于美国的封锁和打压，我们原来基于国际合作的一些属于战略性新兴产业的重大项目遭遇了严重困难。这些困难需要通过各部委协调解决。但是，由于条块分割，我们并未拿出可操作的解决办法。议而不决、不议不决，队伍就散掉了。

第四，加紧创新人才的培养。正如潘云鹤教授所说的，高科技产业在创新上存在抢占制高点和发现制高点的不同技术路线。沿已有路径，做精（如芯片从 22 纳米做到 14 纳米再做到 3 纳米）？还是另辟蹊径？要抢占制高点和发现制高点，特别是后者，必须从基础教育、基础研究、探索精神的培养做起。我们的教育和科研体系改革必须进一步深化，否则将难以满足中国自主创新的需求。

第五，中国自主创新的另一个重要障碍是缺少“大国工匠”。中国必须大力发展中等技术教育。提供中等技术教育应该主要由国家承担。

第六，在不违反 WTO 规则的前提下，通过政府采购和其他财政和金融手段对企业的自主创新活动提供支持。

新兴产业必然是高风险产业，政府应该进一步推动资本市场改革，尽早建立完善的止损和风险分担机制，鼓励私人资本参与风险投资。

“十四五”规划建议提到了“基础研究”“原始创新”“企业创新能

① 截至 2017 年底，我国已经建立 156 家国家级高新区，省、地、县级的“高新区”更是不计其数。

力”“举国体制”“知识产权”等诸多概念。显然，在高技术竞争领域，核心概念是自主创新，而其他概念则是实行自主创新的必要条件。“国内循环为主体”的提出，显示中国在赶超世界先进技术水平的道路上已经超越以“引进”为主的阶段，正在“自主创新”的道路上疾行。

（四）长期执行出口导向政策导致了资源跨境、跨时的错配，如不及时纠正中国可能在未来掉入债务陷阱

由于在发展加工贸易的同时，我们实行了非常优惠的 FDI 政策，大量的 FDI 流入中国。如前所述，加工贸易本身一定导致贸易顺差。尽管在相当长的时间里中国一般贸易保持逆差，但由于加工贸易在贸易中所占比重很高，除 1993 年外中国按年度都是贸易顺差。与此同时，直到 2014 年，由于 FDI 的流入，中国保持资本项目顺差（现在叫非储备性资本和金融项目）。

双顺差的急剧增加导致外汇储备的急剧增加。在中国目前的制度安排和外部环境下，外汇储备的增加，一般情况下意味增持美国国库券。FDI 是中国海外负债，FDI 增加意味着资本输入，在中国的海外投资表上，资产方主要是外汇储备，负债方主要是 FDI 累积存量。如果说，在特定条件下、在中国改革开放初期直到九十年代，双顺差有其合理性，在 2000 年代初，中国外汇储备已经达到数千亿美元之后，依然维持双顺差就没有什么合理性了。

在一定意义上，“双顺差”是以加工贸易和 FDI 为特征的出口导向发展战略的结果。而“双顺差”所代表的资源跨境、跨时错配随着外汇储备的增加而变得越来越严重。而其中的一个重要结果是：作为净国际债权国，中国却维持投资收入逆差。问题出在哪里呢？

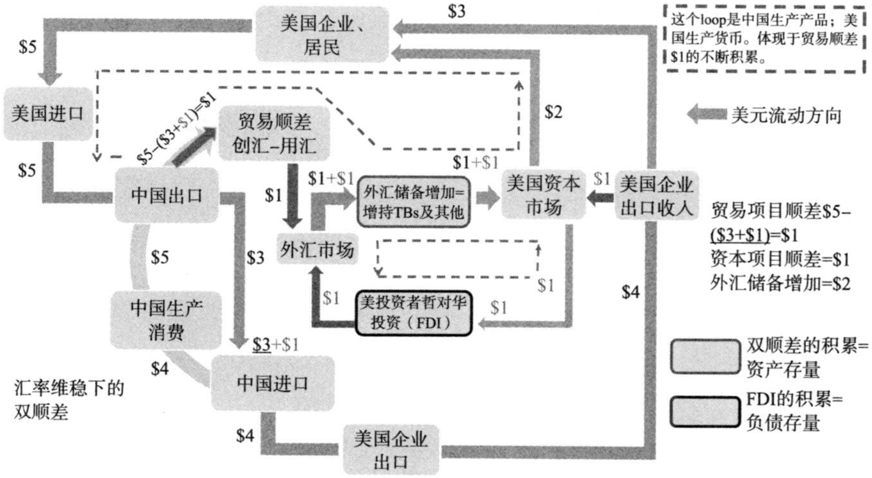

图 8　双顺差条件下资金的国际大循环

图 8 中假设美国从中国进口 5 美元，也相当于中国对美国出口 5 美元。中国出口了 5 美元之后，拿其中 3 美元进口，用于国内生产。与此同时，我们还引入了从美国资本市场筹集的 1 美元的 FDI。理论上，FDI 带来的美元首先进入中国外汇市场换成人民币，导致外汇储备增加 1 美元。由于这 1 美元要用于购买进口原材料、中间产品和资本品，所以进口总额是 4 美元，其中 3 美元是通过出口创汇挣来的，1 美元来自 FDI。最终进入外汇市场后转化为外汇储备的外汇是 2 美元。其中 1 美元来自贸易顺差，是中国“挣来的”，另外 1 美元（FDI）是中国“借来的”。在正常情况下，既然中国有 1 美元贸易顺差，就不应该再引入 1 美元 FDI，需要外汇的中国企业本来按道理是可以在中国资本市场上借到 1 美元外汇的。

外汇储备是对美国的投资（购买美国国债），对美国的资本输出。中国对美国输出了 2 美元（买美国国债），美国对中国输出 1 美元（FDI）。在存在 1 美元贸易顺差的情况下，美国以 FDI 形式“借”给中国的 1 美元可以理解为是中国自己的钱。中国向美国资本市场注入2美元，美国向中国资本市场注入1美元。美国资本市场代替中国资本市场为中国进行了资源配置：中国企业不是从中国资本市场，而是从美国资本市场取得了所需要的资金。中国的投资者不是在中国资本市场，而是在美国资本市场找到所需要的资产。中国FDI的主要来源地是港澳和国际避税天堂，说明相当一部分FDI是所谓“返程资本流入”（round-tripping capital inflows）；一些中国企业家之所以引入FDI并非中国缺乏资金，而是因为他们无法从中国资本市场上成功融资。

图8的大循环可以分解为两个小循环（图9），一个循环是：中国贸易顺差产生的外汇（由于央行要维持汇率稳定）变成外汇储备的增加。中国通过贸易顺差所“挣来的”美元，经美国的资本市场又回到美国居民手中，后者则再用中国还给他们的借据（美元）用于购买中国生产的消费品和投资品。另一个循环是资金在美国和中国资本市场之间的循环：美国投资者从美国资本市场筹集资金，用于购买中国企业股权（图中并未画出这个流动过程）；在存在贸易顺差和中国货币当局执行货币维稳政策的情况下，这笔资金通过中国货币当局购买美国国债的方式回流到美国资本市场。

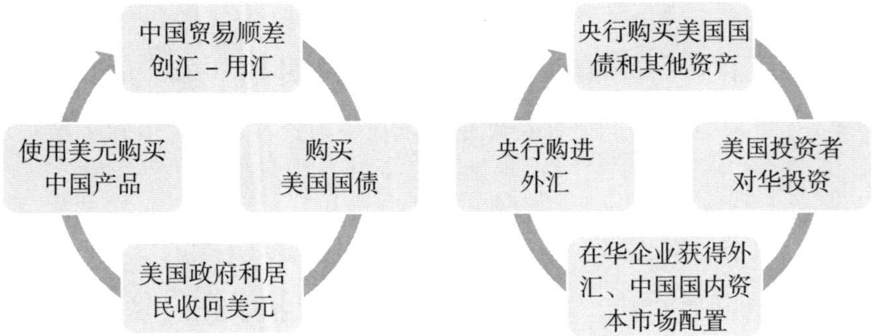

图9　双顺差下的两个子循环

双顺差下的国际循环的两个子循环可以称为：美国生产美元中国生产商品的循环；中国购买美国国债和美国取得中国企业股权的循环。这样，一方面，中国不断积累美国国债，资产的存量越来越多。与此同时，中国的债务（FDI）也在不断积累增加。中国购买美国国债和美国对中国进行直接投资的收益差，就是中国投资收入的净流出。

国际大循环的特点决定了双顺差的存在和持续增加。而这种特定的循环形式决定了中国海外资产的特定结构。截至 2019 年 3 月，中国的海外资产为 7.4 万亿美元，这主要是购买美国国债的外汇储备形成的（还有其他的一些形式的资产，如中国在海外的直接投资、证券投资和其他投资）。中国的负债是 5.4 万亿美元，主要是 FDI（还有其他国家在中国的证券投资和其他投资）。中国的海外净资产是 2 万亿美元（图 10）。

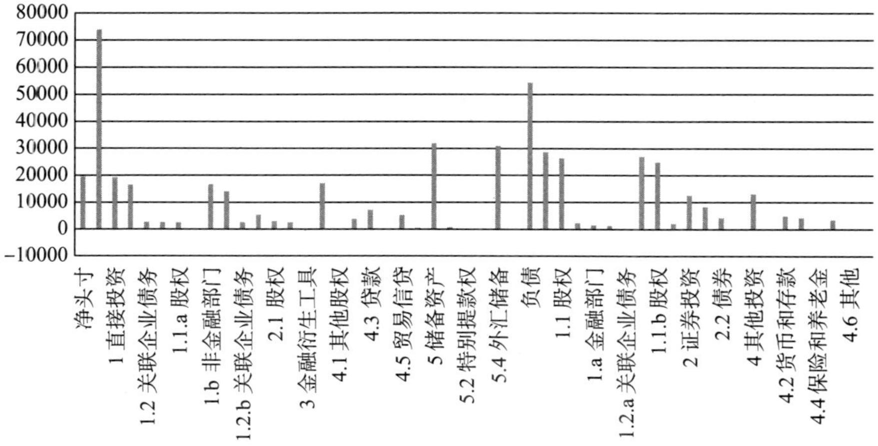

图 10　中国的海外资产负债

中国拥有 2 万亿美元净资产，相应的收益是多少呢？你在银行存了

2 万亿美元，肯定要取得利息。如果在银行利息率是 1%，你会预期每年利息大概至少有 1000 亿美元到 2000 亿美元的投资收入，但实际情况并不是这样。

图 11　中国投资收入长期为负

在最近十几年，中国的投资收入除个别年份基本上是负的（图 11）。出现这种情况的直接原因很简单：由于中国海外资产主要是中央银行作为外汇储备所购买的美国国债，而美国国债的收益率极低；另一方面中国的负债主要是 FDI，负债的成本比资产的收益率要高得多。

跨境、跨时错配问题对于中国未来的发展会有很大的影响。以日本为例，2005 年后日本投资收入顺差大于贸易顺差；2011 年到 2019 年（除 2016、2017 年外）是贸易逆差。靠投资收入维持经常项目顺差；投资收入始终是正，而且越来越大。日本国际收支结构一定程度保证了老龄化的日本可以“食利”，而不是付息（图 12）。

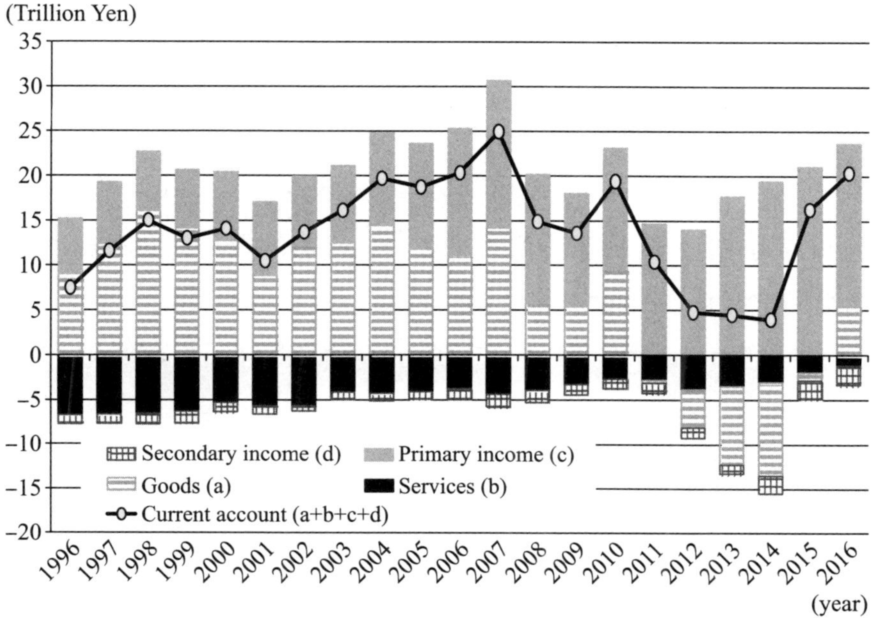

(Source) Ministry of Finance: "Balance of Payments Statistics"

图 12　日本的国际收支结构

一个国家随着人口老化，不可能维持很高的贸易顺差，贸易顺差会转成贸易逆差。随着人口老龄化加剧，中国出现贸易逆差可能会变成常态。这种情况下，如果投资收入不转变成顺差，不大于贸易逆差，那中国就可能成为一个债务国。如果中国不改变拥有庞大海外净资产但投资收入为负这种状况，老龄化之后，还要付息而不能“食利”，中国经济会出现很大的问题。今后，即便中国不再继续保持双顺差，中国也必须花大力气，改善中国的国际投资头寸结构，变投资收入逆差为顺差。

（五）中国必须调整发展战略的另一个原因是地缘政治环境发生了变化

美国对中国发起贸易战，想把中国从高科技产业链条当中踢出去，就增加了中国调整的紧迫性。关于这个问题我们已经有很多讨论，这里也不再赘述。

另一方面中国非常幸运，因为中国是世界人口第一大国，有广阔的国内市场，只要以国内市场为依托，进一步深化改革，通过正确的经济政策组合，改善和加强国内循环，实现国内国际双循环相互促进，中国就能在困难的外部环境中立于不败之地。

总之，只要我们能在“以国内大循环为主体，国内外双循环相互促进”的思想指导下，加速对中国经济发展战略和政策的调整，即便面对持续恶化的外部环境，中国经济也可以在相当时间内维持较高增长速度，最终逼近或者赶上美国，实现中国屹立于世界民族之林的梦想。

（文章在写作过程中得到了中国社会科学院世界经济与政治研究所许多研究人员的帮助，作者在此向东艳及其团队、肖立晟、徐奇渊、杨盼盼和杨博涵表示感谢。）

内外循环，也是量与质的循环

——从经济思想史的视角看双循环

彭文生

由于中国率先控制住了疫情，中国经济也率先恢复正增长。从发展格局的角度看，这样一个态势仍存在一些隐忧，主要体现在复苏动力依旧来自房地产和出口，消费复苏的动能仍有待改善。不过，十一假期的数据也透露出了一些好的迹象，西部和海南旅游强劲增长在一定程度上体现了消费回流。那么，在即将到来的“十四五”，投资与消费，究竟哪个才是内循环的关键？消费回流之外，还有什么因素有助于增强消费动能？如何理解“以国内大循环为主体”与“双循环相互促进”的逻辑联系？是否存在同时促进内外循环的发展道路？本节，笔者将结合新冠疫情给经济带来的新挑战，尝试对新发展格局进行一些讨论。

一、经济循环与两大思想流派

经济活动可以分为生产、分配、交换、消费四个环节，所谓经济循

作者系 CF40 成员，中金公司首席经济学家、研究部负责人。

环大致可以理解为这四个关联环节的循环往复。其中，生产和消费是最为关键的两个环节，代表经济的供给能力和最终需求，对这两个环节关系的认识不同衍生出了经济学的两大对立流派。

从供给和需求总量的平衡这一视角出发，凯恩斯经济学认为生产和消费无法自动匹配，经济无法自动实现四个阶段的循环往复。由此宏观政策有必要对整体的供、求平衡进行干预，现代的逆周期调节政策框架基本上就是建构在这种总量平衡的理念之上的。由于凯恩斯主义主要从总量视角阐述“量的循环”逻辑，因此通常被称为宏观经济学。GDP 是宏观经济学的核心概念之一，从支出法角度看，GDP 可以拆解成投资、消费和净出口，国内投资和消费等内需通常被看作是内循环，净出口对应的外需通常被看成是外循环。

与宏观经济学相对的是微观经济学，其思想根源是远早于凯恩斯主义的古典经济学。古典经济学对于供求问题的经典阐述是萨伊定律，即供给自动创造需求。因此古典经济学不担心供需总量之间的循环不畅，而是关注如何实现资源有效配置，提升经济的供给能力。古典经济学对“质的循环”的认识，主要体现在这样一个理念上，即市场竞争引导资源在供给（生产）的不同环节有效配置。按照这个逻辑，内循环方面，打破垄断、促进竞争有助于提升效率；对于外循环，基于比较优势的分工协作有助于提升整体的生产效率。在古典经济学的时代，外循环比较初级，主要体现为最终消费品的国际贸易，伴随着技术进步、运输成本下降等因素，国际间的分工日益细化、产业内贸易大量出现，外循环逐步升级到全球产业链、价值链的形态。

虽然学术领域存在两大思想流派的对立，但真实的经济循环中，量与质的关系远没有那么割裂，而是互相联系、不可分割的。例如，长期失业不利于人力资本积累，意味着总量循环持续不畅可能会影响资源配置效率；通过出口扩张外需和通过地产刺激内需，似乎在总量循环方面可以相互替代，但它们在质的循环方面具有截然相反的含义。因此，在讨论真实世界的经济循环时，需要兼顾循环的质与量。

更重要的是，理论是灰色的，现实之树常青。凯恩斯主义和古典经济学之间并没有严格的对错之分，只是为了满足经济发展的时代需要“应运而生”。20 世纪 30 年代大萧条之前，古典经济学占据主导地位。大萧条暴露了供求难以自动平衡的问题，凯恩斯主义实现了对古典经济学的“革命”。20 世纪 70 年代的滞胀危机引发了大家对政府过度干预的反思，主张自由竞争的新古典综合派成为主流经济学，基于国际分工的全球化正是这一时期的重要成果之一。

从实践驱动理论变革的角度看，我们似乎又处在一个需要反思经济思想的十字路口，新冠肺炎疫情暴露了全球化的产能缺陷，引发人们对供应链安全的反思。这和 100 年前很相似，1918 年大流感的暴发，以及随后出现的国际贸易冲突，都让当时的“全球化”一度倒退，20 世纪 30 年代的大萧条更是将对古典经济学自由放任思想的反思推向高峰，卡莱斯基理论就是这样一个背景下出现的。

二、量的循环：扩大消费与“以国内大循环为主体”

1. 卡莱斯基的四种增长模式与扩大消费

在国际贸易受阻的环境下，卡莱斯基于 20 世纪三四十年代提出了自己对如何促进一国经济增长的思考。从量的循环角度，他提出了四种增长模式：出口拉动经济增长；扩大财政支出；使用低利率或减税政策支持投资；社会分配要增加穷人的实际收入，以消费驱动增长。这样一种反思更大的意义在于它明显具有结构性改革的含义，卡莱斯基主张通过二次分配等方式提高中低收入者的实际收入，以驱动经济增长。

反思过去四十年，中国几乎已经将前三种增长模式发挥到极致。2008年全球金融危机前，中国主要靠出口拉动增长，随着人口红利渐行渐远，工人工资增长、汇率升值压力增大，出口对中国经济的拉动作用逐步减小。次贷危机之后，中国开始以房地产为主要载体刺激私人部门投资，伴以基建为主的财政支出扩张，这导致房价飞涨、财产性贫富分化日益加剧，影子银行、地方政府债务问题不断累积，宏观杠杆率急剧上升。

当下，前三种增长模式日益举步维艰，我们又遭受了百年罕见的新冠肺炎疫情冲击。与SARS相比，新冠肺炎传染性很强、容易反复，意味着在后疫情时期各国经济即便走向复苏阶段，也面临需求复苏慢于供给复苏的态势，这对已经受储蓄过剩困扰的全球经济而言，无异于雪上加霜。在这种背景下，对大型经济体而言，依靠贸易顺差化解储蓄过剩是不现实的，需要扩大内需。

与此同时，从卡莱斯基理论来看，上述三种增长模式举步维艰恰恰是为增加工资在分配中的比例以实现消费驱动提供了可能性。比如出口拉动的驱动方式，往往需要压低工人工资以提高产品竞争力；基建推动型的财政扩张提升了政府在收入分配中的占比；房地产为主的投资驱动也会挤出居民的其他消费。这也就意味着，之前的增长范式都在抑制中国的消费潜能，这为实际工资上涨、拉动消费提供了巨大空间。

2. 促进消费的短、中、长期政策探讨：有所为，有所不为

着眼于当下，新冠肺炎疫情给传统的宏观政策的传导效率带来新的挑战。相对于损失可预测、可量化的风险而言，新冠病毒带来的更多是损失不可预测、不可量化的不确定性。疫情演变、经济影响、政策应对都存在不确定性，导致预防性储蓄增加，抑制私人部门当下的消费和实体投资。常规货币政策（降息降准）、非常规货币政策（QE 与前瞻指引）都难以消除过剩储蓄和流动性陷阱，而且容易带来金融风险，基建投资等传统财政政策的乘数效应也会减弱。因此，扩内需需要打破惯性思维，可以考虑针对疫情的非常规财政政策，尽可能消除不确定性，增加消费和投资的动机。

Arrow-Debreu 证券是该方面举措的一个较好的模型，即通过在不同状态下兑现不同承诺，降低不确定性和预防性储蓄，平滑跨期消费、实现社会福利最大化。从具体举措来看，政府可以通过在还款条件中嵌入与疫情发展或经济恢复程度相对应的帮扶承诺，达到降低不确定性的目的。从具体工具来看，可以是央行准财政性质的再贷款（政府承担风险），而非信贷性质的再贷款（银行承担风险），也可以是财政对金融机构的信贷损失担责。比如，在家庭购车或企业投资时，政府可以承诺，如果一定时间后病毒感染人数仍处于某一高位的话，借贷者可以暂停还本付息；再比如，政府承诺借贷者可以按未来各期收入的比例偿还贷款。这些举措可以降低私人部门对未来收入的不确定性，刺激当下的消费或投资[①]。除此之外，还可以是临时性的超常规财政刺激，比如临时性降低增值税（一年后恢复）提升消费者对未来的价格上涨预期，有时效性的非必需品消费券，都可以起到激发当下消费的作用[②]。

强调扩大内需和内循环为主，还有一个中周期平衡，也就是金融周

① Joseph E. Stiglitz. Which Economic Stimulus Works? Project syndicate. June 8, 2020.

② Francesco D'Acunto, Daniel Hoang, Michael Weber. Unconventional fiscal policy to exit the COVID-19 crisis. VoxEU.org, 8 June 2020.

期的视角。近期财政和货币等宏观政策在两个维度上的导向值得关注，一是横向方面注重结构影响，精准滴灌，引导社会资源支持实体经济，重点是保民生、保就业，二是纵向方面强调跨周期设计和调节，避免以加剧中长期失衡为代价的短期需求刺激。这两个维度都要求坚持房住不炒，扩大内需不能靠拉动房地产需求，因为房价和信用相互促进，短期看起来似乎扩大了内需，但高杠杆风险不可持续。

2008 年全球金融危机引发大衰退，一个重要教训是非政府部门的杠杆是不稳定的，非政府部门过度加杠杆意味着整个经济的系统性风险日益累积。在延长金融周期的情况下实现投资增长，意味着非政府部门的杠杆率将会持续攀升。以过去十年为例，中国非政府实体部门的宏观杠杆率由 2008 年的 112% 大幅攀升至 2019 年的 205%，同期美国则由 168% 下降至 150%。

金融周期还加剧了贫富分化，抑制消费，从而降低了需求扩张的可持续性。因此，在当下如果将扩大内需简单理解为过去常见的投资主导的逆周期调节，理解为依靠房地产和信贷扩张拉动需求，则与“实现更加强劲可持续的发展”理念相背离。

最后，在传统的逆周期调节之外，更重要的是着眼于长期的结构性改革，通过真正的放管服增加市场主体的活力，促进直接融资以降低对信贷的依赖，金融让利，加快落实财政税收制度改革。其中，以下几个方面的措施尤其重要：（1）限制垄断、鼓励竞争，继续推进劳动友好型数字经济发展；（2）百年不遇的疫情对经济层面的冲击并不平衡，接触型经济、劳动密集型经济、低收入阶层受到的影响更大，需要在二次分配中，进一步加大对中低收入者的转移支付，特别是针对疫情冲击的救助；（3）进一步推动增值税改革，降低中低收入者的流转税税负；（4）过去十几年中国财富基尼系数快速攀升，背后是房价和信贷相互促进带来的金融顺周期性的影响，存量资产取代流量收入越发成为中国收入分配差距的主要推动力，是扩大内需面临的最大挑战，在合理制定减免范围的基础上，推进开征房产税。

三、质的循环：更高水平对外开放与“国内大循环为主体”

1. 新冠肺炎疫情暴露外循环风险

如前所述，从凯恩斯主义的视角看，出口只是一个扩张总需求的量化管理方式，但从古典经济学的视角看，出口有更多质的含义。如果出口占 GDP 的比重比较高，则意味着这个经济体深度参与了国际产业链的分工协作。参与国际市场竞争促进企业提升生产效率，提高质量、降低成本；通过出口加入全球产业链通常会带来知识转移，有助于缩短与先进企业的技术差距；虽然发达国家和新兴经济体的企业都可以通过出口提升效率，但出口对新兴经济体效率提升的作用更显著[①]。

经济体的规模对于出口与 GDP 占比的大小可能产生重要影响。比方说新加坡、韩国等中小经济体，有效率的生产方式是专注于具有比较优势的行业，在贸易格局上形成大进大出，在促进了全球分工更加精细化的同时，也形成了对全球价值链、产业链的高度依赖。中国在 20 世纪 80 年代初期发展两头在外、来料加工贸易时，也有类似的效果。

随着经济规模的增大，中国不只是参与了全球分工，而且是深度重

① Exporting and Productivity The Importance of Reallocation（2001）; Does trade play a role in helping to explain productivity growth？（2017）

塑了全球产业链。中国已经跃居全球第二大经济体，也是全球制造业产能最大的国家，中国不只是像中小经济体那样单向依赖全球产业链，世界也高度依赖中国的制造业产能。例如，在新冠肺炎疫情全球蔓延的背景下，2020 年上半年包括口罩在内的中国纺织品出口增长了 32%。相比于其他大型经济体而言，中国出口占 GDP 的比重较高，体现了中国在全球产业链中的重要角色。

新冠肺炎疫情作为一种来自自然的不可抗力，暴露了全球化下各国本土化产能裕度不足的问题。尤其是在这些短缺的供给恰是应对自然灾害必需品的情况下，各国加大了对内循环的重视。这样一种动向可能会促使生产和消费的空间联系增加，全球产业链面临缩短的风险，这对所有国家包括中国的供给侧的外循环带来挑战。因此，从新冠肺炎疫情所暴露的全球产业链的脆弱性看，此时强调内循环也是合理的。

2. 质的循环要求更高水平对外开放

但从“质的循环”这一角度看，有个数据值得重视。以 2017 年海外营收占一级行业上市公司总营收的比重为例，前两位依次是电子元器件 40%、家电 35%，与此同时，房地产、石油石化、非银金融、电力及公用事业、煤炭、银行等行业上市公司的海外营收占比分别位列倒数 1-6 名。前两位外需占比较高的行业是高科技或优秀制造企业的代表，后面六个内需占比较高的行业则是金融周期的直接受益者或者制度性垄断行业。研究表明，对于内需主导的行业而言，由于面临的竞争环境远不如出口型企业激烈，非出口型企业的效率通常要低于出口型企业[①]。

① Analysis on the Exports, Production Efficiency, and Financial Access of Small and Medium Manufacturing Firms in Indonesia (2017)

国际经验也表明，外部融资依赖度高且抵押品较少的制造业，在地产与金融业过度扩张时期受到的挤压较多[1]。这些行业主要包括制药、计算机、航空航天、通信设备。同时，地产与金融业过度扩张会挤占优秀人才资源，造成研究与实验发展（R&D）密集型行业人才流失，拖累全要素生产率下行；此外R&D密集型行业优秀人才机会成本上升，企业偏向从事低生产率的经济活动，进一步拖累行业全要素生产率下行。R&D密集型行业主要包括计算机、医疗器械、航空航天等。因此，作为一种典型的不可贸易品，以房地产为主要载体的泡沫经济过度发展，会通过抑制技术进步对潜在增长率产生不利影响。

综上，由于非贸易部门的生产率通常低于贸易部门，因此如果将内循环理解为仅仅依靠内需、封闭运行，它对中国经济的打击并不只是损失多少个百分点的外需和GDP，而是丧失了提升循环质量的重要源泉。因此，当前背景下提出内循环为主的命题，凸显了深入推进供给侧结构性改革，增加国内市场竞争和更高水平对外开放的重要性。对内应进一步放松管制，打破行业准入的制度性壁垒，推进国企改革、实施竞争中性，通过强化内部竞争提升效率；对外需要同时促进出口和进口，保持通过外部竞争推动供给侧效率提升的渠道。

四、数字经济：质、量并举，“构建双循环相互促进”

如前所述，由于经济循环同时具有质和量两个属性，因此“以国内大循环为主体”意味着通过促消费来扩大内需，与更高水平的对外开放

① Why does financial sector growth crowd out real economic growth？（2015）

是并行不悖的，在“以国内大循环为主体”的同时，还要重视“双循环相互促进”。当前，中国已经进入数字经济为代表的新经济时代，新冠肺炎疫情对数字经济应用场景的拓展，促进了以无接触经济等为代表的数字经济的发展。

通常而言，在线互动的效果可能不如面对面互动，但疫情下的大隔离导致人和人当面互动的成本大幅上升，使得疫情时期转为在线无接触经济具有了较高的性价比。这次疫情把数字技术的潜能显性化了，随着技术的进步，人们在线互动、远程互动的成本不断下降，意味着数字经济应用的范围、广度和深度将不断增加，即便在疫后也有可能对接触式经济形成替代。因此，着眼于后疫情时期，从质、量并举去理解内、外循环相互促进，尤其需要重视数字经济发展带来的影响。

1. 数字经济下的内外循环新机遇

新卡莱斯基学派的理论贡献，不只是在于认为实际工资上升可以导致消费需求增加，从而刺激经济增长，他们还发现当经济中存在剩余生产潜能时，企业针对需求增长时的最优反应是增加生产，而不是提高产品价格，这就会导致企业为了追逐利润最大化而进行新的投资从而带动经济增长。数字经济恰恰因为数据生产要素复制成本低，具有较强的规模经济和范围经济性，从而可以产生较大的低成本剩余产能，从而刺激新基建投资。

不过，从量的角度看，数字经济更重要的意义在于从初次分配层面改善了劳动者收入，有利于扩大消费，增强内循环动能。中美虽然都是数字经济大国，但在需求侧和供给侧均存在显著不同。需求侧看，人口总体规模是数字经济时代新的红利，中国大城市数量多、人口密度高、网络效应大，比如在中国送外卖有规模效应，而在美国送外卖的收益和成本难以匹配；供给侧看，美国劳动力成本贵，投资更多倾向于替代劳动力的模式，中国劳动力成本低，投向更多是与劳动力互补的模式。

传统理论认为，从制造业向服务业转化，劳动者工资是降低的。很多人用此解释为何发达国家贫富差距扩大。但数字经济在中国的发展似乎对这样的经验关系提出挑战，劳动者从制造业转向服务业，报酬是上升的，这是因为数字技术使得同一个劳动者在一段时间内服务的客户数量有所增加。

简要来讲，美国发展的是资本友好型数字经济，中国数字经济则带有很强的劳动友好型特征，例如外卖、快递等数字经济下的新型就业机会，其收入往往超过传统制造业。中国社科院的调查研究也显示，互联网使用对提升中低收入人群的收入有显著帮助。因此，劳动友好型数字经济的发展可能对过去几年中国收入差距缩小发挥了积极作用，有助于促进消费。

从质的角度看：在内，从计算机到互联网、智能手机，再到大数据、人工智能、云计算、物联网等，技术加速迭代更新和数据应用场景日益丰富，促使中国数字经济迎来大发展，数字产业化也就是新型商业模式，尤其是平台经济的发展，和产业数字化也就是数字技术日益渗透到经济活动的各方面，都有利于促进效率的提升。

在外，疫情期间数字经济的加速发展向我们展示了疫后服务业可贸易性增强的广阔前景，改变了我们对于外循环是工业制成品对外贸易的刻板印象，在制造业贸易面临供应链缩短的风险下，由数字经济带来的服务业可贸易化，有可能成为外循环的新动向，服务业贸易有望成为提升生产率的新动力。从这个角度看，我们还有很多事情值得做，比方说传统贸易指标不能很好地衡量数字经济下的可贸易服务业，我们需要给予这些新兴的服务业贸易有针对性的分析和重视。

因此，在新经济时代大力发展数字经济，有利于同时提高经济循环的质与量，有助于“形成以国内大循环为主体，国内国际双循环相互促进的新发展格局”。不过，与美国数字经济的硬技术特点相比，中国数字经济主要是在平台经济等商业模式上获得了快速发展。未来，中国要进一步促进数字经济的发展，需要补硬技术的短板，这就要求重视发展直接融资。因为新经济通常具有轻资产和初创时期风险较大等特点，风险偏好较低、资产抵押要求较高的间接融资并不能完全适应新经济大发展的需要，这个重任更多地需要直接融资来完成。

事实上，资本市场已经在2020年的疫情中体现出了对数字经济的青睐。无论是中国还是欧美，即便在疫情诱发的股市大跌期间，那些为无接触经济、数字经济服务的上市公司，股价表现胜过传统行业。除此之外，近期资本市场改革步速明显加快，诸如推进创业板注册制改革、深化退市制度变革、严厉打击虚假信息、打击造假行为、强化民事赔偿和刑事追责力度、落地中国版集体诉讼机制等，这些都有利于提升以信息披露为基础的风险定价效率，为资本市场更好支撑新经济发展打下了制度基础。

2. 数字经济带来的四大挑战

数字经济将全方位地改变社会，这已经成为全社会的共识。但这样一场深刻的数字革命显然不会只有帕累托式改进，只是人们对问题和风险的认知还存在较大的分歧。爱因斯坦有句名言，“提出问题往往比解决问题更重要”，就数字经济而言，有四个方面的问题值得我们关注和思考。

问题1：新的垄断。数据是数字经济时代的核心生产要素，数据的采集、加工与使用具有明显的规模经济与网络经济性。低甚至零边际成本意味着创新创业的门槛较低，但先发企业能够凭借自我增强的大数据优势来实现与固化垄断地位。按照熊彼特的创新理论，垄断和创新有天然的联系，没有垄断的收益就难有创新的动力，但到了一定规模后，垄断是否会阻碍竞争就有争议了。尤其是平台型企业往往跨产品跨市场补贴经营，传统的评判垄断的标准，比如是否提升消费者面临的价格、是否提升某个产品的市场份额等不再适用。巨无霸的数字经济企业可以凭借大数据资源垄断构筑起自我强化的进入壁垒，不但潜在竞争者难以短时间突破，甚至还能够对公权力形成威胁。

以 Facebook 的 Libra 计划为例。根据 2019 年 1 季报披露，每月有 23.8 亿用户频繁使用 Facebook 的网络产品，远超出了一个主权国家覆盖的范围。以至于即便 Facebook 宣称 Libra 要挂钩美元，美国国会依旧对其抱有谨慎态度。近些年欧美对 FAAG 等数字经济龙头发起反垄断调查，但对这种新型垄断究竟采取体制规制（regulation）还是行为监管（supervision），讨论还很不充分。

问题 2：新的贫富分化。虽然数字经济的发展在现阶段的中国有劳动友好型的一面，但中国也难以避免数字经济加大收入分配差距这一共性的一面，数字技术使得明星企业和个人可以用低成本服务大市场，少数人和企业赢者通吃。美国有学术研究显示，过去 40 年劳动者之间收入差距的扩大，主要反映（同一行业内）受雇企业之间的差别，而不是职业之间的差别。这背后一个重要的相关问题是数据产权没有明确界定，相关企业对大数据资源免费的排他性占有，实际上是独占了关键资源的垄断租金。如何界定大数据产权归属？对于这种垄断租金，应该采取管制方式，还是征税方式？如果征税，如何确定税基、税率？数字经济越壮大，这些问题越不容忽视。

与此同时，数字经济也丰富了应对贫富分化的政策工具：数字移民和数字货币。解决区域发展不平衡的传统办法通常是劳动力转移，或者产业转移。数字经济创造了一个新思路，即“数字转移”。例如，大企业将客服中心布局在欠发达地区，劳动力无须转移就可以享受发达地区的辐射带动，可以看作是“数字移民”；数字新基建催生了网络直播、云旅游等方式，将欠发达地区的风土人情、青山绿水等特色资源“运输”到发达地区，“产业数字化转移”增加了当地人收入。

数字货币方面，中国人民银行DC/EP重点在于发展电子支付手段，但从长远看，数字货币的发展可能对现有金融体系产生颠覆性的影响，促进普惠金融、降低金融的顺周期性，有利于结构性导向的财政政策更有效地发挥作用，更好地平衡效率与公平的关系。

问题3：新的国际冲突风险。风险可能来自三个方面：服务贸易、国际征税以及数据主权和安全。第一个容易理解，就像制造业贸易量扩大后会产生国际摩擦，服务贸易量扩大也可能带来纠纷，中国需要积极参与数字经济时代的国际贸易规则变革。

税收方面，针对数字经济绕开现行征税准则的逃、避税问题，国际上讨论比较多的替代性方案是基于用户征税，这需要进行国际协调，以确定各国所属的应税税基。在世界大变局背景下，国际协调难度正在加大。

更大的国际冲突风险可能来自国家安全或者说数据主权问题。美国和印度近期对中国平台企业的不友好做法，固然存在政治层面的原因，也反映了一个问题：大数据归属是否涉及主权甚至是国家安全问题？近期，中国更新了《中国禁止出口限制出口技术目录》，新增了“基于数据分析的个性化信息推送服务技术”，似乎也印证了大数据及相关技术对于国家安全的重要性。

问题 4：社会治理面临的挑战和机遇。“数据饥渴”症容易造成过度采集、数据滥用和管理失控等侵犯消费者隐私的问题，2018 年，媒体披露一家数据分析公司利用 Facebook 泄露的 5000 万用户信息，在 2016 年美国大选期间精准定位目标选民。

仅从经济层面看，如何保护个人隐私也有很大争议。有观点认为过于严格的个人隐私保护不利于数字经济发展、降低社会福利；另一派则认为，如果不保护隐私，消费者将被相关企业实施价格歧视，数字经济或压榨所有的消费者剩余。因此，从公平角度看，立法保护隐私数据是必要的；从效率角度看，隐私保护的关键可能在于度，甚至需要设计状态依存的保护制度。

最后，作为本节的总结，疫情凸显了构建人类命运共同体的重要性。中国只用了不到三个月就基本控制住了本土疫情的快速蔓延。但此后入境病例不断，舒兰、北京、大连等地出现的本土疫情反弹，也与海外病毒输入密切相关。这说明对于中国这样一个全球性大国而言，我们没法在地球村独善其身。聚焦到经济层面，人类命运共同体意味着，以内循环为主非但不是要封闭运行，而是对开放提出了更高要求，是要通过繁荣国内经济“带动世界经济复苏”，让全球分享中国释放庞大内需的红利，实现中国发展与世界发展的正反馈。实际上，作为全球性大国，中国对世界的贡献越大，中国自己也就越受益。

新发展格局确立中国发展新坐标

张晓晶

中央提出以国内大循环为主体、国内国际双循环相互促进的新发展格局，实际上为我国经济社会发展确立了新的评价标准和战略方向，换言之，确立了中国发展新坐标。

过去 40 余年，我们推行市场化取向的改革，评价标准是效率、效益与市场原则；现在则强调统筹发展与安全，即在效率、效益与市场原则基础上，突出发展中的风险与安全维度。这一重要转变将给我国经济社会发展带来新的机遇与挑战。

一、如何理解新发展格局？

改革开放之前，我国经济具有明显的封闭性，基本上是以国内循环为主。改革开放以后，我国经济开始融入国际经济大循环，尤其是 2001 年中国加入 WTO，赶上全球化的快车，积极参与国际分工体系，外循环大大促进了内循环。2001 年到 2008 年，我国的外贸进出口年均增长

作者系 CF40 成员，中国社会科学院金融研究所所长。

21%，经济年均增长 10.7%。2008 年国际金融危机爆发，经常项目顺差占 GDP 的比重，由 2007 年的大约 10% 下降到 2019 年的 1% 左右，外贸依存度由 2006 年的 64.5% 下降到 2019 年的 35.7%。市场和资源两头在外的国际大循环动能明显减弱，我国经济转向以国内大循环为主。近期新冠肺炎疫情暴发，使得很多国家“目光向内”，强调国内循环的趋势更为明显。

正是在这样的大背景下，习近平总书记提出，要推动形成以国内大循环为主体、国内国际双循环相互促进的新发展格局。这是与时俱进提升我国经济发展水平的战略抉择，也是塑造我国国际经济合作和竞争新优势的战略抉择，更是新时期坚持独立自主与对外开放相统一的战略抉择。

理解双循环的发展格局核心要义，有三点是至关重要的。其一，国内大循环为主体。以国内大循环为主，可理解为“国内优先”或“中国优先”。美国人总讲“美国优先”，我们这样的提法也可以说是“对等”。“国内优先”强调稳住国内基本盘。中国将更多地利用国内资源，依托国内市场，增强供应链韧性和市场弹性，致力于实现经济的高质量发展。形成国内大循环还面临很多堵点，这涉及供给侧结构性改革，特别是解决科技短板，改善收入分配，破除地区保护和城乡分割等一系列问题。其二，国际国内循环互相促进。中国经济的循环畅通与持续稳定增长，将为世界各国提供广阔的市场机会，中国将成为吸引国际商品和要素资源的巨大引力场，世界各国也将在分享中国经济增长红利的过程中获得新的发展动能，助力全球经济复苏与繁荣。其三，开放的循环。理论上，开放系统的存在是绝对的，封闭或孤立系统是相对的；即使在清朝闭关锁国时期，也留存了广州可以对外通商，史称“一口通商”，信息流、物质流也还在流通。开放系统具有一般性，而封闭系统视作开放的特例。

从这个角度，即便是内循环，也具有开放的特征，这样我们对于双循环的理解才不会走偏。特别是，在国内统一大市场基础上形成大循环，不是每一个地方都搞自我小循环，更不是什么省内循环、市内循环、县内循环，更不能以内循环的名义搞地方保护和小而全。

二、为什么要提出新发展格局？

新发展格局是根据我国发展阶段、环境、条件变化提出来的，是重塑我国国际合作和竞争新优势的战略抉择。可以从两个角度来概括新发展格局提出的宏大背景。一是我国发展环境发生变化，二是全球化逻辑发生变化。

首先是发展环境的变化。

主要基于两个方面的考量。一是两个大局的互动，中华民族伟大复兴的战略全局和世界百年未有之大变局。这“两个大局”当时提出来的时候很多人不太理解，以为是平行的关系，其实不是，它在很大程度上是主动与被动的关系。为什么出现百年未有之大变局？是因为中华民族伟大复兴的进程，因为中国的崛起。可以对比一下清末的时候，李鸿章讲“数千年未有之变局”，是外部冲击下完全被动、被迫接受的局面。而今天“百年未有之大变局”的一个重要内涵即是中华民族伟大复兴，是“东升西降”。由此应该理解，把握好这“两个大局”的核心在于把握中华民族伟大复兴的主动性、引领性，外部环境的变化取决于中国自己的作为。二是两种制度的竞争。这是长期的问题，邓小平同志讲社会主义初级阶段，要经历几代、十几代、几十代，是千年的时间跨度，我们要和资本主义制度一直共存。前 40 年的主基调是和谐共存，例如 20 世纪

80 年代以来美国、日本、欧洲和我们的关系都很和谐，但是 40 年后的今天，这个主基调发生了变化，恐怕不再是和谐共存，而是竞争共存，需要“进行伟大斗争”。“两个大局”互动以及两种制度竞争，使得我们在战略谋划与政策考量中，既要讲发展又要顾安全。

其次是全球化逻辑的转变。

从 1500 年左右到现在的 500 多年间，大体经历了三波全球化。全球化的驱动力可以有贸易、技术及制度等多方面因素，但根本动力是市场化。不过，通过考察三波全球化我们发现，市场化驱动力以及与之相匹配的效率（效益）原则其实也经历了一定的曲折和波动，这是我们强调全球化逻辑转变的重要依据。

全球化 1.0 阶段（1500-1800 年）。从 1500 年左右的地理大发现（哥伦布发现新大陆是在 1492 年）一直到工业革命开始前后的这段时间基本被称为重商主义时代。重商主义者倾向于持有固定的经济理念。其中一个（在新大陆财富涌入的感召之下），就是金银是财富最好的衡量标准，通过实现贸易顺差，一国可以积累金银，也就是说出口商品的价值要大于进口商品的价值，对于产量受到原始手工生产方式制约这一事实，16 世纪和 17 世纪的重商主义者漠不关心，这一点很有启发性。艰苦劳动和全日制工作，是他们提高生产力的简单办法。虽然我们将国内消费的扩大和生活水平的提高看作财富的指数，但它却很容易使重商主义者感到惊慌和沮丧，为了保证出口与进口的顺差，他们不停地宣扬节俭和禁欲。重商主义时代的全球化逻辑有三点。一是顺差为王。这是非常有意思的判断标准。只有内循环，重商主义者认为没有意义，因为左口袋进、右口袋出是不挣钱的，不能创造和积累财富；只有加入了国际循环，有了顺差才能真正积累财富。二是政府干预。因为谋求顺差，所以需要贸易保护政策，需要政府干预，这是亚当·斯密在《国富论》中总结的。三是市场原则相对弱化。这个时期的国际贸易还处在非常初级的阶段，产品生产还没有形成现在所谓的产业链；以“互通有无”为基本格局，主要是全球贸易分工而缺少全球生产分工，还谈不上效率至上原则；又因为重商主义强调政府干预，因此市场原则相对弱化。

全球化 2.0 阶段（1800-2000 年）。这个时期的全球化主要是由跨国公司驱动（尽管公司的“跨国性”实际上也是在一步步往前推进的）。跨国公司是真正的“世界公民”，它们的兴盛对于全球化发展的革命意义在于超越了国家的或民族的疆域界限，使分工的结构和范围跨越了产品的僵硬外壳，进入产品内部各生产程序。跨国公司推动的产品内分工的生产体系使得各经济体分布在产品内分工的不同区段，在全球生产链和价值链的大框架下进行合作和利益分配。产品内分工模式的形成是一系列科技进步和制度变革的综合结晶：生产技术的进步使得价值链可以被分割成细小的、可转移的零部件；通讯和运输技术的创新使得各国间的时空距离更加缩短，并使得速度、效率明显提高，协调成本大为降低；各国采取的贸易自由化政策大大降低了贸易和投资壁垒等。全球价值链的拓展使得全球化迈入新阶段，全球贸易获得了快速发展；但与此同时，也使得各国在全球产业链、供应链上都只占有一席之地（尽管有些经济体会占据主导），从而埋下了所谓供应链安全的隐患。跨国公司主导的全球化 2.0 时代的基本逻辑是：在效率导向和市场原则下推进国际分工体系进一步深化、细化，全球化市场化高歌猛进，形成“你中有我我中有你”的相互依赖和嵌套的格局。这一时期国内循环与国际循环相互促进、相得益彰。

全球化 3.0 阶段（2000 年——）。这一时期是从 21 世纪开始的，重要的时间节点在于 2008 年的全球金融危机，2018 年以来的中美贸易摩擦，以及近期暴发的新冠肺炎疫情。这一阶段的全球化进程不仅受到跨国公司的影响，也受到来自民众以及政府层面的影响。跨国公司作为全球化的主要驱动力不会改变，但由于全球价值链扩张受阻以及各国保护主义抬头，其作用力有所减弱。民众影响力的增强是因为全球化利益分配出了问题，特朗普政府就是以此来吸引美国民众的支持，因而出现民粹主义与逆全球化浪潮。而政府影响力的增强则与国家（制度）竞争有关。国家色彩在全球化 2.0 阶段其实没那么浓重，比如中国跟美国、欧洲、日本做生意，都是企业跟企业谈，国家色彩并不明显。进入 21 世纪的全球化 3.0 阶段，由于国家或制度之间的竞争，使得全球化逻辑除了分配原则外，还要再加上安全原则，即国家安全和国家战略利益的考量。这也导致一些主要经济体强调国内循环，国际循环服务于国内循环。概括起来，全球化 3.0 时代的逻辑是市场与效率原则有所弱化，而分配与安全原则有所加强。

三、国际大循环与供应链安全

改革开放以来特别是加入世贸组织后，我国加入国际大循环，市场和资源“两头在外”，形成“世界工厂”发展模式，对我国快速提升经济实力、改善人民生活发挥了重要作用。近几年，随着全球政治经济环境变化，逆全球化趋势加剧，有的国家大搞单边主义、保护主义，传统国际循环明显弱化。如果说，从贸易角度，国际循环的弱化不过是外需下滑带来的增长动力减弱而已。这个问题实际上通过国内需求的攀升是完全能够弥补的。但问题并非如此简单，国际大循环还意味着中国已经充分融入全球产业分工体系，它的弱化会带来供应链安全问题。华为断供让中国深切感受到关键技术卡脖子所带来的供应链安全问题。这显然也是我们提出以国内大循环为主的一个重要考量。不过，需要强调的是，最先感觉到供应链安全问题并引发高度重视的是发达经济体。

供应链是指以客户需求为导向，以提高质量和效率为目标，以整合资源为手段，实现产品设计、采购、生产、销售、服务等环节的全过程高效协同的组织形态。随着社会分工细化、信息技术进步，特别是现代通信技术的应用，供应链的概念已从强调企业内部协同和企业间的协同，拓展到产业乃至整个国民经济组织形态的优化和效率提升。当前，供应链的整合能力和效率已成为企业、产业乃至一国经济核心竞争力的重要体现。显然，供应链扩展遵循的基本逻辑是效率；但进入 21 世纪以来，安全问题成为新的重要考量。主要发达经济体的政策实践充分反映了这一趋势，这进一步印证了前面提到的全球化 3.0 时代的逻辑变化。

2005 年欧盟制定了《欧盟海关安全计划》，为能按照欧盟要求保证其供应链安全的全球可靠供应商提供认证及海关程序便利，以保卫全球供应链安全。自 2005 年起，美国多次将全球供应链写入国家战略中。2012 年提出《全球供应链安全国家战略》；2019 年 4 月美国国防后勤局（DLA）修订《国防后勤局战略规划 2018-2026》；2019 年 7 月发布《供应链安全战略》，以指导 DLA 的供应链安全实践。英国 2014 年发布名为《加强英国供应链》的报告，2016 年公布《供应链计划指南》。德国率先提出“工业 4.0”战略，构建智能制造供应链网络。2014 年，联合国经济和社会理事会发布《物流与供应链风险管理》专题报告。同年，经济合作与发展组织（OECD）和国际运输组织联合发布名为《提高供应链的弹性：对挑战和战略的回顾》的报告。2017 年，世界海关组织第

18 次“全球贸易安全与便利标准框架”工作组会议提出加强供应链安全的应对措施。

四、统筹发展与安全是构建新发展格局的基本遵循

新发展格局的一个新的重要维度是安全，从供应链安全到经济安全再到国家安全。统筹好发展与安全是构建新发展格局的基本遵循。

首先，安全发展应贯穿国家发展各领域和全过程。坚持总体国家安全观，实施国家安全战略，维护和塑造国家安全，统筹传统安全和非传统安全，把安全发展贯穿国家发展各领域和全过程，防范和化解影响我国现代化进程的各种风险，筑牢国家安全屏障。这里的一个重点是确保国家经济安全。这包括一些重要产业的安全，水利、电力、供水、油气、交通、通信、网络、金融等重要基础设施的安全，粮食、能源和战略性矿产资源的安全，以及生态安全、核安全，海外利益安全等。

其次，政治经济学视角下的发展与安全。对风险与安全的关注可能会导致资源配置偏离最优的市场均衡，形成扭曲并导致无谓损失（dead-weight loss）或净福利损失。不过，这样的分析是基于新古典经济学的框架和参照基准。如果换一个参照系来衡量，基于政治经济学的框架，原来的市场扭曲可能并不是真的“扭曲”，而只是为实现其他（如国家安全、地缘政治、意识形态、制度竞争等）非经济目标或战略利益的优化选择；这样一来，原先所谓最优的市场均衡也可能并不是“最优”的选择。回顾历史，当年在很困难的情况下搞“两弹一星”，推进重工业化，以及“三线建设”等，这些符合比较优势理论吗？符合效率原则吗？再比如，当前面对技术封锁和脱钩的风险，我们势必搞备胎战略，推进产

业链的多元化、本土化、区域化，以及强链补链，这些举措从国际分工及全球资源配置角度，并不一定符合效率与市场原则，但它符合我国的战略利益，有利于维护国家经济安全。显然，统筹发展与安全，需要超越一般经济学的视角，采用政治经济学的视角，即超越纯经济分析，而加入其他非经济（如安全）方面的利益考量。

最后，发展才是最大的安全。从长期看，效率与安全是辩证统一的，“发展是最大的安全”。因此，一方面，要重视发展，重视经济增长。第一，“东升西降”要求中国必须比发达经济体增长得更快。只有这样才能够赶超，才会有中华民族的伟大复兴。第二，较快增长是中国形成国际合作和竞争新优势的重要支撑。尽管对于国际合作和竞争新优势，我们可以列出一个长长的清单，比如超大规模的市场、良好的基础设施、较完整的产业体系，不断改善的营商环境，“性价比”高的人力资源，等等，但有一条最重要，即中国仍然有较高的潜在增长率，能够让世界分享中国增长的红利；如果没有这一条，其他的一切恐怕都很难成为真正的新优势。第三，较快增长是我们赢得中美之间“持久战”的底气所在。说中美较量，时间在中国这边，一个重要的依据在于中国增长更快。如果没有这样一个更快的增长，我们就没有办法保持定力。从这个角度，“十四五”时期仍有可能给经济增长赋予较高的权重。另一方面，也要防止因过分强调风险和安全维度导致市场扭曲过度。效率原则是市场在资源配置中发挥决定性作用的重要体现，增加安全维度，就要超越效率原则，从而市场的决定性作用会打折扣，而非市场因素会有所凸显，这在相当程度上会对我国长期经济增长潜力造成损害。这显然并不符合构建新发展格局、实现中华民族伟大复兴的初衷。

如何理解中国经济的双循环

姚 洋

双循环是现在的热词，怎么去理解双循环，有两句话非常重要。

第一句是“要牢牢把握扩大内需这个战略基点”。我国扩大内需已经持续了大约十年时间，但是这次将内需作为“战略基点”，把内需提到战略的高度，是一个很大的变化。过去十年里，我国的内需已经在增长，而且增长速度比较快。今天我们确定要把扩大内需作为一个重大战略时，如何进一步挖掘内需就成为非常值得思考的问题。

第二句话是“加快形成以国内大循环为主体、国内国际双循环相互促进的新发展格局”。这句话要特别强调的是形成国内国际双循环相互促进的新发展格局。

要好好理解这个重大战略及其意义，笔者从三个方面展开讨论。

第一是 2010 年以来中国经济的再平衡，也就是国内循环做了哪些事情。在了解这一点的基础上，我们才能更加深刻地理解双循环。第二是国际环境的变化对中国经济的可能影响。笔者个人认为当下的媒体对此问题有点夸大，把国际形势对中国经济的影响看得过高。如果按照这样

作者系 CF40 成员，北京大学国家发展研究院院长。

的理解来制定我们的政策，方向上容易出现失误。对国际环境认知问题，在此重点讨论两点。一是“去中国化”是不是发生了？二是有没有或会不会形成两个平行体系？我对这两个问题的回答都是没有。清楚这两个问题之后，我们才能正确地实施双循环，才能实现国内国际双循环相互促进的新发展格局。第三是在理解前两点的基础上，思考中国接下来应该做什么。

一、中国经济的再平衡

（一）2001—2010 年：狂飙突进的十年

过去二十年，中国经济基本上可以分成刚好相等的两个阶段——前十年和后十年。前十年是经济狂飙突进式增长的十年，后十年是震荡下行调整的十年。

一方面，从 2001 年中国加入世界贸易组织到 2008 年金融危机，我国出口在这七年里以平均每年 29% 的速度增长，7 年增长 5 倍，外汇储备也激增。从全球范围来看，年均两位数的 GDP 经济增长速度无与伦比。北京和很多大城市面貌变化日新月异，城市建设迎来十年的加速发展。

另一方面，那十年也出现了周其仁老师所说的“水大鱼大”。“水大”就是经济增长非常快，“鱼大”指的是巨额财富的创造和集中。中国的财富创造是惊人的，但集中度也高，少数人拥有极多的财富。整个国家的收入分配报告显示，我国收入分配不均。另一个问题是结构失衡，表现为储蓄过度、消费占比下降。

（二）2010 年 -2020 年：调整的十年

过去的十年是我国经济调整的十年，结构性变化很大。第二产业（工业）占比下降，工业化的高峰已过。当然，工业化高峰过去不是代表我国不再发展工业，而是无论从增加值比例还是总量占比看，第二产业的比例都在下降，第三产业（服务业）占比上升。同时，出口占 GDP 的比例，以及出口对 GDP 贡献的比例，都在持续下降。

如果以 GDP 的三驾马车来看，消费占 GDP 的比例在不断上升，储蓄率不断下降，投资和出口增长对经济增长的贡献显著下降。

过去几年里，消费增长对 GDP 的贡献都在 70% 以上，已经非常接近美国的水平，高位甚至达到 75%。因此，可以说内需推动的经济其实在过去几年已经形成，中国已经不再是一个外需推动、投资推动的经济体，国内循环早已占据主导地位。所以在笔者看来，以国内需求推动经济增长的新空间所剩不多，这个判断是很重要的。

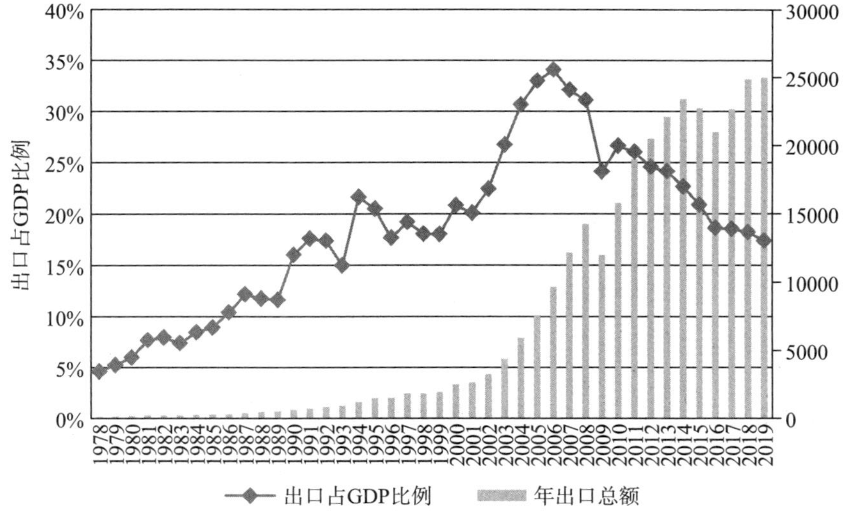

图 1　我国出口及出口占 GDP 比列

资料来源：国家统计局

从具体数据来看，图 1 曲线是出口占 GDP 的比例，这条线最高峰是 2006 年和 2007 年，之后持续下降。柱状图显示的年出口总额，除了 2009、2015、2016 三年有所下降，其他年份都在上升。我国现在的出口总额将近 2.5 万亿美元，是英国或者法国 GDP 的总量。英法是世界主要国家，还是联合国的常任理事国，中国的出口量和这两个国家的 GDP 相当，这证明了中国的出口量有多么惊人。

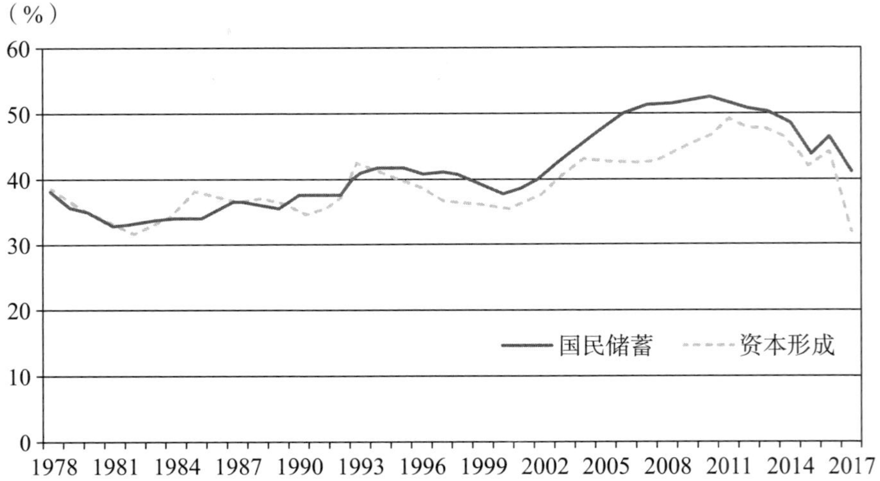

图 2　国民储蓄、资本形成占 GDP 的比例

资料来源：国家统计局

消费占比上升，储蓄占比下降。图 2 是储蓄和资本形成占 GDP 的比例，因为储蓄的反面就是消费，储蓄上升了，消费就下降，这是 21 世纪前十年的情况。储蓄下降了，消费占比就上升，2010 年是个转折点。

（三）提升国内消费不能靠降低储蓄率

综上可知，提升国内消费的空间是有限的。自 2010 年以来，我国消费率每年提高 0.86%，目前已达到 55%。与之相反的是储蓄率降到

45%。如果保持这个下降速度，10-15 年之后，我国储蓄率将低于韩国现在 35% 的水平，而韩国目前人均 GDP 是 3 万多美元，按照可比价格计算，已经超过美国人均 GDP 水平的一半，但估计 15 年后中国的人均 GDP 还达不到美国的一半，要等到 2049 年或者最快 2045 年才能达到这一水平。

因此，中国应该努力保持适度的储蓄率，控制储蓄率下降速度。经济增长离不开资本积累，技术进步也需要储蓄支撑。韩国的研发投入占本国 GDP 的 4% 左右，我国是 2.2%。我们作为一个大国当然不需要达到 4%，但是按比例算我们仍然低于美国的 2.8%。

援引这几项数据想说明的是，国内消费对 GDP 的贡献已经很高，从占比的角度看，剩余的空间已经不大，但不代表没有结构化的空间。下一步的重点不是提高消费对 GDP 的占比，更不是简单地靠降储蓄来刺激消费，否则容易出现方向性错误。

二、国际环境变化对中国经济的影响

上文回顾过去二十年的中国经济发展史，尤其是结构上的变化，主要是帮助大家理解中国经济的内在调整。接下来分两部分重点分析中国外部环境的变化及其对中国的影响。

第一，“去中国化”发生了吗？“去中国化”是指企业撤离中国，中国被排除在全球供应链之外。

第二，会形成两个平行体系吗？这是指在技术和金融领域分别形成以中国和美国为中心的平行体系。

笔者对这两个问题的结论都是否定的。对于“去中国化”问题，世界对中国的依赖度是在提高，而不是下降。对于平行体系问题，我国在技术领域确实已经和美国产生部分脱钩，但这不意味着中国和全世界都在脱钩。在金融领域，除了中国到美国的投资在下降之外，中国和美国的金融黏性都是有增无减。

（一）为什么说没有发生“去中国化”

1. 中国重回美国第一大贸易伙伴身份

受贸易摩擦的影响，中美贸易 2019 年降幅很大，比前年下降了 10.7%。2020 年上半年仍然在下降，比 2019 年上半年下降了 6.6%。所以这两年下来，中美贸易确实有大幅度下降。但是 2020 年因为疫情，美国和世界其他国家的贸易往来也都出现下降。因此，一个有趣的现象是：2019 年因为贸易摩擦，中国已经不再是美国的最大贸易伙伴，但 2020 年 4 月份开始，中国又重回美国第一大贸易伙伴的位置。

由此可以看出，美国没有形成一个对华经济和技术的统一逻辑和一致战略。

中美的贸易不平衡在 2020 年急剧上升，也就是美国对中国的贸易赤字急剧上升，因为中国对美国的出口保持稳定状态，但是美国对中国的出口下降了。所以特朗普真是搬起石头砸了自己的脚，他的本意是缩小中美贸易的不平衡，但贸易摩擦带来的实际结果是贸易不平衡不减反增。中国失去的这些出口转移到了东南亚、墨西哥等其他国家，而美国的贸易状况没有任何改变，甚至出现恶化。

2. 中国在世界经济中的份额将再度增加

疫情对世界贸易的影响非常大，WTO 预测 2020 年全球贸易将下降 13%-30%。中国上半年的出口下降 3%。但是 6-8 月份出口正增长非常快，8 月份出口已经转正。进口早在 6 月份就已经转正，8 月再度转负是我们国家自己的问题，根本原因是国内需求还没有完全恢复，相对偏弱。

总体而言，一般预测中国 2020 年全年出口将正增长 3%，GDP 正增长 2% 左右。全世界的贸易都在下降，GDP 也在下降，因此中国在世界经济中的份额将再度增加。

3. 全面的产业链断裂没有发生

全球产业链的确在部分高科技企业身上产生了断裂，也就是美国列入实体清单的 190 多家，影响非常大。如果华为不能获得高端芯片的继续供应，华为高端手机的生产就难以为继。这对华为来说是巨大的挑战，因为手机业务销售额已经占到其全部销售额的一半。但是总体而言，形势仍然可控，全面的产业链断裂并没有发生。

如果你问一般的企业是否受到了美国制裁的影响，大部分会说没有。这说明实体清单中 190 多家企业、大学占我国经济的份额比较小。即使是华为，也只有最高端的芯片受到影响。因此，即使从华为一家企业来看，美国政府其实也没有形成一致性措施，并非要把华为彻底打趴下，给华为全部断供。

4. 外资企业并未大规模撤离中国

外资企业是否在大规模撤离中国？美国企业基本上是雷声大、雨点小。我们日常用的很多产品都是国外品牌，包括我们引以为傲的中华牙膏，其实也是欧洲品牌联合利华。

这些企业愿意离开中国吗？中国这么大的市场，他们绝对不愿意轻易离开。另一个例子是沃尔玛，它利用中国的生产网络以及廉价劳动力，生产了很多产品，卖回美国，卖到全世界。同时，沃尔玛早已扎根中国的零售业，甚至深入一些县级城市。他们愿意搬离中国吗？当然不愿意。

日本政府出资150亿元鼓励日资企业撤离中国，但资金规模很小，目前只有80多家企业响应。而且这些企业也未必完全搬离中国，只不过回日本再设一个厂而已。

当然，我们经常会看到报道说，一些企业正搬往东南亚，越南对美国的出口已经增长20%，有些中国人开始着急。但只要认真看看数据就会发现，中国的出口总量是2.5万亿美元，越南的全部出口只是中国的1/10。越南出口美国所增加的20%，即使全都转自中国，也只能造成中国的出口下降2%，更何况越南的出口增长中有相当一部分是其内生出口，并非源于中国的订单转移。此外，越南对美国、欧洲的出口虽然增加，但中国对越南的出口也在增加，因为这是一个生产网络。越南生产服装鞋帽进行出口，需要从中国进口棉纱、棉布，这本质上也是我国服装鞋帽生产的升级，是中国实现了大规模的自动化纺纱纺布，这是好事。笔者考察过江苏的一个纺织大镇，那里的纺纱企业位列世界五百强。所以这样的出口转移，我们没必要过于担心。

5. 中国在世界经济中的份额上升

数据显示，中国GDP和出口占世界经济中的份额一直在上升，2021年还会继续上升。按照名义量计算，目前中国占世界GDP约17%，出口占世界的14%。

具体而言，GDP增速方面，2009年中国的GDP总量只有美国的1/3，2019年达到美国的2/3，2020年可能会达到美国的73%，因为美国会下降，而中国还有增长。世界五百强企业数量方面，2008年中国包括香港企业在内只有37家，还比不上日本，当年日本五百强企业有40多家。2019年我们已经达到119家，2020年达到124家，超过了美国。

我们也有了全球领先的公司，包括技术领先的公司和产量领先的公司。

在技术上领先的有华为、阿里巴巴、腾讯、百度、大疆，十年前我们没有，现在这些企业都进入了“无人地带”；在产量上领先的有格力、美的、联想等，都是各自领域里世界领先的企业。

尽管目前我国经济增长速度下降了，但是过去十年我们的技术水平在提高，我们的市场在扩大。这是事实。

6. 中国对世界的依存度下降，世界对中国的依存度上升

根据麦肯锡的调查数据，2000 年至 2017 年，世界对中国经济的依存度在提高，中国对世界经济的依存度在下降。

包括东南亚对中国的依存度也在上升，因为他们生产低端产品，而中端产品大多来自中国。东亚地区以中国为核心的生产体系也没有改变，只不过中间做了一些调整。

7. 国际分工和贸易的逻辑没有改变

国际分工和贸易的逻辑是一件产品不是由一个国家生产，而是由多个国家的企业共同生产。由此形成产品内贸易，而国际贸易中近 90% 是中间品贸易。

中国的优势除了世界第一的市场规模以外，还有强大的生产网络，拥有联合国工业分类中的全部工业门类。中国的生产能力很强，产业链日趋完善，这方面没有一个国家有能力和中国竞争。

不仅如此，我国的人力资本和技术水平还在不断提高，还有潜力可深入挖掘。

8. 西方国家政府对企业的影响力受限

我们也不能高估西方国家政府对企业的影响力。在西方，政府不能

命令企业做事情，政府影响企业的唯一途径就是立法。但是在西方国家想要立法，涉及的面很广，需要平衡各种各样的利益，耗时极长。

政府也可以给予企业补贴，但非常有限，因为政府财力有限，同时还涉及利益平衡。以是否脱钩为例，西方企业是否要离开中国，是否要和中国断链，它们自己才是最后的决策者。我们不能只听西方政府说了什么就以为要发生什么。在西方国家，企业没有义务听政府的，反而是企业对政府的影响力不可忽视。

（二）技术完全脱钩不会发生

1. 为什么说技术完全脱钩不太可能发生？

笔者认为有几个现实的问题难以突破。

首先是现代技术的复杂性。一个国家想控制整个产业链几乎不可能。比如，特朗普政府发起组建 5G 联盟，最后不了了之。特朗普甚至还下了一道总统行政令，凡是有华为参加的国际会议，美国企业不能参加。结果发现反而是美国企业被排除在外，因为华为掌握了 40% 的 5G 技术，5G 技术的会议如果没有华为参加就无法进行。

实力决定了话语权，特朗普政府最后只好取消这条禁令。

其次是标准问题。在现代技术越来越复杂的情况下，统一的标准变得越来越重要。因为一个产品的中间环节是由不同国家生产的，各国必须遵循统一的标准。在这种情况下，想要隔断产业链或者垄断整个技术，难度非常大。

国际标准是由头部企业，而不是由国家制定的。以前有个说法，谁掌握了标准，谁就掌握了市场。其实这句话需要一个前提，就是只有技术强大者才能掌握标准。在 5G 领域，不用国家出面，华为就把标准掌握住了。所以在标准问题上，世界不可能分成两个平行体系。

最后是美国企业的作用。中国市场如此之大，任何一个美国企业都不可能轻易放弃。华为每年将700亿美元用于对外采购，其中140多亿美元付给了美国的企业。美国高通一半以上的销售都在中国产生。如果美国再下一道命令说高通不能对中国出口芯片，可能高通很快就无法生存，因为芯片行业全靠销售额支撑，如果没有销售额就不可能跟上研发和技术的大潮流。正是这一原因，美国对华为的禁令曾经一再延期，现在虽然实施了，但Intel和AMD很快就取得了供货许可，高通也在努力争取许可。

2. 良性竞争是技术领域的最好结局

现在美国采用的是一种非理性手段，我称之为Tanya Hardin手段。Tanya Hardin是20世纪90年代美国的一名花样滑冰选手，滑得不是很好。为了参加奥运会，她买通黑帮把竞争对手的脚踝敲坏了。事情很快败露，她的竞争对手无法上场比赛，而Tanya本人不仅无法上场比赛，还进了监狱。这就是杀敌一千，自损一千五。美国现在做的不少事情也基本上属于这个逻辑。美国业界没有多少人支持特朗普政府的这种行为，主要是特朗普政府中的鹰派主张的策略。

美国政府里还有一些温和派、理性派，对谈判的进展也能起到关键性作用。所以笔者的判断是，技术竞争不可避免，因为地缘政治竞争是不可避免的。我们要寻求的最好结局，是在统一的标准和规则之下进行开放的、良性的竞争，而不是主动脱钩，自我闭关。

（三）金融不会完全脱钩

金融会不会脱钩？中国会被排除在SWIFT（环球同业银行金融电讯

协会）之外吗？SWIFT 是一个多边电报协议，一个多边支付的协助体系，自身并没有支付能力，美国对此也没有控制权，与美元也无直接的关系。

美元结算体系 CHIPS、CLS 等是美国能够掌握的。只要进行国际贸易或买卖资产中用到了美元，最后的结算都要通过纽约的 CHIPS 结算。因为这个原因，美国可以完全把一个交易方排除在外，也可以对其进行监控。

美国是否会把中国排除在美元体系之外呢？对此，我们要换位思考一下，从美国人的角度想想这么做对他们有什么好处和坏处。

1. 不会把中国整体排除在美元体系外

首先，中美之间的贸易额是 6000 亿美元，如果中国被排除在外，那么中美贸易无法结算，也就无法进行。其次，对美国人来说，用美元的国家越多越好。美元是国际硬通货，对于使用美元的国家，美国可以“割他们的韭菜”。过去五十年中，从 1971 年布雷顿森林体系开始，美国就不断通过美元贬值的方式来“割韭菜”，1971 年，1 盎司黄金价值 35 美元，今天价值高达 1900 美元，可以想象美元贬值了多少倍。所以从美国的角度来说，绝对不想把中国排除在美元体系之外。

当然，这并不能排除美国会把我国的个别企业或银行排除在美元结算体系之外。这是有先例的，伊朗和俄罗斯的一些银行就被排除在外，但是美国都找到了貌似“正当”的理由，说伊朗违反了伊核协议，俄罗斯兼并了克里米亚。所以中国也要做好应对这种情况的预案，如果美国用某种貌似“正当”理由把我们的个别企业排除在外，我们该如何应对？这一点要提前有所思考和准备。

2. 中美之间的金融联系没有中断

一方面，2020 年中国企业赴美上市不减反增，已有 20 家中国企业在美上市，筹集资金 40 亿美元，超过了 2019 年全年在美 IPO 筹集的 35 亿美元。

另一方面，美国企业在华投资增加。这得益于我国新的《外商投资法》，很多美国金融企业到中国来开设合资机构，比如 PayPal 收购了国付宝 70% 的股份，成为在华第一家在线支付的外国公司。按人民币计算，2020 年上半年美国对华投资增长 6%，由于人民币升值，如果按照美元来计算，这一增长速度更快。

3. 央行数字货币预期

我国央行现在发展数字货币，这能否应对美国的金融脱钩？央行数字货币的优势是点对点的分散式交割，亦可离线使用，所以如果成功了就可以绕开 SWIFT。并且，数字货币使用方便，手机下载 APP 即可使用。发行数字货币对人民币国际化有推动作用。问题是，数字货币根本上仍然是人民币，所以仍然面临人民币面临的所有问题。

有人设想过，在一个平台上跑一个数字货币，两头都是本国货币。比如中国给津巴布韦出口 100 万人民币的产品，津巴布韦的买家用津巴布韦币换成平台上跑的数字货币，数字货币再换成人民币，所以津巴布韦的买家支付的是津巴布韦币，中国的卖家得到的还是人民币。听上去似乎可行，但仔细一想，这个办法是行不通的。因为中国的贸易是出超的，中国对津巴布韦持有大量贸易盈余，这就会导致大量津巴布韦币积累在这个平台上。鉴于津巴布韦的超高通胀率，用这种办法虽然脱离了美元陷阱，但其实又落入了津巴布韦币陷阱。

举这个例子是想告诉大家，关键还是世界是否接受人民币。人民币国际化后，我国的数字货币才能起作用。因为数字货币仍然是人民币，没有脱离货币的本质。

中国央行发行数字货币可能有两个理由，一是为未来的技术做准备，纸币最终会消失，我国每年制造纸币的成本是 200 亿元到 300 亿元，发行数字货币可以节约成本；第二就是与支付宝、微信支付共存，补充它们的作用。

综上所述，国际环境确实发生了深刻变化，特朗普政府的行为也的确对我国创新环境，特别是最顶尖的创新环境有影响，但是我们不应把影响夸大。如果依据夸大的影响来做决策，可能要出问题。

三、实现双循环新格局应该做什么

（一）走出疫情，迎接新的景气周期

未来 5 年到 10 年，中国经济怎么走？我个人的判断是，从 2021 年开始，我国经济将进入一个新的景气周期。其实，2016 年 -2017 年中国新的景气周期已经开始，但由于“去杠杆”和疫情的影响，景气周期被打破，我认为 2021 年能够接续。

如果较高水平的增长能够维持，中国对美国的追赶就非常有利。

表 1　中国对美国的追赶预测

	假　设		预测（万亿美元）	
	增长率	通胀率	2025	2030
美国	2.20%	2.00%	27.40	33.66
中国（高预测）	6.5%	3.72%	26.07	42.41
中国（中预测）	5.5%	3.32%	24.14	36.84
中国（低预测）	4.5%	2.92%	22.34	31.95

假设美国的增长率为 2.2%，通胀率 2.0%，而中国按高、中、低三种情况预测增长率分别会达到 6.5%、5.5% 和 4.5%。中国以美元计算的

通胀率，包括了升值的成分，5 年以内中国即使保持 6.5% 的高增长率也赶不上美国。但是 10 年之后，以预测的中速度就能超过美国，即使按预测的低增长率，也跟美国比较接近。

大体而言，中国应该会在 2025 年 -2030 年之间超过美国，成为第一大经济体。

（二）关键领域要有自主创新

习近平总书记在 2020 年 8 月 24 号主持的经济领域专家座谈会上说，越开放越要重视安全，增强风险防控能力。我个人觉得风险主要在技术领域，技术领域形成自主技术是国内循环的关键。如何去搞自主创新？我认为大有可为。

1. 让市场做创新主体

绝大多数情况下，市场应该起决定性作用，是创新的主体。

习近平总书记在座谈会上提到了党的十一届三中全会和党的十八届三中全会，两个全会都以改革为主调。党的十一届三中全会是我国 1978 年改革的起点，党的十八届三中全会是发布新的改革蓝图，习近平总书记提这两个三中全会是有深意的。座谈会还提到，应该是市场在资源配置中起决定性作用。在常态下，利用国际合作是技术进步的最佳路径，无论如何我们都要争取一个开放共融的国际环境。

在关键领域，美国要卡我国脖子，我国政府就要增加投入。

首先，要科学地确定哪些是关键领域，不能泛泛防止“卡脖子”。比如，圆珠笔的笔头是瑞士的一家小公司生产的，如果它不供应，我们就无法生产圆珠笔。那么，是不是中国就一定要努力自己研制笔头？我认为没必要，“卡脖子”并非唯一标准，关键标准应是这个领域是否足够重要，同时是否面临美国完全断供的风险。

其次，政府资金最好是雪中送炭，投到那些技术路线比较明确、但缺少资金的领域，而不是那些从“0”到“1”的创新领域。现在，很多地方政府投大量资金，搞从“0”到“1”的创新，但失败太多。这其中绝大多数都是在浪费金钱，无任何意义。最近有人统计各省对芯片企业和转产芯片企业投资的增长率，其中西北地区某省增长约500%，是个天文数字。芯片是个高举高打的行业，不是人人都能干，没有积累就去做，一定行不通。

2. 芯片领域全工序投入很难

在我看来，芯片要做，但我们是不是道道工序都有能力做？这个问号也很大。

芯片生产有四个主要工序：设计、晶圆材料、晶圆加工、封测。中国在设计方面已经达到世界先进水平，华为的麒麟芯片，寒武纪陈氏兄弟两个年轻人设计的AI芯片，还有紫光的芯片等都属于世界领先。但是，中国在设计领域只有“半条腿”，因为芯片设计的辅助软件以及很多知识产权都被外国掌握。这次美国英伟达收购英国ARM，又给我们敲响了警钟。英国人也反对这次收购，因为这意味着英伟达对芯片设计辅助软件的完全垄断。即使中国能做辅助软件，IT方面还有很多我们不可能完全做到。

制造芯片的晶圆材料方面，中国高度依赖日本进口。好在我们不用太担心日本卡我们，因为中国和日本之间有更多谈判空间。

晶圆加工有两个重点，一个是光刻机，一个是加工。光刻机方面，中国的领头羊是上海微电子，它在2021年预计推出28纳米的光刻机，但世界领先的阿斯麦已经可以做5纳米的光刻机，我国落后了十年以上。加工方面，中芯国际已经可以做14纳米级，但是与台积电的5纳米级仍有两代技术差距。本来中芯国际订购了 7 纳米的机器，但是美国动用瓦森纳协定禁止阿斯麦出口。

封测方面，中国的差距相对小一些。

总体而言，想把上述四个领域做全很难。我国现在提出的目标是在 2025 年把芯片自给率从 1/3 提升到 70%，我认为难度很大。

中国是否要做芯片的全行业闭环？值得慎重考虑，更可行的做法是在一些关键点上先做出突破。

中国不完全掌握最先进的芯片，这对中国经济的影响有多大？短期的影响其实微乎其微。例如，受美国禁令影响，华为明年可能无法制造最先进的手机，但是国内其他几个手机领头羊如小米、VIVO、OPPO 没受制裁，他们可以购买别人设计的 5 纳米芯片来制造。因此，如果禁令继续，中国的高端手机领域可能要洗牌。总之，对中国的总体影响没有我们想象得那么大，但是对我国技术最领先的企业华为影响会很大。

评判一个企业是不是一个伟大的企业，我的标准是它敢不敢投资一些目前没有任何商业盈利可能性、但是长远来说对人类的知识积累有益的科研。曾经的 IBM 是一个，现在的华为是一个。

在技术领域我国要在关键领域搞自主技术，但是要想好具体怎么去做。

（三）提高低收入群体的收入和消费

要扩大国内消费，应该怎么做？上文已经说过，全面扩大消费已没有多少空间，最重要的是做结构调整，尤其是提升低收入群体的收入和消费。

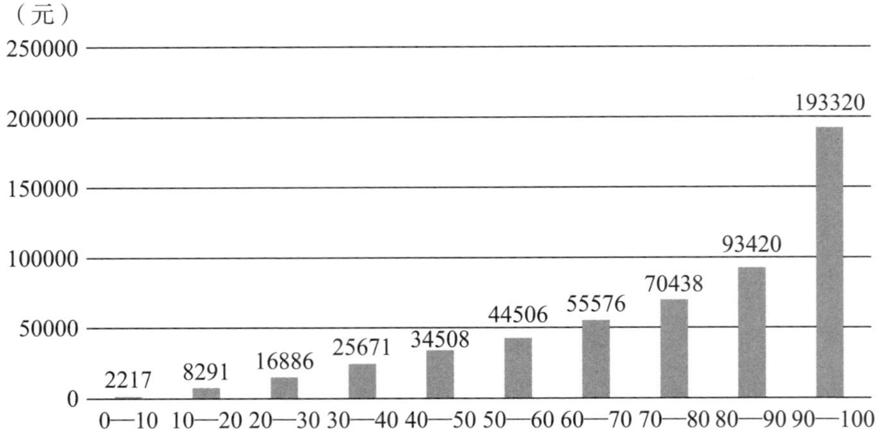

图 3　2016 年家户收入分布

来源：中国家庭追踪调查

上图是 2016 年全国的家户收入分配，来自北大国发院的中国家庭追踪调查，我是这个调查的发起人之一。我们从 2010 年开始做连续性调查，每两年做一次，2018 年的数据还未整理完毕，这是 2016 年的数据。这两年数字有变化，但是整体分布没有太大变化。

调查显示，10% 为最高收入家庭占有全国收入的 35.5%。50% 为低收入家庭只占有全国总收入的 16%，他们的平均收入不到全国平均收入的 1/3。10% 为最低收入家庭只占全部收入的 0.4%，也就是说，最高收入家庭平均收入是最低收入家庭的 87 倍。事实上，最低收入的那 10% 家庭人口是在欠债生活，如果不算上住房，他们的净资产是负数。

1. 推进社保体系建设

如何提升低收入群体的消费呢？我国的一次分配已经在改善收入状况，而且会继续改善，因为我国经济增长正在向西部地区、农村地区推进。中国城乡之间、东部和中西部之间的收入分配差距最大。在我看来，我国东部沿海地区和世界最发达地区的差距，小于中国西部地区和东部沿海的差距。同时，服务业正在替代第二产业成为非农业就业的主力部门，服务业的工资水平相对高一些，这有利于一次收入分配的改善。

不过，二次分配还需加力。我国的第二个百年目标是到2049年实现社会主义现代化强国，期间的阶段性目标是到2035年全面实现现代化，这是党的十九大提出的目标。除了收入方面之外，全民社保是全面现代化的一个必要指标。全面现代化，不能像美国那样还有两千多万人没有医保。我国台湾地区在20世纪90年代末就实现了全民社保，到2035年大陆的平均收入会超过台湾20世纪90年代末的收入水平，我们更有理由实现全民社保。

2. 全民社保的具体措施，个人有以下设想：

首先，若想实现全民社保城乡统筹，暂时不能以城市居民所享受的社保及医保作为全国统一的标准，这样难度极大，我的建议是建立统一但分级的社保体系，也可称为菜单式社保计划。

其次，建立临时性贫困人口救助体系。这次疫情突显了社保体系的漏洞，许多失业人口和半失业人口没能得到及时救助，这也是我国现在消费增长比较慢的原因之一。目前，我国消费的复苏远远低于我国生产面复苏的水平。

低收入人群的消费对社保非常敏感，我们的研究表明，加入新农合后，低收入农户的消费可以增加10%-20%。他们的收入很低，又没有保障，在获得保障之后他们才敢去消费。

因此，我国未来在消费上的调整应该是结构上的调整。

（四）加速城市化步伐

我国城市化滞后，应该加速城市化步伐。目前，我国名义城市化率是 60%，但是这包括那些进了城却没有城市户口的人。如果把这部分人去掉，我们的城市化率不足 45%。同时，农村人口占全国总人口的 40%，但农村劳动力只占全部劳动力的 28%。按劳动力占比算，我国真正的城市化率应该达到 72% 以上，恰好是日本 70 年代、韩国 90 年代中期的水平，并且，我国现在的人均收入和这两个国家那时候的人均收入相当。

中国下一步的目标是到 2035 年城市率达到 75%-80%，城市化率相应增速应该达到每年增长 1.3%-1.4%。然而，过去这四十年每年的城市化率增速才 1% 左右，我国的城市化速度应该再加快一些。

城市化怎么推进呢？在专家座谈会上，九位发言的专家里最年轻的是陆铭，他的研究领域就是城市化，尤其是都市化，他主张着力发展大都市。在我看来，这个观点与国家未来的城市化战略并不违背，今后就是要着力推进城市化。我建议发展以大都市为中心的城市群，而不仅仅是大都市。所有国家的城市化都是这样的过程，所谓“大集中、小分散”。人口会向少数城市化区域集中，在这个城市化区域里面又会分散。

目前区域城市化或城市群发展得最好的是珠三角和长三角，区域内有巨型城市、大型城市、中等城市，还有很多小城市，形成一个城市网络。中国几大城市群未来最终可能集中我国 60%-70% 的人口。

小结

首要的一点，不要把底线思维变成常规政策。我们确实要防范国际上可能越来越多的风险，为此做充足的准备，但也不能把底线级的准备变成常规政策。我国在 1960 年代基于底线思维搞过三线建设，因为要应对可能的战争，把很多经济建设挪到了西南地区，但后来把战争风险解除之后，底线思维演变成了常规政策，这些经济建设最后基本上全失败了。

其次，以国内循环为主不等于不要国际循环。以更大的开放来对冲国外围堵，才是正解。在金融领域让美国更多的金融企业到中国来设立独资企业，以增加美国脱钩的成本。

最后，在国际舞台上，我们应该建立以规则为基础的新交往方式。有人说现在我国在国际上的一些外交困难是因为我国没有坚持韬光养晦的政策。我认为这种判断是不对的。今天坚持韬光养晦的策略已经行不通了，十年前我们给中央的报告中就写：大象难藏身于树后。以前我们是一只小绵羊，躲在树后没问题，现在是一头成年的大象，树已经挡不住我们了，再韬光养晦已不可能。

我们一定要有所作为。以前我国是国际规则的接受者，很多规则对我们不利。现在，美国想重构全球化，重构世界秩序，恰好中国经济体排全球第二，很多问题的出现是由于美国原本就是冲着中国来的。我们应该抓住这个时机，重新制定世界秩序，这方面的空间还很大。当然，在这个过程中，我们要改变心态，要做好牺牲一些自己利益的准备，因为规则制定者肯定不能像以前一样只讲自己的利益，而要讲全球的利益。我想中国已经做好了这个准备，我们在“一带一路”上已经承担了许多核心义务，在规则制定方面我们也同样可以承担更大的义务。

第二章

实现双循环靠什么

构建完整的内需体系 形成国内国际双循环新格局

黄奇帆

习近平总书记在参加全国政协十三届三次会议的经济界委员联组会时指出，面向未来，我们要把满足国内需求作为发展的出发点和落脚点，加快构建完整的内需体系，大力推进科技创新及其他各方面创新，加快推进数字经济、智能制造、生命健康、新材料等战略性新兴产业，形成更多新的增长点、增长极，着力打通生产、分配、流通、消费各个环节，逐步形成以国内大循环为主体、国内国际双循环相互促进的新发展格局，培育新形势下我国参与国际合作和竞争新优势。新形势下，总书记的这一论述不是简单针对当前产业链、供应链因疫情而中断所采取的权宜之计，而是在中国经济迈向高质量发展关键阶段的强国方略；不是因个别国家企图与我国脱钩、对我国围堵而迫不得已的内敛收缩，而是筹划以更深层次的改革、更高水平的开放加快形成内外良性循环的战略抉择。站在百年未有之大变局的历史关口，展望“十四五”，构建完整的内需体系、加快形成国内国际双循环相互促进新格局应当成为我们谋划中国经济下一程的重点内容。

作者系 CF40 学术顾问，复旦大学特聘教授，重庆市原市长。

一、全面准确理解“构建完整的内需体系”的内涵

“完整的内需体系”不是简单地讨论内需是什么，而是要深刻把握“构建完整的内需体系”的时代背景下，从形成内需需要什么样的基础、什么样的条件、有什么样的机制等维度，系统理解“内需体系”的丰富含义。

（一）构建完整的内需体系，要以稳定市场预期、提高社会资本投资积极性为着力点

企业家愿不愿意扩大再生产、愿不愿意从事创新性的冒险活动，与其对经济的预期、市场竞争是否公平、产权是否得到有效保护有关。判断民营企业投资积极性有一个核心指标，即全部民企的净资产增长率。每年有多少企业利润未分配、留存下来成为净资产，有多少社会股权资本注入实体产业。如果一个地方每年的民企仅仅是总资产在增加，净资产不增加，则说明负债在增加，经济杠杆率在增加，有可能产生泡沫。如果全社会企业尽管有利润但净资产在减少，就说明有更多的企业在亏损或者有企业在转移资产。当前，广大民营企业受疫情冲击最为严重，关键是要采取措施稳定民营企业家的信心、营造中国经济长期向好的预期。而关键在于落实好总书记在民营企业座谈会上提出的六条要求：一要切实减轻企业税费负担；二要采取措施解决民营企业融资难融资贵的问题；三要营造公平的竞争环境，特别是鼓励民营企业参与国有企业改革；四要完善政策执行方式，将“加强产权保护”落到实处；五要构建亲清新型政商关系；六要保护企业家人身和财产安全。落实了这六条，海

量的民间资本一定会再次活跃起来。

（二）构建完整的内需体系，须以供给侧结构性改革为主线，提高资源配置效率

根据经济学理论，作为内需的主体，消费和投资之间应当有个合理的比例关系。而这又取决于供给侧与需求侧之间能否有效衔接、动态匹配，取决于资源配置的效率。当前，针对消费升级的趋势，我们供给侧存在不少短板：在要素市场中，资金、土地、劳动力等要素合理流动仍存在不少障碍；在产品市场中，物流成本仍然过高、农村市场与电商对接仍存在最后一公里的问题；在服务市场中，受疫情影响，餐饮、商场、文化、旅游、家政等生活服务业遭受重创，教育、医疗、养老等领域改革有待深化。对此，中央提出了进一步推进要素市场化配置改革，建设更加完善的社会主义市场经济体制的意见，就是要通过深化供给侧结构性改革，提高供给侧与需求侧匹配的灵活性，提高资源的配置效率。

（三）构建完整的内需体系，要以就业扩大和居民收入的持续提高为基础

内需的基础在收入，在就业。没有就业，没有收入，内需就无从谈起。我国现有 4 亿中等收入群体，同时还有 6 亿中低收入及以下人群。当前，新冠肺炎疫情对实体经济的冲击已对民生就业带来巨大影响，失业率冲高，部分群众收入下降，一些贫困人口脱贫后返贫压力加大。在此情况下，要进一步健全鼓励就业、促进就业的相关政策，加快形成以就业带动就业的新格局；要深化收入分配体制改革，进一步降低个人所得税率，提高劳动报酬在国民收入中的一次分配比重，在未来若干年内将 4 亿中

等收入群体实现倍增，将6亿中低收入及以下人群减半。以此为基础，形成以中高收入人群消费为引领、中低收入人群消费为基础并逐步提升的消费结构。

（四）构建完整的内需体系，须更好发挥政府在扩大内需、维护市场中的作用

政府在扩大内需中可以有两个直接作用：一方面，通过政府采购形成当期消费需求；另一方面，通过政府支持的公共投资来形成有效投资需求。目前，这两方面都有改革的空间。要以建立健全政府采购政策落实机制为切入点，进一步发挥政府采购对扩大内需的促进作用、引导作用；提高和优化公共投资效率及结构，更多投向市场不能有效配置资源的公共卫生、城乡基础设施、生态环境保护、重大科技进步等公共领域，发挥公共投资对总需求的乘数作用。同时，还应注意到政府与市场不是简单的替代或互补关系，强市场需要健全的法治保障，“有为政府”能更好地维护和催生“高效市场”。“更好发挥政府的作用”的目标之一就是“让市场在资源配置中起决定性作用”。“有为政府”和“高效市场”二者是“和谐社会”的基础，共同为“和谐社会”提供法治支撑和充分就业。

（五）构建完整的内需体系，须形成内需外需兼容互补、国内国际双循环相互促进的新格局

不能仅仅就内需谈内需。在开放经济条件下，内需的形成和有效供给也依赖于国际产业链、供应链的畅通和协同。在新冠肺炎疫情重挫全球贸易投资的大背景下，中国仍将会持续扩大进口以满足国内多样化个性化需求、仍将会以开放的姿态深度融入全球产业链供应链。中国是拥

有 14 亿人口、4 亿中等收入群体的超大市场，现在正好跳过了中等收入陷阱，进入了 1 万至 3 万美元的发展阶段，潜在的经济活力和发展的余地、空间还是非常大的。今后几年，我们自身的内循环就可以拉动中国经济正常增长百分之几，而且还可以通过增加进口拉动周边国家、国际社会经济增长，进而带动世界经济的复苏，拉动国际经济大循环，进而形成国内国际双循环相互促进的新格局。

二、深化改革加快疏通国内大循环

习近平总书记指出，我国经济潜力足、韧性强、回旋空间大、政策工具多的基本特点没有变。从近期看，构建完整的内需体系需要尽快疏通影响国内大循环的堵点，促进国内大循环。

（一）牢牢抓住创新这个驱动发展的不竭动力，尽快打通支撑科技强国的全流程创新链条，以创新创业“引领”内循环

本质上讲，创新就是通过创造新供给来催生新需求，一旦资本、资源、人力资本开始向新供给集中，新的需求就会被创造出来，老产业的生存空间就会受到挤压，产能过剩才能根本消除，而整个经济不但恢复平衡，能级还会有一个大跃升。这正是以创新创业引领内循环的含义所在。然而，当前我国科技创新方面仍存在三个短板，分别对应创新活动从无中生有到产业化的三个阶段。做好创新驱动，关键是针对这三个阶段存在的短板分类施策。

第一阶段是“0—1”，是原始创新、基础创新、无中生有的科技创新。这是高层次专业人才在科研院所的实验室、大专院校的工程中心、大企

业集团的研发中心搞出来的，需要的是国家科研经费、企业科研经费以及种子基金、天使基金的投入。这方面我们有很大短板：尽管我国全社会研发投入已经占到 GDP 的 2.2%，总量在全世界排第二，但投向较为分散；一些需要长期投入的基础研究领域（如为核高基提供支撑的领域）缺乏足够投入，基础研究投入占比长期徘徊在 5%，与世界主要创新型国家存在 15%—20% 较大差距。建议集中优势资源加大对基础研究投入，在未来五年内将基础研究投入占研发经费的比重由 5% 提高到 15% 左右的水平，并在以后年份继续逐步提高。

创新的第二阶段是“1—100”，是技术转化创新，是将基础原理转化为生产技术专利的创新，包括小试、中试，也包括技术成果转化为产品开发形成功能性样机，确立生产工艺等。这是各种科创中心、孵化基地、加速器的主要业务。这方面就要调动各类智商高、情商高、有知识、肯下功夫钻研又接地气、了解市场的人，建立技术转移机构或者担任技术经理人。作为科技与产业的桥梁，其使命就是面向企业和产业需求、组织和整合科技力量进行深度研发，通过将科学转化为技术、以中试验证和改进技术来为企业界提供先进的技术解决方案。著名的德国弗劳恩霍夫研究所就是干这个活的。类似这样的机构在德国有很多，这也是德国科技创新如此先进的关键所在。而中国恰恰就缺乏这样的机构。日前，科技部发布《关于推进国家技术创新中心建设的总体方案（暂行）》（以下简称《方案》），特别提出“国家技术创新中心不直接从事市场化的产品生产和销售，不与高校争学术之名、不与企业争产品之利。中心将研发作为产业、将技术作为产品，致力于源头技术创新、实验室成果中试熟化、应用技术开发升值，为中小企业群体提供技术支撑与科技服务，孵化衍生科技型企业，引领带动重点产业和区域实现创新发展”。这实际上就是在培育中国的弗劳恩霍夫，补技术转移转化的短板。接下来，要进一步理顺国家技术创新中心的激励约束机制，落实好《方案》提出的“全面落实科技成果转化奖励、股权分红激励、所得税延期纳税等政策措施，建立市场化的绩效评价与收入分配激励机制”。要通过这些体制机制的改革，催生一大批从事应用技术开发与转移的专业机构和技术经理。

创新的第三阶段是“100—100 万”，是将转化成果变成大规模生产能力的过程。比如一个手机雏形，怎么变成几百万台、几千万台，最后卖到全世界去呢？既要有大规模的生产基地，这是各种开发区、大型企业投资的结果，也要通过产业链水平整合、垂直整合，形成具有国际竞争力的产业集群。这个阶段的金融服务重点是各类股权投资机构跟踪投资、企业 IPO 上市或者大型上市公司收购投资以及银行贷款发债融资等。这就需要发挥资本市场的作用了。近年来，我国资本市场的基础性关键性制度建设取得显著进展，特别是实行注册制的科创板上线为广大科技型企业上市融资打开了一个快捷及时的渠道。要发挥科创板示范作用，为创新注入资本动能。凡是属于“卡脖子”的技术产业化项目，科创板应优先考虑；凡是能够以产顶进，降低关键核心技术对外依存度的，科创板应优先考虑；凡是有利于促进内循环、提升产业竞争力的，科创板应优先考虑。要力争将科创板打造成与美国纳斯达克相媲美的资本市场，以科创板为龙头激活全流程创新链条，进而掀起全社会开展大规模科技创新活动的高潮。

（二）抢抓新一轮科技和产业革命新机遇，以新基建推动数字技术产业化、传统产业数字化，以数字经济“赋能”内循环

新基建作为数字经济、智能经济、生命经济这些人类未来文明的技

术支撑，不仅本身将带来几万亿甚至十几万亿的投资需求，还将通过数字技术产业化、传统产业数字化、研发创新规模化而产生不可估量的叠加效应、乘数效应，可以对内循环产生巨大的赋能作用。

一是新基建有助于推动数字技术产业化，形成万亿级自成体系的数字化平台。新基建涉及的信息基础设施如5G网络投资、大数据、人工智能、物联网、云计算、区块链等本身将带来天量投资。其中，5G基站将会有500万—600万座，每座50万元，投资规模将达到几万亿。再如，各地正在兴建的数据处理中心，中国今后五年将会增加1000万台服务器。这1000万台服务器连带机房、电力等设施建设至少将带动投资1万亿元。再如物联网，预计未来5年将至少有30亿—50亿终端联网，形成万物互联，将带来投资规模也会达2万亿—3万亿元。人工智能、区块链等也将是万亿级的。预计2020—2025年期间，我国这些新基建投资产出以及建成后为社会带来服务产出将超10万亿元。

二是新基建有利于助推传统产业数字化，形成具有颠覆意义的产业互联网。所谓产业互联网，即利用数字技术，把产业各要素、各环节全部数字化网络化，推动业务流程、生产方式重组变革，进而形成新的产业协作、资源配置和价值创造体系。根据中国信息通信院数据，2018年我国产业数字化规模为24.9万亿元，同比名义增长23.1%，占数字经济比重由2005年的49%提升至2018年的79.5%，占GDP比重由2005年的7%提升至2018年的27.6%，产业数字化部分对数字经济增长的贡献度高达86.4%。这还只是开始，随着产业互联网深入推进，对经济的拉动、裂变效应将日益凸显。目前，中国工业总产值已达90万亿元，如果因产业互联网的广泛应用而提升10%的效率，就会产出9万亿元的增加值，经过资本市场催化后形成百万亿元级的市值。如果说中国的消费互联网市场目前只能够容纳几家万亿元级的企业，那么在产业互联网领域有可能容纳几十家、上百家同等规模的创新企业。这是一个巨大的蓝海，今后互联网数字经济中的独角兽主要产生于产业互联网系统。

三是新基建有助于完善中国创新体系，推动引领第四次工业革命。近代以来，人类已经历三次工业革命，第一次是机械化，第二次是电气化，第三次是信息化。目前，世界正在进入以智能化为特征的第四次工业革命。第一次、第二次工业革命期间，中国正值闭关锁国的沉睡状态、清末民初的动乱时期，都错过了。第三次工业革命，我们赶上了，新中国的成立特别是改革开放让中国得以参与到这场工业革命中，成为受益者，但不是引领者。2010 年前后，科技革命呈现出了新的特征，一些领域出现新的突破，有人将之称为“第四次工业革命”。在这个时期，中国的创新能力也发生了新的飞跃，特别是在 5G 领域具备了参与甚至是引领第四次工业革命的基础。在新冠肺炎疫情深度冲击全球经济的大背景下，唯有科技、唯有创新才是走出危机、赢得主动的治本之道。加快新基建建设，特别是加快布局一批以大科学装置和大试验平台为代表的创新基础设施，同时辅以科技创新体制改革的深化，将有助于打造基础研究、区域创新、开放创新和前沿创新深度融合的协同创新体系，有助于进一步激发全社会的创新创造的动能，有助于中国引领第四次工业革命。

（三）创新发展思路，促进区域经济协调发展和布局优化，以培育新增长极和动力源“拉动”内循环

形成国内大循环离不开区域协调发展。在新形势下，一方面要通过城市群都市圈建设进一步增强中心城市和城市群等经济发展优势区域的经济和人口承载能力。另一方面，要跳出现有资源禀赋约束，用新技术

新应用的系统工程寻找西部大开发的突破口，进而促进形成优势互补、高质量发展的区域经济布局。要在这些新增长极、新动力源中寻找扩大内需的机会和空间。

重点规划建设好城市群都市圈。当前我国城镇化率已经超过 60%，各类城市正由各管各的发展阶段迈向都市圈和城市群发展阶段，特别是京津冀、长三角、粤港澳、长江中游城市群、成渝地区经济圈等地区已经开启了大都市圈、城市群的发展过程，其中的红利将高达数十万亿元级。而高瞻远瞩、科学合理的发展规划是发挥城市群都市圈基础设施的综合效益、促进相互协同进而优化资源配置的前提，是看不见的“经济学”。一是要合理安排城市群内部结构，形成以超级大城市、都市圈、城市群多重嵌套、分工协作的新格局；二是要按照“大联通、小分布”原则，采取“多中心、组团式”策略合理布局中心城市功能集聚区；三是注重以联通高效、无缝对接的综合交通网络降低城市“人流”“物流”的综合成本。

进一步创新工作思路，用新技术新应用的系统工程推进西部大开发。西部大开发二十年来取得了重大进展，但发展不平衡不充分问题依然突出，巩固脱贫攻坚任务依然艰巨，与东部地区发展差距依然较大。事实证明，简单地把东部城市化、工业化、农业精细化的逻辑搬到西部是行不通的。西部之所以落后，不能归结为西部观念落后、知识不足、不懂得东部的运作方式，而是东部的这些方式并不适合于西部的资源禀赋。新形势下谋划国内大循环需采取超常规思路，应因地制宜地采用现代高科技、工程化、大资本、企业化和系统推进的方略。比如，西部土地多、人口少，发展农业不宜采用沿海那种劳务密集型的模式，而应发展高技术、工程化、企业型的新模式。建议学习以色列和新加坡经验，在有条件的地方利用大棚滴灌、立体种植和无土或少土栽培等技术发展新型戈壁农业，将广阔的戈壁滩改造成超大规模的蔬菜粮食生产基地，并通过中欧班列输送到欧洲或内地中东部。假设在西北地区这样的农业搞了 10 万平方公里（1.5 亿亩，每亩 1 万元产值），将会产生 1.5 万亿元的产值，形成上万亿的农业增加值。同时，这相当于增加了 1.5 亿亩耕地，可以将因此而形成的耕地指标卖给东部地区，既筹集了资金，又为城市群都市圈建设增加了用地指标，一举两得。再比如，西部水光风电资源丰富，由于用电需求增长放缓、调峰能力有限、外送通道不畅等原因，近年来频频出现弃水、弃风、弃光问题。对此，一是通过发展抽水储能、化学储能等技术，平衡此类能源的峰谷差，将此类能源改造成稳定可持续的电力资源；二是加大特高压电网的投资力度，努力将这些地区富裕的电力通过特高压电网输送出去，提高对此类可再生能源的消纳能力；三是要在西部就近布局云计算数据中心，通过“东数西算”为东部提供低成本的云计算服务。总之，要通过这些新的技术手段和系统工程发展思路将西部地区富裕的清洁能源开发出来，进而转变为西部乃至全国高质量发展的物质支撑。

（四）落实以人民为中心的理念，采取有力措施调整收入分配格局，以居民充分就业和收入提升“支撑”内循环

2019 年我国人均 GDP 已经突破 1 万美元大关，意味着中国即将跨越中等收入陷阱，但仍处于“爬坡过坎”的关键阶段，4 亿中等收入群体和 6 亿中低收入群体并存。新冠肺炎疫情冲击之下，如政策不当，掉回中等收入陷阱的可能性仍是存在的。应采取特别措施刺激消费、促进就业、强化保障，进一步做大中等收入群体、缩小中低收入群体，加快形成纺锤形收入分配格局。

一是降低个人所得税。目前，我国个人所得税实行七级累进、最高45%的所得税率，在全世界算是较高的。我国每年的个人所得税占全部税收收入的比重为7%，大大低于发达国家20%、发展中国家15%的比重，甚至比俄罗斯都要低。之所以这么低，一个重要原因是高边际税率下，很多私营企业主在企业不领工资，而是将收入留在企业转成按25%的税率交企业所得税；一些高收入人群要么移民要么将企业迁到香港、新加坡等地以避税。按照国际惯例，个人所得税率应该小于或等于企业所得税率，现在企业所得税降到了25%，个人所得税最高边际税率也应由45%降到25%，相应的级次税率也应下降。此举不仅不会减少税收总量，反而会扩大税基，刺激消费，形成税收总量的增加，个人所得税占税收收入的比重也会逐步提升。

二是稳定小微企业所得税优惠政策。占数量80%的小微企业吸纳了70%的就业。2018年，国家有关部门针对小微企业出台了持续三年的所得税优惠政策：对年应纳税所得额低于100万元（含100万元）的小型微利企业，其所得减按50%计入应纳税所得额，按20%的税率缴纳企业所得税；优惠时间自2018年1月1日至2020年12月31日。此项政策将小微企业的实际税负降到了10%，可以说是全世界最为优惠的政策了。但为何大家都不知情，还在众说纷纭地提出各项优惠政策要求呢？除了有关部门宣传不够外，还与该政策不是立法、只是短期政策、缺少长远预期有关。考虑到立足国内大循环的战略需要，建议将这一短期性临时性政策转变为长远的基础性制度，上升为法律，以稳定社会预期。一旦小微企业缓过劲来，必将以新的就业带动更多就业，进而推动经济向好的循环方向发展。

三是增加农民财产性收入。6亿中低收入人群主要分布在农村。改革开放四十年来，广大城市居民收入有了很大提高，其中很大一块表现为财产性收入比重的提升。但与城市居民相比，广大农民除了务农收入和打工收入外，财产性收入占全部收入的比重始终停留在3%。这也是近年来城乡居民收入差距扩大的主要原因之一。对此，十八届三中全会确定了“坚持农村土地集体所有权”“依法维护农民土地承包经营权”“赋予农民更多财产权利”的改革思路，特别提出要“保障农民集体经济组织成员权利，积极发展农民股份合作，赋予农民对集体资产股份占有、收益、有偿退出及抵押、担保、继承权。保障农户宅基地用益物权，改革完善农村宅基地制度，选择若干试点，慎重稳妥推进农民住房财产权抵押、担保、转让，探索农民增加财产性收入渠道”。加快推进这些重大改革措施落地生效，对于缩小城乡收入差距意义重大。

四是增加社会事业支出。2019年全国居民人均消费支出21559元。其中，居住、医疗保健、教育文化娱乐三项支出合计占人均消费支出的43.9%，比2015年提高了3.7个百分点，制约了居民消费水平的提升。为此，政府应增加住房、教育与医疗等方面的财政支出，以换取居民在这些领域减少支出，将节省的部分用于其他消费。比如，可通过增加大城市的保障房供给，提升公租房在城市住房中的比重，稳定商品房的房价（房租）；尽快将学前教育纳入公共服务范围，将义务教育拓展到高中阶段；加大力度鼓励学生报考医疗卫生专业，减免学费，大幅增加医护人员供给，以应对因中国老龄化慢病化加重而产生的医护服务供给短缺。

（五）打破部分行业政策性梗阻，促进供需实现高水平均衡，以新政策新应用新技术“疏通”内循环

过去几年，持续推进的供给侧结构性改革在化解部分行业的过剩产

能方面取得了显著进展，国民经济大循环的水平和质量得到了显著提升。疫情冲击之下，一些传统行业可能会出现新的产能“过剩”，对此，我们不能再施以强行去产能的手段，而是要通过适度调整政策、创造新的需求来释放这些“过剩”产能。毕竟产能“过剩”总是相对的，是受制于特定的技术和制度环境。环境变了，供需条件也自然会发生变化。

比如，汽车行业。2019 年我国汽车产销分别完成 2572.1 万辆和 2576.9 万辆，尽管产销量继续蝉联世界第一，但同比分别下降了 7.5% 和 8.2%，有消费萎缩的迹象。根据世界银行的数据，2019 年每千人拥有汽车量美国为 837 辆、德国为 589 辆、日本为 591 辆，甚至一些亚洲国家如马来西亚为 433 辆，而中国仅 173 辆，应该说市场前景十分广阔。但之所以出现汽车消费不振，一个重要原因在于我们有很多限制汽车消费的政策。在一些地方，老百姓明明有很强的购车需求，却因为限号、限牌政策而买不了车。如果放开汽车消费，使得中国能达到发达国家 50% 的水平，一方面可以满足市场消费需求，另一方面可以倒逼城市改造交通设施，扩建立体停车库。事实上，现在一些城市写字楼已经出现产能过剩，而楼房型的立体停车库几乎是空白，将部分过剩的写字楼改造成立体停车库，既拉动了消费，又平衡了市场。

再如，钢铁行业。据工信部的数据，2019 年全国生铁、粗钢和钢材产能分别为 8.09 亿吨、9.96 亿吨和 12.05 亿吨，同比分别增长 5.3%、8.3% 和 9.8%，产能增长较快，已有再度“过剩”的迹象。注意到在生产端，经过上一轮“去产能”，污染的、技术落后的、规模较小的产能都已经去掉了，现存的产能在世界上都算是比较先进的。在消费端，尽管来自建筑业的钢材需求占比已超过 40%，但潜在的需求空间仍然较大：一是目前我国钢结构产量仅占我国钢产量的 7%—8%，而欧美等国家（地区）这一比重为 40% 左右，提高各类建筑中的钢结构比重将显著扩大钢材需求。二是目前我国房地产用钢量为每平方米 40—50 公斤，而发达国家已达 150 公斤 / 平方米；我国每年新建十多亿平方米的房屋，如果能在建设标准中适度提高房屋用钢比重，甚至推广使用钢结构建筑，使每平方米建筑用钢达到 150 公斤，一年可以多使用 1 亿多吨钢材，有助于消纳这些先进的“过剩”产能。三是现在的钢筋混凝土房屋一般寿命为 30 年，钢结构房屋寿命可以长达 70—100 年，提高建筑用钢标准、推广使用钢结构，可以大幅提升房屋质量、延长房屋寿命，形成废钢炼钢的循环经济，也有利于抗震减灾，一举多得。

又如，能源化工行业。2019 年，中国进口原油 5 亿吨，对外依存度达 70.8%；天然气进口 9660 万吨，对外依存度达 43%。未来几年对外依存度还会继续升高。这么高的对外依存度始终是国家能源安全的重大隐患。这些进口的原油、天然气有大部分用于生产各种化工产品。（注：全世界之所以用原油、天然气作为化工原料有技术上的路径依赖的原因。欧美资本在这条技术路线上深根多年，长期的资本投入和技术进步降低了石油化工的综合成本。这条技术路线也被欧美资本带到了全世界，全世界采用了这条技术路线后又对原油、天然气产生了深度依赖。我们看到的石油美元正是这种“资源—技术—资本—产业—贸易”所主导的国际大循环的集中体现。中国在过去相当长一段时期不得不采用这个技术路线。）。而我国有世界上储量最为丰富的煤炭，每年的煤炭产能 50 亿吨，实际产量 40 亿吨左右，似乎是“过剩”的。鉴于煤炭是天然的化工原料，建议对未来新增的炼化原油以煤炭来替代，发展煤化工、煤制油、煤制气，而不是简单用来发电（将来的电也将主要来自可再生能源）。这方面我国的神华集团等大企业已经具备了这个能力。如果增加 8 亿—10 亿吨煤化工原料，就可以每年减少2亿—2.5亿吨的石油进口，既可以消纳“过剩”煤炭产能，又可以降低石油、天然气对外依存度。目前煤化工这条技术路线无非是遇到成本和清洁利用技术的制约，这可以通过科技创新和新技术应用来逐步解决。建议引导相关领域有实力的央企民企进入该领域，用持续不断的资本投入来发展煤炭清洁利用技术，以技术进步和管理创新将这条技术路线的综合成本降下来、降得更有竞争力。

（六）要深化关键性基础性体制改革，加快构建高标准市场体系，以市场化改革新成果“改善”内循环

深化要素市场化配置改革。今年3月30日，《中共中央？国务院关于构建更加完善的要素市场化配置体制机制的意见》发布。这份重磅文件提出了许多生财型、聚财型和资源优化配置型改革，既具有针对性和前瞻性，又具有极强的战略意义。比如，“探索建立全国性的建设用地、补充耕地指标跨区域交易机制”“放开放宽除个别超大城市外的城市落户限制，试行以经常居住地登记户口制度”等措施有利于提升要素流动性，有利于引导各类要素协同向先进生产力集聚。另外，在当下经济增长和财政收入因疫情而大幅受挫的背景下，这种不花钱或少花钱却又能带来巨量红利的改革不仅符合经济社会实际，也有利于复工复产、激发企业活力、重启经济循环。

加快组建国有资本运营公司。2018年，我国企业国有资本权益总额58.7万亿元，99%的股权资本是工商产业型资本投资公司的资本。建议加快落实十八届三中全会提出的“组建国有资本投资、运营公司”的有关要求，从现有产业型国有资本投资公司总盘子中划转出价值10万亿元左右的股权资产来组建若干个国有资本运营公司，让这些运营公司像新

加坡淡马锡公司或美国巴菲特的投资公司或者像私募基金那样专注另类投资、股权投资，根据被投资企业的效益来决定进退，再与资本市场结合起来，国有资本就盘活了。如果这 10 万亿元的投资能实现年化回报 10%，每年就会有 1 万亿元左右的收益，可以为国家安全、公共服务等需要国有资本进入的领域提供持续稳定的资金来源，而不用增加财政负担。从工商产业类退出的 10 万亿元资本可以为民营经济腾出 20 多万亿元工业、商业、产业类市场空间，进一步鼓励并推动民营经济发展，从而打通国有经济与民营经济的资金循环，有利于推动混合所有制改革、激活经济全局。

推进物流运输体制改革。中国全社会各种物流成本占到了 GDP 水平的 15%，而美国只有 GDP 的 7%，欧洲、日本在 6%—7%，甚至连东南亚发展中国家也只有 10% 左右，物流成本偏高已是社会共识。其中一个重要原因是铁路运量比重低，目前仅占总运量的 9.5%，公路、水路分别占 74.3% 和 16.2%（美国铁路运量的比重是 20%）。一般来说，铁路运输的成本是高速公路成本的 1/3，如果把铁路运量比重提高到 15%—20%，将有效节约物流成本。为此，建议围绕提高铁路运输货运量在各类运输方式中的比重，一是将铁路线尽快延伸到各类开发区、厂矿企业去，打通铁路运输"最后一公里"；二是随着高铁线路的逐步延伸，可以将原来的普快调整为货运专线，提升利用率；三是在一些交通枢纽深化改革、提升多式联运效率；四是要推进新一代信息技术在交通运输中的应用，建设人流物流信息流多流集成、高效畅通的智慧交通。

推进内外贸监管一体化。跨境电商作为互联网时代发展最为迅猛的贸易方式，未来将成为国际贸易的主流。近年来，我国跨境电商进出口总额虽然年均增速超过 50%，但在进出口贸易总额中比重不到 2%。其中的部分原因就源于内外贸监管体制的分割。比如，跨境电商做零售不能做贸易批发。又如，零售商又被切分为保税进、保税出、一般进、一般出四种类型，只能择其一种来经营，不能四位一体干零售。而内贸就没有这样的限制。这种跨境电商的监管体制严重束缚了企业的经营能力。从国际视野看，国际巨头亚马逊从事跨境电子商务，其不分国内国际、进口出口、批发零售，全方位一体化，值得我们借鉴。最近海关总署已经允许在跨境电商综试区试点 B2B，建议进一步打破零售与贸易批发的界限，允许所有跨境电商企业都可以做 2B、2C，把零售和进出口贸易一体化，允许企业根据自身的需要自由地选择零售或批发等不同业态，为其开展国际供应链整合创造条件。

三、以高水平开放助推国际经济大循环

十八大以来，中国对外开放格局呈现出五个新的特征：一是从引进外资为主，转变为引进外资和对外投资并重。二是从扩大出口为主，转变为鼓励出口和增加进口并重。三是从沿海地区开放为主，转变为沿海沿边内陆协同开放、整体开放。四是从关贸总协定和 WTO 框架下的货物贸易为主，转变为货物贸易和服务贸易共同发展。五是从融入和适应全球经济治理体系为主，转变为积极参与甚至引领国际投资和贸易规则的制定修订。对外开放格局的这五个转变是中国助推国际经济外循环的基础。当前，在全球贸易保护主义、单边主义抬头和疫情冲击全球经济大背景下，形势越困难，就越是要保持开放、扩大开放，在变局中开新局。新形势下，要按照习近平总书记在第一届进博会上的讲话精神要求，重点抓好“激发进口潜力”“持续放宽市场准入”“营造国际一流营商环

境”“打造对外开放新高地”“推动多边双边合作深入发展”这五件大事，以高水平开放助推国内国际双循环。

（一）稳步降低关税水平，适度扩大进口，提升我国在世界经济舞台上的话语权

习近平总书记指出，中国主动扩大进口，不是权宜之计，而是面向世界、面向未来、促进共同发展的长远考量。事实上，当今世界，出口大国未必是经济强国，因为出口可能大量是劳动密集型产品、来料初加工产品。而进口大国一定是经济强国，进口所需的外汇可能来自技术和服务等贸易顺差，货币纳入 SDR 成为世界货币也可与各国直接结算。建议在未来 3—5 年内，将关税总水平由现在的 7.5% 逐步降到 5% 左右，实现与发达经济体大致持平。主动降低关税水平，一是可以直接降低消费者进口成本，有利于产业转型升级，增加群众消费福利；二是有利于增加进口，促进实现进出口平衡，为实现国际收支平衡创造条件；三是有利于在新一轮经贸谈判中占据主动，进口规模大了，我国在世界经济舞台的话语权自然也大了。

（二）进一步开放投资领域，持续放宽服务业市场准入，加快引资补链扩链强链

当前，全球流动性泛滥已成定局。从全球来看，中国市场目前疫情控制得最好，也是投资风险最小的地方。只要我们进一步扩大开放，这些资金背后的产业资本必纷至沓来，不仅部分外资转移产业的计划将被打消，还将帮中国迅速完成“补链”“扩链”“强链”。近日国务院常务会议通过了 2020 年版外商投资负面清单，其中全国外商投资准入负面清

单由 40 条减至 33 条，自贸试验区外商投资准入负面清单由 37 条减至 30 条。特别是金融领域取消了证券公司、证券投资基金管理公司、期货公司、寿险公司外资股比限制；制造业领域放开商用车制造外资股比限制；农业领域将小麦新品种选育和种子生产须由中方控股放宽为中方股比不低于 34%。这些都为我们抓住机遇引资补链创造了条件。建议进一步扩大物流、研发设计、数字经济等服务业的开放，吸引更多全球产业链相关企业落户中国、加入区域产业链集群，进而打造空间上高度集聚、上下游紧密协同、供应链集约高效、规模达万亿元级的战略新兴产业链集群。一旦形成了这样的产业链集群，在国外需求依旧疲软的时候可以通过努力营造以当地需求、国内需求为拉动的产业小循环，保证产业链集群的健康发展；当国外市场复苏的时候，进一步加强国际合作，扩大产业集群规模和发展质量，通过加强区域产业链合作带动全球产业链的大循环。

（三）按照国际化法制化便利化的要求，加快打造国际一流营商环境

近几年，根据世界银行的标准，中国在营商环境改善方面取得了显著进步。这与我们持续不断深化放管服和其他有关方面改革有关。在新形势下，要实现国内国际双循环互相促进，仍然离不开营商环境的国际化法制化便利化，甚至这方面要求更加迫切了。这就要在现有基础上继续深化改革，将营商环境建设继续推向深入。众所周知，国际高水平经贸规则中对营商环境有八个方面的要求，涉及准入前国民待遇、负面清单管理、知识产权保护、生态环境保护、劳工权益、竞争中性、服务业开放、数字贸易等八个方面内容。营商环境国际化，主要是在这八个方

面与国际接轨，实现营商环境趋同化。所谓营商环境法制化，就是要将这些营商环境的具体要求上升为法律、转化为可问责的制度规则。所谓营商环境便利化，就是要最大限度为各类要素跨境自由流动提供便利，实现成本最小化。

（四）以建设自贸区和中国特色自由贸易港为依托，建设开放新高地

现在我国已形成了以 18 个自贸区和 1 个自由贸易港为高地的对外开放新格局。无论是自贸区也好，还是自贸港也好，一个重要使命就是要围绕贸易自由、投资自由、资金流动自由、运输自由、人员停居留和就业自由、数据流动自由等方面进行先行先试，建设开放新高地，拓展中国经济对外开放的高度、深度和广度。所谓高度，就是要以自贸区（港）为依托，培育与国际市场相通的制造业、服务业在内的产业实力和能力，打造具有国际影响力的先进制造业集群、战略新兴产业基地、要素和大宗商品交易配置平台和国际贸易航运枢纽等。所谓深度，就是要围绕率先建成国际一流营商环境，大幅降低外资在金融、保险、物流、研发设计、教育卫生、数字经济等领域的准入门槛，建立准入前国民待遇和负面清单制度，建立健全竞争性市场体制。所谓广度，就是将改革开放和产业升级的措施形成可复制、可推广的成果。

（五）抓住机遇加快 FTA 谈判，积极参与国际经贸规则谈判和制定

近日，修订后的美加墨协定正式生效，其中的毒丸条款就是针对中国而来的，是其试图削弱中国在全球贸易和产业供应链中地位的重要一

步。接下来美国大概率会延续在推动协定时的主要操作手法，与欧盟、英国、日本等达成类似的 FTA 协议。这实际上对我国形成了新的围追堵截。对此，我们应抓住当前中国正恢复欣欣向荣，而欧美陷于危机的机遇，加快中日韩、RCEP、中欧 BIT 谈判，中英 BIT 谈判，适时启动加入 CPTPP 谈判。要通过参与这类经贸规则谈判，一方面努力打破美国在世界范围内“去中国化”的图谋；另一方面，要将这些国家和地区的科技、产业、资本和人才通过 FTA 规则吸引到中国来，促进中国产业链供应链价值链更加完整、更具韧性、更有竞争力，加深这些国家和地区对我国经济的联系，牢牢扭抱在一起。

因为疫情，世界经济陷入衰退。对此，正确的做法应该是继续高举全球化大旗，更合理地发挥市场对资源的优化配置作用，更好地形成全球各地、各国各企业之间的分工配置，维护国际经济良性大循环。那种以邻为壑搞脱钩、推卸责任拼命甩锅、搞单边主义和逆全球化的做法是在开历史的倒车，注定不会成功。我们要以高水平开放反制逆全球化、以改善营商环境反制“撤资论”、以超大市场的吸引力反制“脱钩论”，加快形成于我有利的国际经济大循环。我们坚信，在以习近平同志为核心的党中央坚强领导下，中国正在塑造以国内大循环为主体、国内国际双循环相互促进的新格局必将推动我国开放型经济向更高质量发展，推动全球化朝着更深领域演进。

双循环的深意与落实中的关键点

林毅夫

对“以国内大循环为主体、国内国际双循环相互促进的新发展格局”这个新论断，我想谈两点心得：第一，为什么要提出这个新论断；第二，如何落实这个新论断。

关于中国经济发展模式的惯常说法是，要充分利用国内国际两个市场、两种资源。不少国内国际学者据此把中国的经济发展模式称之为出口导向型。在2008年国际金融危机爆发前存在的全球贸易不均衡，以及美国与中国发生贸易摩擦时，甚至认为是由于中国推行出口导向的经济，才导致全球贸易失衡以及美国对中国贸易逆差的不断扩大。

2020年是中央首次提出我国经济发展模式要以国内大循环为主体，这是一个重大的转变。由于中国现在已经是世界第一大贸易国，中国发展模式的改变将不只影响到中国自身，也将影响到全世界。

提出双循环的短期原因与深层考虑

我个人的看法是，中央这个新论断的提出既有短期原因，也有深层

作者系CF40学术顾问，北京大学新结构经济学研究院院长。

考虑。2020 年，新冠肺炎疫情在全球大爆发，全球经济遭受巨大冲击，不少学者认为，这次冲击是自 20 世纪 30 年代大萧条以来规模最大的一次。在这个局面下，国际贸易随之萎缩，世界贸易组织预测，2020 年的国际贸易可能萎缩 13%-32%。

中国是出口大国，在产品出口减少的情况下，当然要更多地靠国内消化，这就是国内循环。另外，美国对中国高科技产业不断打压，比如对华为实施断供，也会影响到相关企业的出口。这些企业要继续发展，产品就要更多地靠国内市场来消化，在国内循环。

以上是当前中央提出“以国内大循环为主体”新论断的短期原因。

但从经济学的角度来看，中央提出这一论断更重要的原因在于：“以国内大循环为主体”是经济发展基本规律的反映。

虽然有不少学者把中国经济的发展模式称为出口导向型，但事实是，出口在我国经济总量中的比重最高的年份（2006 年）也只有 35.4%，略高于三分之一。到 2019 年，这一比重下降到 17.4%，换言之，2019 年中国经济总量的 82.6% 就已经是在国内消化循环，这意味着我国经济已经是以内循环为主体。

出口在 GDP 中的比重自 2006 年以来不断下降，反映了两个基本经济规律：一国的经济体量越大，内循环的比重就越高；当服务业在整个经济中的比重不断提高，内循环的比重就会相应提高，因为服务业中的很大一部分不可贸易。

首先是为什么出口占比与经济体量存在正相关的关系？因为现代制造业本身就有很强的规模经济的特征。如果一个小型经济体发展现代制造业，其国内市场容量有限，本土可消化的比重偏小，那么生产出来的产品绝大多数只能出口。反之，如果经济体量大的国家发展现代制造业，国内市场能就地消费的就多，出口比重就低。以新加坡为例，其 2019 年的出口占经济总量的比重高达 104.9%，明显超过其 GDP 总量，原因是国内市场规模太小，同时出口中的有些零部件是先从国外进口，成品出口之后可能又会计算一次。我国出口占经济总量比重最高的 2006 年也不过是 35.4%，这个比例就得益于中国是个大经济体。

第二，为什么出口比重与服务业有关？同样是大经济体，美国在 2019 年的出口占其经济总量的比重只有 7.6%，原因在于服务业占美国经济总量的比重达到 80%，服务业往往有很大一部分不可贸易。所以一国服务业占经济总量的比重越高，其出口比重也一定越低。而服务业的发展水平与一个国家经济发展、收入水平有关。

从上述两个角度分析，我国的出口比重从 2006 年的 35.4% 下降到 2019 年的 17.4% 是因为我国这些年经济总量和人均收入水平都得到极大提高，服务业得到良好发展。2006 年我国人均 GDP 只有 2099 美元，2019 年提高到 10098 美元；2006 年中国经济规模占全世界的比重只有 5.3%，服务业在 GDP 中的占比只有 41.8%，到 2019 年，这两个数字分别上升到 16.4% 和 53.6%。中国经济在世界经济总量中的占比提高了三倍。

展望未来，我国经济还会继续发展，收入水平还会继续提高。随着收入水平的提高，我国经济占世界的比重会从现在的 16.4% 增加到 18%、20%，再向 25% 逼近。我国服务业占经济总量的比重会从现在的 53.6%，逐渐向 60%、70%、80% 逼近。在这两个因素的叠加之下，我国的出口占经济总量的比重会从现在的 17.4%，逐渐降到 15%、12%、10%。也就是说，国内循环占我国经济总量的比重会从现在的 82.6% 逐渐向 90% 逼近。所以，我国经济现在已经是，将来更会是以国内循环为主体。

中央现在提出上述论断其实只是澄清了一个事实：中国是一个大经济体，随着我们收入水平的提高，服务业在经济总量中的比重会越来越高，国内循环的比重会越来越大。

澄清这个事实很重要。此前，国际国内都有不少人宣称中国是出口导向型经济。2008 年的国际金融危机，国外很多人归因于全球贸易不均衡，进而又归因于中国推行了出口导向型经济。国内也有类似说法。这都是因为没有看到中国经济的实际情况。

同时，如果再错误地把中国看成是出口导向型经济，当中美贸易摩擦或新冠肺炎疫情影响出口时，各界就容易判定中国经济要出问题。现在中央出面澄清我国经济是以国内大循环为主体这一事实，也非常有利于我们认清发现的现实和规律，并增强自己发展的信心。

国际循环跟过去一样重要

明确提出中国经济以国内大循环为主体，是不是意味原先我们关于“充分利用国内国际两个市场、两种资源”的说法就不重要了？我认为，国际循环和过去一样重要。

我是北京大学新结构经济学研究院的院长，倡导新结构经济学。新结构经济学强调发展经济要充分考虑各个国家、各个地区的比较优势。具有比较优势的产业要想发展得好，不仅要在国内市场流通，还应该进入国际市场。

中国是一个大经济体，按照购买力平价计算是世界第一大经济体，按市场汇率计算是世界第二大经济体。按市场汇率计算，2019 年中国的经济总量只不过占世界的16.4%，这意味着国际上还有83.6%的市场值得我们关注和开拓。所以，中国有比较优势的产业除了充分利用国内市场、国内循环之外，也要充分利用那83.6%的国际市场。

按照比较优势发展，也意味着我们在很多产业还不具备比较优势。中国许多自然资源短缺，一些资本、技术很密集的产业与发达国家相比也还不具有比较优势。另外，随着经济发展、工资水平上升，我国过去很有比较优势的劳动密集型产业的比较优势也会不断消失。

对我国没有比较优势的产业的产品，我们能进口当然要多进口，要利用好包括自然资源、技术资源和劳动力资源在内的国际资源。只有少数关系到国家安全、经济安全的高科技产品，可能会被某些国家卡脖子的，才作为例外。

现在真正会卡我们脖子的是哪个国家？欧洲在高科技产业有比较优势，但并没有积极性卡我国脖子，中国是全球最大的单一市场，欧洲有积极性将具有比较优势的产品卖给我们。会卡我们脖子的是美国。我国发展很快，体量和影响力马上要超过美国，美国为打压中国发展，会对我们实施技术封锁。然而美国这样做也会牺牲掉利用我国市场来发展美国经济的机会。

在这种状况下，对那些我国没有比较优势的高科技产品——我们要了解到，绝大多数这些产品不仅美国有，而且欧洲、日本也有——就像任正非先生所讲的，只要买得到，而且买比自己生产更便宜，那就要买，而且，这些国家为了自己的发展也会乐意把这些产品卖给我国。只有那些美国独有，欧洲、日本没有，我们买不到的产品，才需要在这些产业发挥举国优势，自力更生。但我相信，这类产品比重会非常低。

所以我们以国内大循环为主体的同时，一定要坚持国内国际双循环的相互促进。

怎样才能真正循环起来?

如何落实这个新论断?怎样才能真正循环起来?在我看来,要实现以国内大循环为主体,最重要的是必须让国民收入水平越来越高,让经济体量越来越大。在这种情况下,经济体量在世界的占比以及服务业占经济总量的比重会越来越高,随之而来的必然是出口比重下降,国内循环比重增高。

怎样让经济体量越来越大?从经济发展的角度来看,需要不断实施技术创新、产业升级。中国在这方面具有两大优势。

(一)在传统产业方面,中国有后发优势

2019 年我国人均国内生产总值是 10098 美元,美国是 6 万多美元,德国差不多 5 万美元,日本是 4 万美元,都比我们高。人均国内生产总值的背后是平均劳动力生产水平、产业技术、产品附加值等方面的差距。但面对差距,传统产业作为成熟产业,意味着大部分技术通过买设备就能拥有。那些有技术的国家也会乐意把设备卖给中国,否则没办法实现其技术价值。所以,我国仍具有通过引进技术实现技术创新、产业升级的后来者优势。

如何衡量后来者优势?2010 年,我国人均国内生产总值按照购买力平价计算是美国的 19.2%。相当于日本在 1953 年、新加坡在 1970 年、中国台湾在 1971 年、韩国在 1980 年相对于美国的比例水平。利用后来者优势,日本实现了二十年每年 9.3% 的增长、新加坡二十年每年 8.4%

的增长、中国台湾二十年每年 8.9% 的增长、韩国二十年每年 8.4% 的增长。这些东亚经济体的历史数据也意味着我国利用同样的后来者优势，也具有实现二十年平均每年 8% 增长的潜力。

实际上，我国从 2010 年到 2019 年的平均增长率是 7.42%，这与我的分析很接近。这意味着，展望未来十年，到 2030 年，我们还有 8% 的增长潜力。

（二）新经济革命的换道超车优势

我国还拥有前述东亚经济体在追赶阶段所没有的，新经济革命的换道超车优势。

新经济有一个特点，研发周期特别短，投入以人力资本为主。新经济有的涉及软件，比如互联网、人工智能；有的涉及硬件，比如大疆的无人机、华为的手机。我国是人口大国，人力资本多，产业和供应链齐全，在新经济革命上具有优势。根据胡润研究院发布的全球独角兽榜，2019 年全球 494 家独角兽企业中就有中国的 206 家，美国是 203 家。截至 2020 年 3 月 31 日，全球独角兽企业有 586 家，中国有 227 家，美国有 233 家。这意味着中国在新经济方面具有和发达国家直接竞争的优势。

这个增长潜力怎么挖掘？一要深化改革，二要扩大开放。

1. 深化改革

中国改革是渐进、双轨的，各方面改革的速度不一样，现在产品市场基本放开，但要素市场还存在很多结构性的障碍。

在金融市场方面，实体经济中有 50% 是民营的中小微型企业，还有农户，其金融需求在以大银行、股票市场为主的金融体系中得不到满足。

金融要实现服务实体经济的功能，在改革中就需要补上为农户和中小微企业提供金融服务的短板。

在劳动力市场方面，要推动户籍制度改革，以利于人才流动。要解决高房价问题，让房价回归“房子是用来住的，不是用来炒的”的定位。

在土地市场方面，要解决农村集体土地入市的问题，政策已经有了，就看怎么推行。

在产权方面，要落实“两个毫不动摇”：毫不动摇地巩固和发展国有企业，同时毫不动摇地鼓励、支持和引导民营企业的发展，要让民营企业在市场上不受因为产权安排的不同而形成的准入或运行方面的障碍。

在深化改革方面，经济特区应该扮演更重要的角色。中国改革是渐进的，深圳等经济特区要先行先试，效果好的改革要向全国推广。

2. 扩大开放

在扩大开放方面，过去我们的开放也是双轨制的，有比较优势的产业开放，没有比较优势的产业不开放，现在需要扩大开放来更充分地利用国际资源。一方面要降低关税，另一方面对外资要实施负面清单，而且清单范围要越来越小。这方面先要扩大自贸区的范围，在自贸区试点成功的政策要向全国推行。这样可以充分利用外国资源，包括技术资源和金融资源。

其他国家也要发展，我们也要着意利用其国内和国际市场。中国作为世界上发展最快的市场，这些国家就不会轻易加入美国封锁中国的行动中。如果美国想孤立中国，被孤立的反而会是美国自己。所以，进一步扩大开放也有利于化解我国目前遭遇的不利局面。

总体来讲，面对百年不遇之大变局，我们要保持定力，认清形势，做好自己的事。最重要的还是继续深化改革，扩大开放，利用我们的优势来发展经济，提高我们的收入水平，这样国内循环的比重会继续提高。同时，通过扩大开放，我们还能够更好地利用国内国际两个市场、两种资源。这样的发展将不仅有利于自身，而且有利于整个世界。

坚持以开放创新推动形成双循环新发展格局

隆国强

迈向现代化强国的新征程即将开启，我国将进入新发展阶段。中美大国博弈日益激烈，我国发展的外部环境正在发生深刻变化。科技是决定国家综合实力的重要基础，我们必须认真审视国际环境新变化，牢牢把握国际环境中的新机遇，以更高水平的开放创新应对美对华科技“脱钩”与围堵，推动形成双循环新发展格局。

一、坚持开放创新是构建新发展格局的内在要求

当今世界正经历百年未有之大变局，全球经济进入变革调整期。新技术革命突飞猛进，产业变革日新月异，全球产业链加速重构。中美大国博弈日益激烈，美国多方围堵中国，试图延缓中国追赶步伐，科技领域成为对华围堵与“脱钩”重点。世界主要国家抢占技术创新制高点、全球产业链控制权和全球经贸规则主导权的竞争空前激烈。中国经济从高速度增长转向高质量发展阶段，面临着质量变革、效率变革和动力变

作者系 CF40 学术委员，国务院发展研究中心副主任。

革的艰巨任务。根据我国发展阶段、环境、条件变化，中央提出要推动形成以国内大循环为主体、国内国际双循环相互促进的新发展格局，这是基于重塑我国国际合作和竞争新优势的战略抉择，对开放创新提出了更高要求。

（一）畅通国内循环要求我们坚持开放创新

畅通国内循环是构建新发展格局的重要内容。双循环理论着眼于国民经济循环的视角，要求生产、分配、流通、消费各个环节有机衔接，这一视角贯通了供给侧和需求侧，对理解和改善经济运行具有重要的指导意义。

国内经济循环不畅通，有多个方面的表现。例如，供给与需求的适配性不够好，一方面绝大多数产业面临产能过剩；另一方面，人民对美好生活的向往又不能在国内得到完全满足，消费者对国内产品与服务的品种、质量、提供模式不满意，不少高端消费转向国外产品或服务。老百姓普遍反映的教育问题、医疗问题，本质上都是服务业发展滞后，服务供给没能跟上消费升级的节奏，是循环不畅的外在表现。在要素市场上，循环不畅也有诸多表现，如劳动力市场存在结构性失业，普通技工招工难，而大学毕业生就业难成为突出问题，一个重要原因在于产业结构升级慢于人力资源提升的速度。造成国内经济循环不畅的原因是多方面的，有体制改革滞后的原因，也有创新能力不强、创新成果不够的原因。

要畅通国民经济循环，就必须坚持以供给侧结构性改革为主线，全面深化改革，尤其要重视创新体制、模式的改革，充分激发创新动力，发掘创新潜力，增强创新能力，加快形成创新驱动的新发展模式。不仅要重视通过创新增强供给适应国内需求升级的能力，提高供给结构与需求结构的适配性，而且要高度重视通过创新来引领需求和创造新需求。

习近平总书记强调："新发展格局决不是封闭的国内循环，而是开放的国内国际双循环。"同样道理，双循环理论指导下的创新也决不是封闭的国内创新，而是充分利用"两个市场、两种资源"的开放创新。

（二）重塑我国国际合作与竞争新优势要求我们坚持开放创新

改革开放40多年来，我国不断扩大开放，日益融入国际分工，已经成为国际经济大循环中不可或缺的重要参与者。在不同产业的国际大循环中，我国的角色也不相同，在资源能源类产业的国际大循环中，我国是全球最重要的市场；在劳动密集型制成品产业的国际大循环中，我国是最具竞争力的加工组装和产品供给国，因此而成为全球最大的货物出口国；在资本与技术密集产业的国际大循环中，我国是技术、设备、关键零部件的重要进口国，也是高技术产品的重要出口国。尤其需要指出的是，在国际经济大循环中，我国还是排名第二的服务贸易大国，在全球服务进出口排名中，我国分居第二名、第五名，我国是技术、高附加价值生产性服务业的进口大国。主动参与国际经济大循环，让我国牢牢把握住经济全球化带来的重大机遇，充分发挥了我国的优势，有力地促进了我国工业化进程和现代化进程。

我国参与国际经济大循环的优势正在转变过程中。总体上看，我国主要依靠低成本的劳动力优势参与全球分工，即使是大量出口的高新技术产品，我国也主要是参与全球产业链的劳动密集增值环节。随着经济持续快速发展，我国人均收入水平大幅提升，与东南亚、南亚和非洲很多发展中国家相比，我国的劳动力成本已经高出几倍，成本上不再有优势。与此同时，我国人力资源优势正在形成，每年大学毕业生高达800多万，其中理工科毕业生高居全球首位，数量远远超过其他国家。除此之外，我国还拥有世界上最完整的产业体系、完善的基础设施和世界第二大的超大规模市场，这些都构成未来我国参与全球经济竞争新优势的基础。

要形成我国参与国际经济合作与竞争的新优势，从以往依靠成本优势转变成主要依靠质量优势、效率优势和技术优势，关键在于开放创新。首先，要通过开放创新提高我国产品与服务的质量，以质量优势来抵消成本上升，继续保持在国际市场的竞争力；其次，要通过创新来增加我国产品和服务的技术含量和价值含量，推动我国在全球分工地位从“微笑曲线”的底部向两端提升；再次，要通过大力创新，使我国传统优势产业克服劳动力成本上升的不利影响重新获得竞争优势，使资本与技术密集的制造业与服务业形成国际竞争优势。

（三）有效应对双循环外部挑战要求我们坚持开放创新

双循环有利于提高一国资源利用效率，促进开放发展。从生产链的角度看，国内国际两个循环相互交织、相互促进。每个国家都有各自的“短板”和“长板”，参与国际经济循环可以较高效率弥补本国在资源、要素、技术、产品和服务方面的短板，引进“短板”与本国“长板”相结合，发挥出长板的作用。比如，劳动力丰富是我国的明显长板，20世纪80年代初开始，我国大力引进出口型外商直接投资，采取加工贸易的方式引进国内短缺的中间投入品，把国际市场的资金、技术、生产组织、国际营销网络等优势与我国低成本劳动力优势有机结合，形成我国具有国际竞争力的劳动密集型制造业，支撑我国成为世界最大的劳动密集型制成品出口国。加工贸易为国内创造了数千万个就业岗位，增加了就业者的收入。如果没有加工贸易，很多人可能不得不留在农村，挣取微薄收入，有些甚至只能是富余的人口，成为社会负担。

开放创新是有效应对双循环外部挑战的必然选择。在参与国际循环中，当前要重点关注两个突出挑战，一是国内产业链成规模外移的风险，二是关键技术与核心零部件受制于人带来的安全风险。应对这两大风险需要坚持开放创新。开放创新是应对产业链外移的唯一出路。通过开放创新，可以提高劳动密集型产品的质量与效率，减少产业链外移的压力与动力。更重要的是，劳动密集型产业链外移后，如何避免产业空洞化？关键在于通过开放创新提升我国在更高价值环节的竞争力，从而形成我国与产业承接国之间的垂直分工。以韩国为例，截至 2016 年，韩国对华直接投资总额近 1000 亿美元，主要是投资于其不再具有竞争力的劳动密集型下游产业，带动韩国上游产品对华出口，每年韩国对华货物贸易顺差也近千亿美元。我国坚持开放创新，完全有能力实现在国际经济循环中的地位提升，从而在产业外移过程中，与承接国形成类似中韩的垂直分工体系，推动我国在国际经济循环中成为更为重要的枢纽国家。

坚持开放创新也是应对双循环安全运行的唯一选择。华为公司“全球研发、中国制造、全球销售”的运营模式，实质上也是国内国际循环良性互动的成功范例。美国商务部在 2019 年 5 月和 2020 年 5 月两次发布针对华为的政策，对包含美国技术的产品出售给华为实行许可制度，对华为进行打压。华为的遭遇是我国在核心技术和关键零部件受制于人这一风险的集中体现。要应对这一风险，唯一的途径是加大自主创新，唯此才能突破技术封锁。但自主创新不是关起门来创新，而是以我为主的开放创新。

二、我国开放创新面临的机遇与条件

中美关系进入大国博弈新阶段，美国加大打压我国技术领先企业和军民两用技术企业力度，为我国开放创新带来很多前所未有的挑战。在清醒看到这些挑战的同时，我们要坚持马克思主义辩证法，用全面、系统、辩证的眼光看待国际国内环境新变化，坚持于危机中育新机，于变局中开新局。党的十九届五中全会深入分析了我国发展环境面临的深刻复杂变化，认为当前和今后一个时期，我国发展仍然处于重要战略机遇期，但机遇和挑战都有新的发展变化。这一重大判断为我们深入分析和准确认识开放创新面临的新机遇新条件提供了指南。

（一）以我为主推进开放创新的认识更加统一、意志更加坚强

美国的围堵打压使我国民众更加深刻认识到，关键核心技术是要不来、买不来、讨不来的，只有靠自主创新，才能把关键核心技术牢牢把握在自己手中。深刻变化的国际环境，使全国上下不仅丢掉了幻想，还大大增强了在开放条件下加快推进自主创新的紧迫感、使命感和责任感，这将有力地促进科技体制改革创新，增强创新能力，推进创新驱动战略。

（二）以信息技术为代表的新一轮科技革命和产业变革深入发展，为我国大力推进开放创新提供了历史性机遇

回顾历史，每一次技术革命都有力地推动了国际格局的变革，一个国家如果抓住技术革命带来的机遇，就可能脱颖而出。英国凭借工业革

命迅速崛起成为“日不落帝国”，法、美、德等国分别抓住此后一次次技术革命的机遇，崛起成为工业化强国。相形之下，中国正是错失了工业革命的机遇，从农业文明的经济大国很快沦落，成为工业文明时代落后挨打的对象。

以信息技术为代表的新一轮技术革命和产业变革，是我国实现快速追赶的历史性机遇，如果把握好，完全可以让我国实现“弯道超车”。当今世界信息技术进步日新月异，大数据、云计算、人工智能等技术不断迭代，互联互通从 PC 互联进入移动互联，随着 5G 技术的快速推进，正在进入万物互联的新时代。消费互联网已经深刻改变了人们的生活方式，产业互联网将深刻改变人类的生产方式。面对以信息技术为代表的新一轮科技革命和产业变革，我国具有一定的优势条件，科技队伍大、市场规模大、应用场景丰富、数据资源富集、投入能力强等。在国家战略引导下，一方面，我国充分把握科技革命机遇，发挥自身优势，在数字经济发展方面取得了显著成绩，数字经济占全部经济总量的比重已经超过三成，在世界上排名居于前列，培育成长了一批数字经济的龙头企业，如华为、阿里、腾讯等公司；另一方面，用信息技术改造提升传统产业取得了积极进展，很多企业因此焕发出新活力。这些都为未来我国继续抓住新技术革命机遇实现赶超奠定了基础。

（三）人才加速汇聚的机遇

科技是第一生产力，创新是引领高质量发展的第一动力，创新驱动本质上是人才驱动。我国是人力资源大国，人才主要靠本国培养，同时也要善用全球人才，落实习近平总书记“聚天下英才而用之”的指示要求。

近年来，我国发展前景广阔，创新驱动战略深入落实，创新条件和环境大幅改善，对全球人才产生了越来越大的吸引力，出现了国际创新人才加速向我国汇聚的积极态势。以当年归国留学人员为例，2004 年归国留学人数 2 万多人，2019 年已经超过 50 万人。美国政府试图通过“脱钩”来延缓我国科技追赶的步伐，频频出台限制中美双边科技交流的政策，限制科技人员对华交流合作，查处打压参与对华科技合作的科学家。美国政府的政策对在美工作与学习的华人科学家产生了严重的负面影响，即使未参与对华科技合作的华人科学家也受到负面影响。美国政府的政策客观上会助推更多华人学者返回国内工作。另外，我国率先控制住新冠肺炎疫情，生产生活秩序较早恢复正常，也显示了我国的体制优势和经济韧性，对海外科技人员特别是华人科学家产生更强的吸引力。因此，我国有利科学创新的基本面叠加上短期疫情、美国政策等因素，造就了我国吸引海外人才的机会窗口期。

（四）整合海外创新资源的机遇

开放创新不仅要“引进来”，还要善于主动“走出去”整合利用海外创新资源。近年来我国企业国际化经营的能力明显增强，华为之所以成功，一个重要原因是善于整合国际研发创新资源与市场。针对中国综合实力的增强，一些国家出台了一些限制中国企业通过并购高科技企业获取技术的政策，这恰恰说明，这些国家认识到存在着有利于我国企业整合其本国创新资源的机遇。新冠肺炎疫情对世界各国经济带来全面的冲击和深远的影响，不少企业陷入供应链不稳、经营不正常、利润大跌甚至破产倒闭的风险，这正是我国企业进行低成本海外并购的机遇窗口。

（五）我国成功应对疫情大大增加了我国引进高水平外商投资的吸引力

我国一直是跨国投资的重要目的地，新冠肺炎疫情暴发后，以习近平同志为核心的党中央科学决策，果断应对，统筹推进防控疫情与复工复产，收到了化危为机的效果，进一步增强了对外商投资的吸引力。跨国公司对华投资的信心明显增强，外迁意愿大幅回落，近期美中全国委员会调查结果显示，87% 的受访美国企业“没有也不打算将业务迁出中国”，日本贸易振兴机构调查显示，超过九成的在华日资企业计划“维持现状”或“扩大在华业务”。实际外商对华投资逆市增长，联合国贸发会议曾预测，2020 年全球跨境投资可能下降 40%，2020 年上半年美国吸引外商直接投资下降了 64.5%，印度下降 23.5%。而前 8 个月我国利用外资增长了 2.6%，连续 5 个月实现增长，其中七、八月份增长率分别高达 15.8% 和 18.7%。来华外商投资中技术含量高的大项目和创新性项目引人注目，2020 年上半年投资额 1 亿美元以上的外资大项目达到 320 个。上海新增跨国公司地区总部 26 家，研发中心 10 家。前 8 个月高技术服务业实际利用外资同比增长 28.2%。高水平的外商直接投资，是承载着资金、技术、人才的生产要素包，对于增强我国整体研发创新能力和推动产业结构升级，具有不可替代的积极作用。

三、不断提高开放创新的水平与成效

面对复杂变化的国际环境，我们要从推动形成新发展格局的战略高度，准确研判国际环境中蕴含的开放创新机遇，按照推动高质量发展的要求，以时不我待的紧迫感，采取得力措施，扩大对外开放，深化科技体制创新，推动开放创新取得新成效。当前主要应做好以下方面的工作。

（一）坚持开放创新不动摇

科技无国界，任何国家，不论处于科技领先还是科技追赶地位，开放才能进步，封闭必然落后。面临外部环境恶化，我国要加大自主创新的力度，克服关键技术与核心部件“卡脖子”问题。但是，自主创新不是关门搞创新，而是要坚定不移扩大对外开放，充分利用国际上的人才、资金、信息、产业、技术、市场等各种创新要素，以我为主，为我所用，始终坚持开放创新不动摇。

（二）牢牢把握引进国际创新人才的机遇窗口期

近年来，我国经济良好的发展前景吸引越来越多的国际人才，我国成功控制新冠肺炎疫情，率先复工复产，凸显了中国经济的韧性，进一步增强了我国对国际投资与人才的吸引力。美国对我国挑起贸易摩擦、实施科技围堵，歧视对待在美华人科技人员，为我国吸引人才回国提供了机遇窗口期。我们要按照习近平总书记“聚天下英才而用之”的指示要求，切实采取得力措施，有针对性地做好吸引国际人才工作，同时，加快推进用人体制改革，尽量做到“引得进”“用得好”“留得住”。

（三）充分发挥外商投资企业在我国建设创新型国家中的积极作用

应进一步鼓励外商投资企业把先进的技术、产品和研发活动加快对华转移，特别是加快对华转移我国可能面临的“卡脖子”产品和技术。要解放思想，把外商投资企业纳入我国的创新体系之中，除涉及国家安全的科技项目外，要为外商投资企业参与国家科技项目创造平等竞争的政策环境，让外商投资企业在国家创新中发挥更大作用。

（四）支持我国企业“走出去”整合利用国际创新资源

要把握疫情后部分发达国家企业经营困难的新形势，支持我国企业通过并购方式获取先进技术和能力。同时也要继续支持我国企业在海外建立研发中心，利用当地人才与市场等全球创新资源增强我国企业的创新能力。针对东道国技术流失的担忧，要引导我国企业着眼长远，避免短期行为，努力实现互利双赢。

（五）充分发挥开放平台先行先试作用，探索开放创新的体制机制

近年来我国建立了自贸试验区、海南自由贸易港等对外开放平台，赋予其改革开放先行先试的作用，例如，海南自贸港将发展高新技术产业作为三大支柱产业之一，实行很多特殊政策。为鼓励引进海外人才，在签证、居留、就业、出入境等方面实行更加自由便利的政策，而且实行 15% 的个人所得税。为了鼓励发展数字经济，在海南探索数据安全有序跨境流动的监管新政。要围绕增强开放创新能力建设，鼓励在这些开放平台大胆试、大胆闯，对标全球开放经济最高标准，积极创新体制机制，及时总结成功经验，在更大范围复制推广，以体制机制改革来提升我国开放创新的水平。

（六）继续开展各种形式的国际科研交流合作

鼓励我国企业、科研院所、高校等创新主体开展各种形式的国际交流合作。继续扩大与各国政府间科技交流合作。高度重视推进国际学术交流，最大程度破解美国的科技“脱钩”。

如何实现内外双循环

李若谷

中央最近提出以内循环为主，国内国际循环双轮推动的发展构想。过去两年半，中国外部发展环境发生了非常大的变化，这是提出双循环构想的背景。

实现以内循环为主的新发展格局需先提高人均可支配收入

第一个问题，现在提出的内循环与过去十多年提出的靠内需推动、靠消费拉动增长的表述之间有没有区别？区别是什么？

从 2001 年中国加入 WTO 之后，消费占中国 GDP 的比重一直在 30%-40% 之间徘徊，有些年份有 35% 左右，增长比较缓慢。2019 年达到 40% 的水平，是因为消费增加了，还是因为 GDP 总量下降了，这也需要考虑。

一般发达国家的消费占 GDP 比重大概为 50%-70%，高的像美国占

作者系 CF40 常务理事，中国进出口银行原董事长。

到 70%，较低的欧洲国家是 50% 多。发展中国家消费占 GDP 比重基本在 50%-60%，包括印度、巴西等。中国的消费占 GDP 比重现在是所有国家中比较低的。

要扩大内需，形成内循环为主，一个基本问题就是是否要提高人均可支配收入。从发达国家的人均可支配收入来看，美国是 4 万美元，欧洲在 2 万 ~ 3 万美元之间，约合人民币 15 万—30 万。中国人均可支配收入是 3 万多人民币，城镇稍微高一些，是 4 万多元，农村只有 1.6 万多元，和西方的差距大概在 5-8 倍左右。当然，中国的人口是欧洲、美国的 4 倍，所以要达到发达国家的消费规模，中国的人均消费水平达到他们的 1/4 就可以实现。

粗略估算一下，美国的人均消费大概 4 万多美元一年，欧洲也差不多 2 万 ~ 3 万美元，换算过来大约是 15 万—30 万人民币之间。而中国的人均消费是 2 万多人民币，与美欧差 7 倍 -15 倍，除以 4 大约是六七万元人民币左右。中国人均可支配收入水平要比现在的 3 万多提高 4 倍，也就是城镇要达到 16 万左右，农村要达到六七万。如果能达到这个水平，靠内需、消费或者说内循环推动经济增长可能就相对容易些。

要实现人均收入的增长就必须增加收入，包括工资收入、投资收入和其他收入。增加收入一定要增加就业，一定要增加分配。现在分配占 GDP 的比例也是不高的。

要增加分配不能只提高工资和其他收入，必须要提高效率和效益。现在我国人口量非常大，劳动力也很多，减员增效是一个办法，但是另一方面又需要增加就业，所以存在矛盾。怎么解决这个矛盾是一个需要思考的问题。

现在民营企业基本上占中国就业的 80% 以上，国有企业大概占 10%

多。因此，要想增加就业，就要大力支持民营企业的发展。如何才能建立一个对民营企业发展，同时对国有企业和其他形式经济发展友好的体制和机制，是形成内循环为主的新发展格局一个很重要的亟待解决的问题。

充分参与和利用国际市场面临的挑战

第二个问题，过去 40 多年改革开放取得的成果，归结为哪些主要的原因？

一是国内的原因。坚强的、团结一致的党的领导，是我们能够不断发展的重要原因。坚持实事求是，坚持实践是检验真理的唯一标准，不断地修改各种不合理的制度以适应生产力发展的需要，处理好了发展、稳定、改革之间的关系。

二是过去 40 年我们充分利用和参与国际市场，抓住了全球化发展的机遇。未来还要不要利用国际市场？如果要利用国际市场，就考虑遵守国际市场通行的规则。

中国自 2001 年加入 WTO 之后，GDP 总量从 9 万亿元人民币增长到 2019 年的 100 万亿万人民币。在没有加入 WTO 之前，我们的 GDP 增长也很快，但当时的基数比较小。1980 年 2000 多亿美元，到 2000 年增长到 1 万多亿美元。对比来看，加入 WTO 前的 20 年，GDP 增长了 4-5 倍左右，加入 WTO 后在基数比较大的情况下，GDP 在 19 年里增长了 10 多倍。这是一个事实。

在中国实力比较弱的时候，外部世界包括发达国家对中国的注意力没那么高。现在我们已经是世界第二大经济体，影响力非常大，国际市场以及其他一些国家不会再忽视中国的一些做法。国际市场现在主要由发达国家主导，怎么能利用好国际市场并与之融合发展，这是一个要考虑的主要问题。

我们经过了十余年的努力才加入 WTO，但现在面临着 WTO 仲裁机制停摆，WTO 总干事提前一年离位，WTO 已经不能发挥正常作用等新情况。如果美国执意要退出这个机制，对中国的影响会是什么样的？

WTO 的改革目前还没有提上国际社会的正式日程，如果改革会对中国产生什么样的影响，这是个未知数。在加入 WTO 的 20 年里，我们享受了发展中国家地位的优惠，今后还会不会继续获得优惠也是要考虑的问题。

实际上这些问题就是我们要不要继续利用国际市场，以及要不要向国际法、国际规则靠拢的问题。

适度为好，处理好发展和监管之间的平衡

最后一个问题，关于监管的理念。

对企业、金融业的监管，我个人认为不是越严越好。监管和管理一定要适应现在的发展水平、人员结构、人员水平、机构水平等，也就是“适度为好”。

过去有一些提法叫“零容忍”，这个提法值得商榷。要不要学会“放水养鱼”？打一个比方，我们为了修补生态环境，现在对捕鱼的网有要求，比如网眼不能太小，要把中小的鱼漏出去。如果是竭泽而渔，明年打什么鱼？

如何在监管与发展之间找到平衡，怎么能够使监督和管理既适应风险控制的要求，又能促进企业和经济的不断发展和壮大，是我们不得不

思考的一个问题。

20 世纪 90 年代初期一直到中期，我见了很多美国各个领域的学者、监管人员，他们一致认为中国的银行业已经技术性破产，中国的金融风险非常大。但是在剥离了 4 万多亿不良资产以后，一下子就有 4 家中国的银行跻身全球十强，上升速度很快。

美国是一个非常注重风险控制，并且经常提醒其他国家注重风险问题的国家。这样一个十分强调风险的国家，为什么监管还会有这么大的漏洞，乃至于战后甚至 100 年来最严重的金融危机发生在华尔街？我曾经和美联储前主席格林斯潘有过面对面的讨论。针对监管问题，格林斯潘的回答是“The less，the better”（越少越好）。到底什么样的监管才能够处理好发展和风险控制的关系？希望大家对此也能有所思考。

从四个方面看我国构建新发展格局的现状及问题

杨伟民

构建新发展格局的内涵

我认为构建新发展格局的重点在于国内国际双循环相互促进。中央“十四五”规划建议中对新发展格局的定义——以国内大循环为主体、国内国际双循环相互促进的新发展格局，前两个短句都是定语，最后落脚在“新发展格局”。我们作为经济大国，一直都是以国内循环为主体，所以应该花更多精力研究如何让国内和国际双循环相互促进。

中央经济工作会议中提到要“打通堵点，补齐短板，贯通生产、分配、流通、消费各环节”，涉及四个环节。关于“流通”，马克思主义政治经济学认为“流通”只是物的移动，本身不生产、不创造价值；关于“消费”，我们可以理解成广义的消费，包括政府消费、居民消费和投资，投资代表未来的消费。这四个环节也可以用国民经济核算的三分法来概括，即用生产、分配、支出来分析国民经济循环。如果生产、分配、支出相

作者系 CF40 学术顾问，十三届全国政协常委、经济委员会副主任。

互贯通，那么这个循环就是畅通的。就像国民经济有三个管道，需求格局中居民消费管道的直径、分配格局中居民收入管道的直径、生产格局中居民消费品管道的直径，如果都是一样的，那么管道循环就是畅通了，否则就会影响经济顺畅循环和发展。

我国经济循环的现状与问题

下面从需求格局、分配格局、生产格局、内外格局四个方面分析我国经济循环的现状，以及构建新发展格局可能面临的问题。

一是需求格局。使用投入产出表数据来比较 2007 年和 2018 年的最终需求（最终使用）。2007 年出口占比为 28%，2018 年占比为 15%，出口比重大幅下降。资本形成在总需求中的比重从 31% 扩大到 37%，提高了 6 个百分点，政府消费的比重提高了 4 个百分点，居民消费需求占比从 29% 增加到 32%，提高了 3 个百分点。出口在最终需求中的比重不断下降，显示我国经济越来越以国内需求为主体。但是问题在于，出口需求比重的下降主要是被政府消费和资本形成所填补，居民消费增加相对不多。

原因之一是居民消费率（人均消费支出占可支配收入）的比重在下滑。2013 年到 2018 年的数据显示，我国城镇居民消费率持续下滑。这可能涉及居民杠杆率问题，越来越多的城镇居民被高房价和高房贷挤压，没办法拿出更多的钱去消费。同期农村居民消费率是提高的，因为农村居民很少贷款购房，没有房贷压力。有人会问，是不是因为城镇居民收入高导致边际消费下降？我认为，作为全体城镇居民并不存在这个问题，因为在高收入或者中等收入群体中，边际消费倾向下降的群体占比还是较小的。当然，这需要更深入的数据分析来证明。

二是分配格局。2007 年的分配格局，劳动报酬占 GDP 比重为 41%，2018 年占 52%，比重大幅提高。但是仔细分析可以发现，劳动报酬不等于居民可支配收入，而统计口径远大于居民可支配收入。劳动报酬统计中包括了很多不属于居民当期可支配收入的项目，比如劳动者享受的公费医疗和医药卫生费、单位支付的社会保险、住房公积金，这些都是居民无法用于当期消费的。前面是对资金流量表数据分析，下面使用住户调查数据分析，这可能更贴近居民收入的实际。按国家统计局住户调查的居民人均可支配收入乘以总人口得到的居民总收入，占国内生产总值之比近年来基本稳定在 42% 到 43% 之间，低于劳动报酬占 GDP 的比重达到十个百分点左右。

简单概括一下居民收入分配格局：居民收入无论是在初次分配，还是在再分配当中的比重都小幅下降，而政府收入占比在初次分配中基本没有变化，但再分配后的比重略有提高，说明再分配存在一定程度的逆调节现象。从国民收入的营业盈余看各行业之间的分配格局，互联网和信息服务业、银行业、房地产业的营业盈余占 149 个行业总盈余的约 30%，这几个行业是最赚钱的，这也反映了行业之间的分配问题。

三是生产格局。最终需求也反映了生产格局。可以根据国民经济 149 个行业的最终使用的多少，区分出投资型、消费型、出口型三类产业。2018 年，149 个行业中，消费型行业有 68 个、投资型行业有 22 个、出口型行业有 58 个，还有 1 个无法区分。更进一步地，可以看下生产中的技术格局。高技术企业在生产中对外依存度特别高，如果出现供应链断裂的情况，对这些行业的生产影响很大。如，仪器仪表、医疗仪器设备和器械、专用设备、其他运输设备、电子元器件、计算机等都是技术高度依赖进口、受掣肘较多的行业。

同时，这里还可以看到国内供给不足的消费型行业。比如航空旅客运输是典型的消费型行业，总产出中的60%用于消费，同时进口占该行业总产出的比例非常高。这说明我们2019年大概有1.6亿人出境游，但相当一部分游客没有选择国内航空运输公司。新闻出版、广播电视电影、文化艺术、体育娱乐等都是典型的消费型行业，消费占总产出的100%左右，但是供给不足，需要大量进口。这是未来要在生产格局优化中重点解决的问题。

此外，生产格局中还存在生产过剩和供不应求并存的问题。有些行业是净进口行业，净进口1000亿元以上的行业中，石油行业排第一，包括芯片在内的电子元器件排第二，还有有色金属、铁矿石、合成材料、航空旅客运输等行业。概括来说，净进口的行业有三类，一类是资源型产品，一类是高技术产品，一类是服务产品，包括高档产品，分别对应的问题是资源不足，这一问题难以依靠自己解决；创新不足，对应电子元器件等高技术行业；体制机制导致的供给不足，对应航空运输、文旅等行业。

产业结构变化也存在明显的问题。中央建议提到“推动金融、房地产同实体经济均衡发展”，还提出“保持制造业比重基本稳定”。为什么提这些？从产业结构变化可以一窥究竟。2010年至今的十年，我国的工业占比从40%下降到32%，而同期金融业占比从6.2%提高到7.8%，房地产业占比从5.7%提高到7%。这些反映了什么问题？制造业比重下降幅度太快，近十年时间下降了8个百分点，年均下降0.9个百分点。制造业比重下降是符合规律，但十年内大幅度下降8个百分点就是问题了。其中原因比较复杂，其中之一可能是金融业特别是间接融资的高速发展，高负债挤压了实体经济的发展空间，同时房地产价格上涨太快，也对制造业形成一定程度的挤压。如，2010 年到 2017 年，规模以上工业利息支出增加 100%，但其增加值只增加了 90%，利息负担对工业形成了一定挤压。

四是内外格局。我国现在是典型的生产型进口——76% 的进口产品和服务是用于中间生产的，消费占比低。这说明我们的生产离不开国际市场。

同时我国进口相对集中。国民经济 149 个行业中，前十个行业的进口占所有行业的比重为 48.6%。进口额最大的是电子元器件、石油、有色金属、铁矿石、航空旅客运输等行业。我国高技术产业，如电子元器件的进口依存度（进口额 / 总产出）比较高。

这就意味着，如果想生产，保持国民经济循环畅通，就离不开国际市场，就必须进口。同时，要进口就必须有出口，这样才能有外汇换回我们的进口品。我国出口最多的行业是通信设备、计算机、电子元器件，然后是批发、纺织、零售、金属制品、输配电、文化体育和娱乐用品。这些行业必须要保持生产能力大于消费能力的生产格局，多出国内消费能力的生产能力才可能，以换回大豆、铁矿石等。因此，全国经济要以国内循环为主体，但部分行业仍然需要保持高出口、高进口的格局，这些行业不能以国内循环为主体。这些行业的进出口是互为因果的关系，高出口是因为高进口，要高进口就必须高出口。比如电子元器件行业出口依存度是 20% 多，其进口依存度高达 59%。文化办公用品、仪器仪表、医疗器械和设备、其他交通运输设备、日化、专用设备、计算机等行业的进出口依存度也都很高。说明这些行业是必须深度融入国际经济，才能实现正常经济循环。

在“去全球化”中实现全球化

刘晓春

新冠肺炎疫情以来，一些国家要调整产业链，希望改变部分战略物资过分依赖国外生产供应的状况。由于许多物资目前都是依赖中国生产供应，于是不少舆论把这些都悲观地归结为这些国家要与中国经济“脱钩”。这之前，美国个别政客直接提出要与中国经济“脱钩”。对于此类情况，我们应该客观看待、冷静分析、积极应对、顺势而为，在适应各国自身战略的同时，把握国际产业链重构的主动权，提升、完善我国的产业链和供应链，形成以国内大循环为主，国内国际双循环格局，并在新的全球化中占据有利地位。

一、客观看待各国改变部分战略物资依赖国外生产供应的战略

这次新冠肺炎疫情来势凶猛，无论是发达经济体还是发展中经济体，大多遇到了医疗资源和物资供应不堪重负的问题。由于这个原因，各国

作者系上海新金融研究院副院长。

政府从国家战略层面考虑本国相关产业链的问题，是题中应有之义，凡是负责任的政府都会从国家发展战略、国家安全战略角度思考问题，作出相应决策，无可厚非，不必过度解读。当然，每个国家的战略在实施过程中，必然会对其他国家产生不同程度的或有利或不利的影响，这同样需要我们冷静应对，而不是简单反对或反制。

同时也应该看到，如果各国都有相对完善的战略物资产业链，对人类应对突发事件是有好处的，这个好处不仅是对相关国家而言的，还是对全人类而言的。就世界经济来说，及时有效应对突发事件，可以减少经济损失，同时也能使经济运行及时得到恢复。这对中国经济，是更大的好处。所以，不必过度解读这类所谓的“脱钩”，更没必要惊慌失措。

跨国企业从经营角度进行全球布局，从供应链安全角度进行全球布局，并适时进行必要的战略调整，也是正常的经营行为。这种布局和调整，有时是因为个别地区市场的变化，有时纯粹是一个战略调整，并不是针对某个地区。但这样的调整一定会对相应地区的经济结构和经济发展产生影响。个别跨国企业调整在中国的产业布局，并不一定说明中国市场对它们失去了吸引力。几年前，我们自己也在鼓励中国的企业走出去，也在鼓励一些产能转移到其他国家去。所以，对于跨国企业的供应链布局调整，也要冷静看待，沉着应对，尤其要看到其中提升和优化我国产业结构的机会。

我们还应该看到，美国个别政客的“脱钩论”，固然有他们与中国进行战略竞争的考虑，同时也是美国自身内部经济结构矛盾的结果。十多年前奥巴马政府提出“再工业化”战略，与其说是对外战略，毋宁说是对内战略。在过去几十年全球化进程中，美国成功地使整个国家处于全球产业链的顶端，但就其国内看，并不是所有国民都能生活在这样的顶端，也就是说，在美国国内，这样的经济结构无法满足现有人口知识和能力结构条件下就业的需求，造成严重的贫富差距扩大。从经济结构角度讲，我们的香港也有类似问题。所以，对于美国政客的“脱钩论”，我们既要认识到他们与中国战略竞争的一面，也要认识到他们解决国内矛盾的一面。从更大的层面看，美国国内矛盾相对缓和，美国与中国、与世界的矛盾也会相对缓和。

再者，中国不可能包下全球所有物资的生产供应，也不可能仅仅依赖为全球生产供应物资而生存。

二、冷静分析一些发达经济体产业链回迁政策的效果

最近几十年全球化的一个重要表现是大部分中低端产业由发达经济体向发展中经济体转移，这是一个持续几十年的过程。所以，产业链回迁，也不会是一夜之间的事情。对于一些国家的产业链回迁政策，我们要以动态的眼光来分析，而不能静态地进行简单的加加减减分析。要在动态分析中发现机会。

如果发达经济体从现在开始实施产业链回迁计划，包括美国的“再工业化”战略，无疑是给需求极度低迷的世界经济注入一剂强心剂，会极大提振全球的投资需求。这是好事。以目前各个经济体的现状，各国要建设完整的产业链，包括美国的“再工业化”，完全没有进口原材料、零部件、整装设备、技术、建设人员等，靠这些国家完全“自力更生”，是不可能完成的。因此，目标虽然是“去全球化”，但只能以全球化的方式去实现“去全球化”的目标。我们反而应该乐观看待这一过程，积极寻找并抓取其中的机会。

这次疫情以后，必然是一个全球产业链、产业结构的重整过程，这其中也包括各国实施各自的产业政策的过程，这将是一个持续几十年的过程。所以，即使一些国家和一些跨国公司实施那些调整计划，包括产业链回迁、“脱钩”等，这其中对我们反而会有更多的腾挪空间和回旋余地，我们不可能静静地等他们调整完毕再进行应对。

我国进入“新常态”以来，在调整结构中，不断去掉一些过剩产能，包括向外转移一些产能。这些向外转移的产能，也不妨向发达国家转移一些。比如口罩生产，目前这个特殊阶段过去后，应该快速转移一部分产能到世界各国去。

三、积极应对“去全球化”趋势

排除战争等因素，纯就经济论，如果真有那么一天，各主要经济体都实现自足的产业链，实现互相“脱钩”，那么，最经得住“脱钩”的国家是中国。一是，中国有最完整的工业体系；二是，中国有十四亿人口的超大规模市场。在完全“脱钩”状态下，各国竞争的将是产业链的效率、效能和规模效益。在这样的竞争中，由于各国效率和效益的差距，在资本和市场的作用下，最终依然会打破“脱钩”格局，回归全球化。同样道理，在这样的竞争中，中国是有机会胜出的。也因此，我们更应该以积极的态度去应对目前的“去全球化”趋势。

1. 在抗疫及疫后国际产业链重构中，要利用我国战胜疫情的领先优势，牢牢掌握产业链重构的主动权，巩固、完善、提升我国产业链结构，使我国的产业链更具效率和竞争力。

2. 在重构产业链的竞争中，要把建立强有力的国际、国内供应链系统作为重要的基础设施。这是实施国内大循环和国内国际双循环的重要保障。这方面，尤其要重视和支持我国物流企业的国际化发展和数字化发展。

3. 正确理解转型升级，发挥市场机制作用，实现优胜劣汰。

转型升级与建设完整的产业结构体系不是矛盾的、对立的。地方政府在规划本地产业结构和转型升级中，不应片面和机械地理解转型升级，不能简单地以行政手段排斥、挤压一些所谓的低端产业。我国在实施科技兴国战略的过程中，要避免产生美国等发达经济体产业空心化的恶果。不仅是全国层面要吸取这个教训，地方层面同样要吸取这个教训。我国大部分地区，特别是县域，需要多层次的产业结构来满足人民群众不断增长的生活需求，同样需要多层次的产业结构来满足多层次技能结构人口的就业需求。地方政府制订产业规划，对一些先进、高端行业、产业进行适当的扶持与支持是必要的，但其他行业、产业都应该交给市场。对各类所谓的低端行业、产业，只要符合环保、安全等法定要求，不应进行任何的干预和限制。应该让市场来决定这些行业和企业的生存，而不是由地方政府的规划来决定它们的存亡。

4. 积极参与和帮助一些国家自建完整产业链。

既然“去全球化”和“脱钩”可能是今后一段时期的趋势，我们也看到，这是一个长期的过程，在这个过程中依然需要国际贸易来满足各国自建完整产业链，那么，我们就不应该消极坐等他们建成自己的产业链，而应该积极参与这个过程，乐观拥抱这个趋势。要积极发现、创造“去全球化”中的全球化机会，输出我国在基建领域、设备领域、数字化领域的产品和能力。我们鼓励企业“走出去”，这样的“走出去”可能是更受各国欢迎的“走出去”。这本身也是扩大开放的重要方面。

5. 以对融资人开放为切入点，开启上海国际金融中心建设新阶段。

全球化，不仅仅是货物贸易、一般服务贸易、产业链、供应链的全球化，金融全球化是其中的重要一环。2020 年，上海实现了初步建成国际金融中心的目标。应该说在机构准入、业务准入及金融基础建设上，金融对外开放的程度已经很高了。但，我们在前期金融对外开放方面，更多的是招商引资的思路，即引进机构、引进产品、引进资金。金融市场有其特殊性，除了基础设施、产品和市场，需要有四类参与者，投资人、融资人、金融机构、交易群体。理论上，交易群体也是投资人，但与一般意义上的投资人是不同的，对金融市场来说是非常重要和特别的角色。我们在前期金融对外开放中，注重引进金融机构和投资人，少部分交易群体，但基本上没有考虑对融资人的开放。融资人是金融市场交易的基础。只有大量的国际融资人，才能形成国际化的底层金融资产，吸引国际化的投资人，同时才会产生各类金融交易产品和市场。

上海国际金融中心应该是人民币国际金融中心。现在我们讲人民币资产，实际上就是指中国资产。如果对融资人开放，就会有更多的国际融资人来上海进行人民币融资。融资人有了人民币，当然就需要使用人民币。投资人要投资人民币资产，当然就需要人民币。与此相应，与人民币有关的衍生产品市场就自然而然地发展起来了。那时，人民币资产，就不仅仅是中国资产，国际上将会出现人民币中国资产、人民币国际资产；中国人民币资金（资本）和国际人民币资金（资本）。国际资本的流入和流出，影响的也不仅仅是中国资产价格。因此，上海国际金融中心对融资人的开放，也是人民币国际化的重要助推器。

上海国际金融中心对国际融资人的开放，可以促进新全球化格局的形成，助力双循环，同时也可以为“一带一路”建设打开新的局面。“一带一路”建设正是我们对冲“去全球化”的重要市场。

因此，上海国际金融中心对融资人的开放，可以说是上海国际金融中心建设、人民币国际化、“一带一路”建设、推进新型全球化的关键突破口。

6.加快有利于开放经济环境的法治建设。

形成以国内大循环为主，国内国际双循环的新格局，在新全球化过程中占据有利位置，就必须让市场在资源配置中起决定性作用。一个运作良好的开放型市场需要有国内国际参与者能够理解并遵循的法治环境。法治建设包括立法与执法，尤其是执法，必须专业、严格、稳定。立法，可以根据社会和市场的需要而修改，执法则必须严格按照现行法律执行。执法不能变成宏观调控的辅助手段，不能搞区别对待、灵活掌握。监管政策的制定与监管政策的执行，同样如此。以中国经济所展现的韧性和前景，再加上良好的法治环境，对国际投资者将具有更强的吸引力。

四、尊重法律和规则，执行法律和规则，也是中国企业走出去参与国际竞争的重要保障

国际经济是一个互动的过程，不可能是单方面的。“脱钩”，本身就是一种互动。历史上，无论政治、军事如何变化，地区间的经济互动从来没有中断过，只是方式方法有变动，规模有起伏。我们必须看到“去全球化”过程中依然有全球化，而且，“去全球化”后会形成新的全球化格局，或者说新的国际经济格局。关键是我们如何才能在这新的格局中占据有利地位。还是要完善和提升我们自己的产业结构，同时全面加大对外开放力度。

第三章

双循环的抓手

中国经济如何实现自身的潜在增长率

蔡　昉

习近平总书记在主持召开企业家座谈会的重要讲话中强调，要充分发挥国内超大规模市场优势，逐步形成以国内大循环为主体、国内国际双循环相互促进的新发展格局。作为新发展格局，意味着它指内需或外需问题体现的中国未来发展的新发展方式和新格局。探讨好这个问题，对于保持中国未来发展的长期向好趋势至关重要。

一、"长期停滞"定义世界经济，也是中国经济增长的外部环境

首先，中国经济当前面临着怎样的外部环境，即世界经济走势、全球化趋势、新冠肺炎疫情之后各国发展动态，以及全球产业链和供应链如何变化。我们先来看"长期停滞"这个概念。大多数经济学家都承认，长期停滞是世界经济的一个新常态。我们以前没有太过关注它，现在是应该重新关注的时候，我们必须了解这个新常态，这有助于了解自己所

作者系 CF40 学术顾问，中国社会科学院副院长。

处的新的国际经济环境。

在2019年《财经》年会上，美联储前主席格林斯潘的视频演讲引起大家关注。在此演讲中，格林斯潘提到了全球经济的长期停滞。他把全球停滞的问题根源归结为全球性的老龄化趋势，也是对的。作为具体的原因和解决手段，即为什么会有长期停滞，如何能够阻止它，格林斯潘认为问题出在社会福利支出过多，造成对储蓄的挤压，进而导致投资不足，最终是生产率不能提高。他还讲到中国的老龄化，暗示中国同样面临着社会福利支出挤占储蓄的风险。我认为他最后得出的结论值得商榷。

可以说，格林斯潘做出正确的“诊断”——老龄化和长期停滞，却开出了不对症的“药方”——减少社会福利支出。一方面，美国的社会保护水平在高收入国家中是最差的，长期停滞的问题恰恰在于收入差距过大和社会保护不足，而不在于社会福利支出过多。另一方面，他的建议对中国更不适用。我在此文中将证明这个结论。

老龄化是全球性的趋势。老龄化问题最严重的无疑是发达国家，符合一般规律，即随着人均收入水平的提高老龄化程度也会提高。同时，发展中国家和新兴经济体的老龄化速度同样非常快，近些年有加剧的趋势。如果进行预测的话，甚至最不发达国家也会在未来呈现加速老龄化趋势。老龄化趋势遵循的是一般规律，因此是不可避免的。

经济增长速度受人口增长缓慢和老龄化趋势这两个方面影响。对处于中等收入阶段和人口红利期的新兴经济体，首先遇到的是劳动年龄人口增长减速甚至进入负增长，这意味着人口红利的消失，经济增长的供给侧驱动力减弱；对于高收入国家，总人口增长减速甚至进入负增长，会导致需求侧拉动力的减弱。在经济增长减速的情况下，加上许多国家收入分配的恶化，会出现富人有钱但是消费不了那么多，穷人想消费却没有钱的困境。因此，总体上表现为储蓄水平持续大于投资意愿。

这里说的长期停滞，不仅是经济增长速度慢下来，同时还出现“三低”现象——低通胀率、低利率和低经济增长率。国际金融危机之前，发达国家就呈现这个趋势，随后又加强了。这种长期趋势是从美国发起的，波及其他发达国家，因而也就成为世界经济的新常态。这就是我们说的长期停滞。需要讨论的是，长期停滞是否还在继续，以及会不会影响我们对今后中国外部环境的判断。

再看一看新冠肺炎疫情会产生什么样的影响。绝大多数经济学家都承认，美国经济也好，世界经济也好，都不会有V字形复苏。最近我看到《金融时报》财经记者 Gillian Tett 提出的一个特殊的图标，可以借用一下表达对未来经济复苏轨迹的判断。我借鉴这个图形的用意是什么呢？从全球经济来看，我们不能期望一个 V 字形复苏。经济衰退非常快，但是复苏的时候会十分慢，以至迟迟不能复苏，至少在底部的时间会很长。我们姑且先假设它是一个 U 字形的复苏。然而，可能复苏在半路上就停止了，经济增长不会回到疫情之前的原点上，由此开启一个更新的常态。

我想这种情形很可能会发生。历史经验显示，所有的经济发展长期趋势，本来都是渐变而缓慢的，一个突发事件的出现，会诱导出一个突然的加速，渐进性由此变成突变性。全球逆全球化的趋势以及实体经济长期停滞的状态，很可能因为这次新冠肺炎疫情而加速、加重、加深。同时，我们也知道因为供应链断裂乃至脱钩的问题，特别是涉及一些所谓国家安全、健康安全等，或者与有意打压竞争对手和遏制中国发展相关的恶意脱钩，都会导致世界经济的复苏将在一个更恶劣的环境中。因此，长期停滞不仅会继续，可能还会比以前更深重。这是我们所处的一个基本的背景和外部环境。

二、“未富先老”定义阶段性国情，也是中国经济增长的国内背景

再来看中国经济所处的新发展阶段。中国经济增长会受到外部环境影响，然而更深层的背景是自身的长期变化趋势。中国的老龄化趋势更严峻一些，而且是在中等收入阶段就迅速向高收入国家的老龄化程度靠拢，所以叫作“未富先老”。可以说，未富先老、世界最大规模的老龄人口，以及最快的老龄化速度，构成我国未来一段时间的重要国情，成为制约经济发展的最重要因素或者基础因素。

一般来说人口的变化会经过两个转折点：第一个转折点是劳动年龄人口从增长到萎缩。这个年龄组人口很重要，因为这部分人增长快、规模大的时候，会产生一个生之者众、食之者寡的人口结构，有利于经济增长。如果这个年龄组人口增长到了峰值，进入负增长，就会通过劳动力短缺、人力资本改善速度放慢、资本替代劳动过快导致投资回报率下降，以及农村劳动力转移速度减慢使生产率提速下降，导致潜在增长率下降的结论。2010 年我国经历了这个人口转折点，劳动年龄人口增长由正转负，标志着人口红利消失和 GDP 潜在增长能力减弱。

过去我们关注不够的还有第二个人口转折点，就是总人口增长从正到负。根据不同的预测，我国这个转折点终究会发生于 2025-2030 年之间，即总人口到达峰值后转为负增长。这个转折点带来的是什么呢？可以根据其他国家的经验做一点参考。目前世界上人口负增长的主要国家有 20 个。这些人口负增长的国家与处于相同发展水平阶段但人口仍在增长的国家相比，经济增长表现普遍较差，在人口增长由正转负的年份前后，通常经历了 GDP 增长率的大幅下滑。

可见，两个人口转折点都会产生不利于经济增长的效应，然而，一般来说，第一个人口转折点导致人口红利消失和潜在增长率下降，属于供给侧的问题，而第二个人口转折点对经济增长带来的可能冲击，属于需求侧的问题，即人口萎缩导致总需求不足。也就是说，前一个问题我们看到的是潜在增长率下降，只要能够按照潜在增长率保持增长，增长速度下行还是长期的过程。如果因为需求因素导致不能达到潜在增长能力的话，经济下滑就可能既迅速又剧烈。

2010 年后，我国劳动年龄人口进入负增长，我预见到人口红利的消失以及潜在增长率的下降。当时，我也和同事陆旸一起预测了潜在增长率的下降趋势。后来实际情况也证明了，实际增长率跟潜在增长率的预测是吻合的（图 1）。这个高度吻合说明什么？一是我们的预测得到了印证。二是实际经济增长符合潜在增长率。潜在增长率下降是从高速增长转向高质量发展的新常态，这个变化是符合发展规律的一种趋势，只要达到潜在增长率，经济增长就是健康和长期向好的。

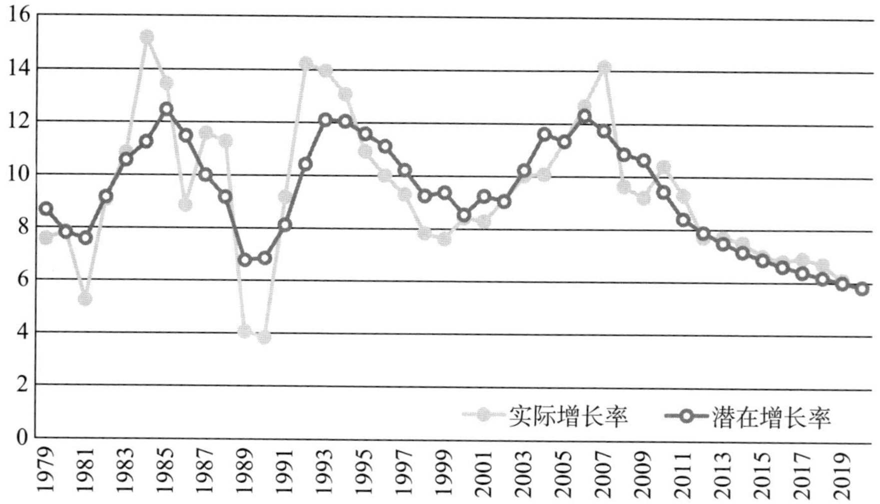

图 1　实际增长率与潜在增长率

从那时至今，我个人的研究主要关注于用改革的办法提高潜在增长率，并未担心过中国经济因需求因素而面临潜在增长率受制约的情况。但是，由于全球经济环境的变化，特别是新冠肺炎疫情之后，中国经济的确可能遇到来自需求侧的制约。我国不能实现现有的潜在增长率的话，经济增长速度下行的节奏就过快，就不是健康的。正因为存在着这个潜在的制约因素，我们需要打造国内大循环为主体、国内国际双循环相互促进的新发展格局，就是要挖掘内外需求的潜力。

是否可能出现由于需求因素的制约而导致实际增长不能实现潜在增长率的情形？回答是肯定的，日本就是一个例子。日本银行（央行）每季度都计算 GDP 的潜在增长率，事后也统计实际增长率。以实际增长率减去潜在增长率，得出的差额就叫作产出缺口，或者叫作增长率缺口。如果这个差额是负的，说明实际增长没有达到潜在能力。日本在 1990 年泡沫破灭，对经济的刺激效果延续了一段时间，因此在当年第四季度实际增长率还高于潜在增长率，增长率缺口为正值。接下来就直线下滑，从 1993 年开始直到 2020 年一季度，绝大多数季度的产出缺口都是负的。大家还应该知道的是，日本的潜在增长率已经非常之低，即便这样，实际增长仍然没有充分利用潜在增长能力。

三、“三套车”定义发展阶段，拉动中国经济增长各有潜力

我们来分析一下拉动中国经济增长的需求因素即“三套车”中各种因素的状况。也可以说，如何认识我国的三大需求因素，与判断当前中国经济的发展阶段是相关的。同时，如何应对三大需求因素面临的挑战，

也是我们打造双循环新发展格局最根本的政策着力点。

先看外需。经济学家通常会用公开出版的数据看“三套车”对国民经济增长的贡献。如果简单看国家统计局提供的三个主要需求因素对GDP 增长的贡献率，往往会遇到一个悖论。例如，2019 年外需的贡献即货物和服务净出口对国内生产总值增长的贡献率仅为 11%，而过去多年都是负贡献。我国的外需是什么呢？在统计概念上就是出口减去进口即净出口。既然看到对经济增长贡献已经是负的了，外需是不是就不重要了？由此还会产生更荒唐的重商主义结论，是不是只需减少进口就可以增加净出口了呢？

但事实上不是这样的，国际贸易还是重要的需求贡献因素。鉴于此，有的研究者把统计概念转化成经济学概念，重估了外需的贡献，具有重要的政策含义。对外经贸大学吴珍倩等几位作者发现，在 1995-2011 年期间，外需对 GDP 增长的贡献率仍然可以高达 22%。而按统计数据来算，同期外需的贡献率只有 2.5%。我引用这个重估数据并不意味着认同其具体数值，只是为了说明，外需应该是而且的确是重要的需求因素。我们应该充分利用自身的比较优势，同时利用我国在全球价值链中的关键位置、广泛连接性和充分韧性，牢牢地嵌入全球分工体系，坚定地避免与全球分工体系脱钩。

三套车的第二个因素是投资。我国投资需求对 GDP 的贡献率近些年显著降低了，该趋势仍将继续。首先，过度依靠投资实现增长是高速增长时代而不是高质量发展时代的特征，因而其不可持续性日益凸显，降低这种依赖是转变发展方式的任务之一。其次，我国经济增长率趋于下行，是一个叫作“回归到均值”的规律现象，投资需求和投资贡献率自然也要回归均值，与国际上一般水平趋同。最后，全球经济仍处于长期停滞状态，逆全球化还可能加速，影响我国经济增长的因素同样也会影响投资需求。未来需要从补齐制约经济社会发展短板这一方面，寻找促进投资的新增长点。

三套车的第三个因素是最终消费。和投资贡献正好相反，我国消费对经济增长的贡献长期以来显著低于其他国家。从世界银行最终消费在 GDP 中比重指标看，中国消费率长期以来偏低。从我们自己的数据看，最终消费拉动经济的贡献（百分点）近年来是降低的，这与经济增长减速相关；而对 GDP 增长的贡献份额（百分比）则稳步提高，显示了增长贡献结构的变化。在最终消费中，居民消费占 70.0%，其中城乡居民消费分别占 54.7 和 15.3 个百分点。可见，居民消费，特别是农村居民和低收入群体的消费，应该成为越来越重要的拉动经济的内需因素。

四、扩大消费定义国内循环可持续动力，也是形成新格局的关键

促进居民消费要提高居民消费能力。有三个关键抓手，分别是收入增长、收入分配和再分配。从收入增长看，GDP 增长和居民可支配收入增长的同步性，在不同的时期不尽相同，在很长时间里 GDP 比居民收入的增长更快。党的十八大以来，居民收入增长跑赢了 GDP 增长（图 2）。对于促进城乡居民收入在 2010 年基础上翻番、打赢农村脱贫攻坚战做出了贡献。未来仍然需要保持这种同步性，否则的话就难以长期可持续地支撑经济增长所必要的需求因素。

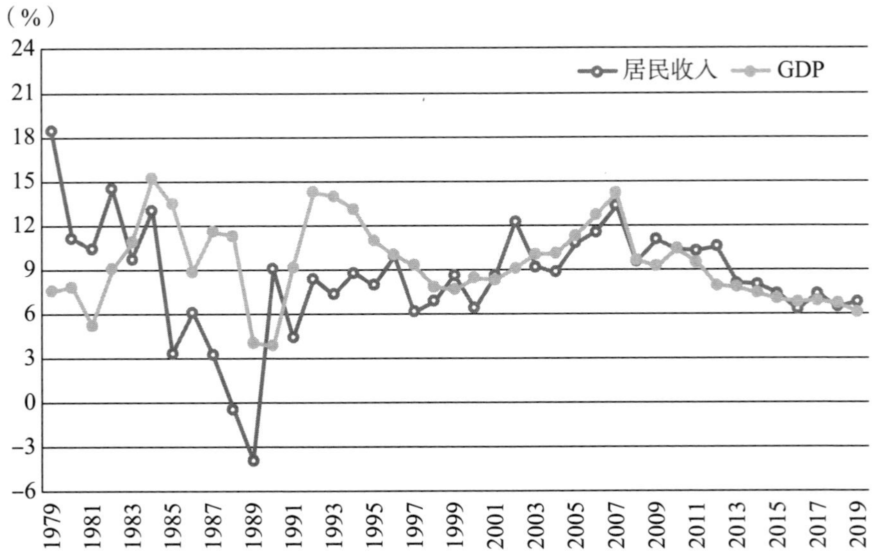

图 2　居民收入与 GDP 增长的同步性

从收入分配来看，过去十年里，收入分配状况得到明显的改善，居民收入基尼系数和城乡居民收入差距的扩大趋势都得到缓解。然而，收入分配状况的根本转变仍是艰巨的任务。国家统计局分别公布了城镇和农村人均可支配收入的五等份数据，虽然每组的平均收入都在增长，但是组别间的收入差距还是很大。从人均收入最高 20% 家庭的平均收入水平与人均收入最低的 20% 家庭的平均收入比率来看，2019 年城镇为 5.9 倍，农村为 8.5 倍，城市最高收入组比农村最低收入组则高达 21.5 倍。

收入分配改善靠的是什么？应该说，分配制度改革和政府基本公共服务均等化政策都发挥了重要的作用。然而，长期以来更主要的是靠劳动力市场的初次分配效应，也就是劳动力市场发育、劳动参与率提高和居民就业增长，提高了非熟练劳动力的工资和低收入家庭的收入，总体改善了收入分配。但是，这种初次分配机制并不能在根本上缩小差距。并且，在新的发展阶段中，劳动力市场机制改善收入分配的效应也在减弱。因此，根本改善收入分配、扩大消费内需的政策关键点是加大再分配力度。

国际经验表明，中等收入阶段中的国家一般具有较大的基尼系数，而高收入国家的基尼系数普遍较小。按照世界银行的标准，中等收入与高收入分组的人均 GDP 门槛大约是 12000 余美元。人们发现，中等收入国家基尼系数多在 0.4 以上，而高收入国家多在 0.4 以下。为什么国家一经跨过这个门槛收入，分配状况就显著得到改善，或者说基尼系数一下就降下去了？学者们曾苦心孤诣探讨其中的道理，其实没那么复杂，也没有太深刻的道理。就是高收入国家加大了再分配力度，用税收和转移支付的办法一下子把基尼系数缩小了（图 3）。

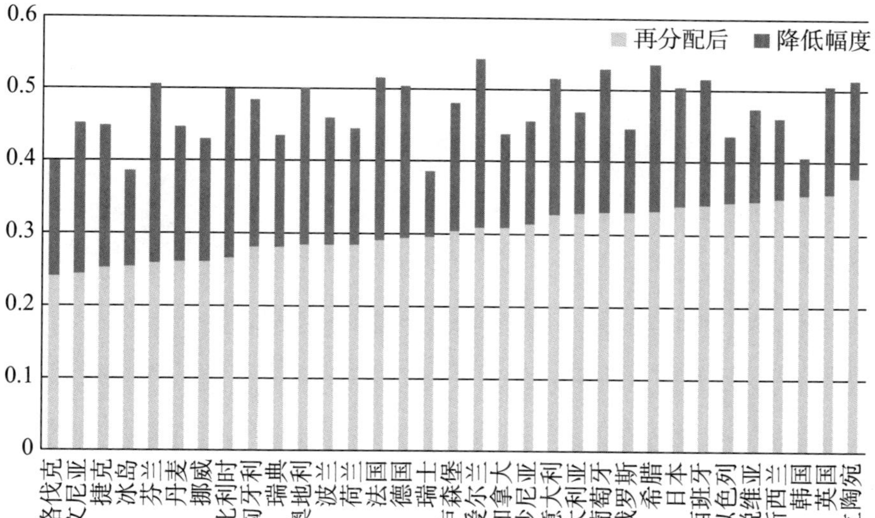

图 3　各国再分配后的基尼系数

从经济合作与发展组织国家来看，初次分配后的基尼系数其实与中等收入国家是差不多的，实施再分配之后，就有了显著低于中等收入国家的基尼系数。平均而言，再分配把这些国家的基尼系数平均缩小了 35%。由此可以获得重要的启发。我国人均 GDP 在 2019 年已超过 10000 美元，“十四五”期间预期跨过人均 12000 余美元这个高收入门槛。在这期间我们应该加大再分配力度，大幅度提高基本公共服务水平和均等化程度，同时依靠收入增长、收入分配和再分配的共同作用，提高居民消费能力，以此为主支撑我国经济增长的国内需求。

以持续的开放政策支持形成双循环格局

黄益平

与"十四五"规划和2021年经济工作相关的一个重要的政策思路，是以双循环为核心的经济发展新格局，即以国内大循环为主、内外循环相结合。实际上，自全球金融危机以来，我们的政策一直在倡导更多地依靠国内需求来支持经济增长。当然，除了需求，还有供给，两个方面结合起来才能构成现在所说的循环。

中国生产－美国消费的旧平衡不再

经济学分析经济的推动力量，常用"三驾马车"的概念，即出口、投资、消费。改革开放的前30-40年间，可以看到中国经济发展最主要的推动力量，第一是出口，第二是投资。

我国储蓄率和投资率都很高，但消费相对疲软。比如，2000-2010年，总消费在GDP当中的比重从62%下降到47%，10年下降15个百分点。投资很强劲，在短期支持经济增长之后则形成庞大的生产能力。

作者系CF40学术委员会主席，北京大学国家发展研究院副院长。

再结合消费相对不足，容易造成产能过剩问题。产能持续过剩，就会影响投资回报，经济增长很难持续。不过，中国改革开放的前30年，和世界经济的全球化进程高度重合。1971年黄金和美元脱钩，世界各国从固定汇率走向浮动汇率，事实上形成了全球化的起点，跨境资本流动和货物贸易变得越来越活跃。

在相当长的时期内，国内潜在的过剩产能压力其实是通过产品大量出口到国际市场而被缓解了。美国经济结构正好成了中国的镜像，中国是高投资、高生产、弱消费，经常项目顺差越来越大。美国则恰恰相反，低投资、低生产、高消费，经常项目逆差越来越大。中国的很多产品都出口到了美国，两者达成了一定的平衡。这样看来，中国在改革前期的经济增长确实高度依赖国外经济大循环。

为什么单靠外需会越来越难

这样一个高度依赖外部需求的增长模式已经变得越来越难持续，主要是三个方面的原因：

第一，西方发达国家特别是美国的经济增长速度不断下降，对中国及很多新兴市场国家产品的需求难以继续保持稳健增长。

第二，中国在国际市场开始遭遇一些政策挑战，尤其是过去两三年，中美贸易冲突频繁，中国出口产品所面对的关税税率不断提高。

第三，中国从小国经济变成大国经济。现在中国在世界市场买什么，什么就会变贵；卖什么，什么就会变便宜。这也是为什么在二三十年前，中国不是欧美国家贸易争端的主要对象。也就是说，不管中国做什么，都可能对国际市场造成比较大的影响。如果继续维持之前的出口增长速度，中国将面对的政策挑战会越来越大。

综合这些因素来看，要像过去那样持续地靠外部需求支持中国经济增长变得越来越困难。这也是为什么在全球危机以来，我们一直强调要更多地靠国内需求来支持经济增长。实际上是希望国内消费成为中国经济的主要推动力量。

国内消费持续增长靠什么？

在疫情暴发和经济恢复期间，国内消费复苏其实还是有难度的，一个重要原因是很多低收入人群受到疫情带来的较大冲击，使消费复苏成为一个两极分化的新故事：高收入人群的消费出现报复性反弹，包括一些奢侈品、房地产、汽车的消费，但低收入人群的消费还没有完全复苏。

从这个角度来看，中国消费要想持续增长，还有很多工作要做。

第一，社会保障体系需要进一步改善。

第二，收入分配有待进一步改善。现在消费市场的两极化表现，归根结底是有钱人消费倾向本来就高。低收入人群虽然也需要消费，但没有足够的收入，这使得收入再分配问题变得更加突出。

第三，挖掘城市化发展的潜力。过去几年，北大国家发展研究院和布鲁金斯学会一起做了一项研究，预测未来 30 年，尤其是面对人口老龄化趋势，中国的消费还能不能持续增长。我们发现城市化有着巨大的潜力。中国农民人均消费只有城市居民人均消费的一半，这意味着未来 30 年如果能进一步推动城市化、让更多农民进城，消费依然大有可为。这也是将来双循环中内循环的重要内容。当然，国内大循环不仅涉及需求问题，还关乎供给问题。

第四，经济增长模式转型。最近我们一直在讨论，要靠创新支持经济增长，中国经济增长模式要从过去的要素投入型转向创新驱动型，这就要好好挖掘创新的潜力。

保持和推进开放是双循环的关键

我认为双循环是顺应经济发展规律提出的新战略，既是大势所趋，又是必然的选择。不过在国际市场上确实存在一些疑虑，部分国际投资者担心双循环是不是意味着将来我国会走向内向型的经济，不再持续地对外开放？

在打通和做强国内大循环的同时，还是要坚持开放政策，甚至要不断地推进更高水平的开放，这其实是真正实现双循环良好运行的关键。更多靠国内经济循环，并不是说将来就完全靠国内循环支持长期增长，而是需要进一步开放，进一步融入世界经济。

金融开放可能是我国过去几年开放政策中的突出亮点。过去两年，中国面对的贸易冲突越来越突出，但政府并没有改变开放政策的大方向，尤其在金融领域的开放政策力度非常大，得到很多国际投资者的高度认同。即便在和美国贸易冲突非常尖锐的时候，我国政府也在坚定不移地推进金融服务业的开放，这是一件非常了不起的事情。

外资进入中国金融服务业的门槛在不断地降低，原来很多持股比例的要求也被取消。整个金融服务行业，包括投行、资产管理、评级等领域，都在不断地开放。这极大地增强了国际社会，特别是国际投资者对中国将持续实行开放政策的信心。

用创新和开放面向未来的不确定性

2021 年经济的不确定性非常大，甚至可以说，2021 年最大的确定因素就是不确定性。

在国内，政府在疫情期间采取了很多措施支持中小微企业，支持老百姓，但财政政策、货币政策很少能直接惠及中小微企业和个人，必须通过国内金融机构尤其是商业银行来提供融资支持。

2020 年，国家要求大型国有商业银行对中小微企业贷款的增长速度要达到 40%。我相信国内中小银行都面临同样的问题。这在疫情期间作为一项政策要求，没有问题，但需要考虑第二年的资产质量会不会发生变化。2020 年的政策是“应延尽延”，鼓励大家敞开为中小微企业提供融资服务，这对于稳定金融、经济和社会是必要的，但如果第二年银行的资产质量出现变化，该怎么应对？对银行、货币政策和金融稳定会有什么影响？这个问题非常值得我们关注。

我个人认为，政府应该出台一些预案，如果这些问题带来冲击，要快速而精准地出手。大家知道，一旦我们的银行资产质量出问题，政府肯定会出手，问题是采取什么样的应对措施？尤其是稳定市场和信心，最好有一些科学的预判和预案。

国际上，明天的经济形势也有很大的不确定性。西方不少大国的疫情仍然非常严重，而且他们会怎样进一步发展我们并不知道。也许还要维持一年、两年甚至更长时间；也许疫苗很快研制成功并能马上全面铺开，疫情很快就能彻底结束，经济就会强势反弹。具体走向哪一个可能性，目前都不好确定。

即使疫情结束，我们还要面对经济反弹之后的货币超发问题。美联储、欧洲央行将来会不会快速地退出现在的量化宽松政策？欧美央行一旦回归货币政策的正常化，往往会导致大量资本回流。这意味着我们可能会面临新的资本外流和货币贬值压力。对此情形，我们也需要有充分的思想准备。

面对种种不确定性，我们能把握的就是基本原则。

第一，在大方向上，中国的政策重点会转向国内经济大循环。依靠国内经济大循环支持国内需求，中国 14 亿人的消费需求增长，可能是下一个世界级的经济故事。2020 年中国国内的消费开支、社会零售可能已经超过美国，成为世界第一大消费品市场。即便国内经济增长速度微微下降，我们依然可能在未来很长时间保持全球最大和增长最快的市场地位，对此我有充分的信心。当然，这其中我们还需要做很多具体工作来支持消费者的信心，提高他们的收入，并通过推进城市化等举措支持国内消费更快增长。

第二，我们要坚定地支持创新，尤其是金融部门的创新变得非常重要。我国的金融体系在历史上比较擅长支持要素投入型的增长，如何支持创新驱动型的增长，一直是巨大的挑战。银行要转型、资本市场要发展，包括现在的数字金融要想更长足的发展，都对国内金融体系的转型提出新要求。

第三，我们要坚定地保持和推进开放。好消息是决策部门确实没有停下金融服务业开放的步伐，这给了世界中国继续保持开放的信心。坏消息是，金融开放也会提高经济发展的不确定性，包括金融系统本身的不稳定性，这方面需要政府做出科学的预案，包括对潜在的大进大出跨境资本采取一定的措施，借用经济政策里的术语就是宏观审慎。如果能对可能增加的风险提前做好预案，就能更好地推进金融开放和创新，以支持国内经济持续稳定的高质量增长，通过良好的双循环实现中国经济全面现代化的新目标。

地方政府信用扩张造成了双循环的最大堵点

刘元春

金融乱象的根源在于地方政府信用扩张

在构建新发展格局的过程中，金融要更好地服务实体经济，但金融加大对实体经济的服务也要按照市场原则，在根除扭曲的基础上进行。因此，我们不仅要拆除金融本身的定时炸弹，对金融风险进行一系列的攻坚战；更重要的，是要找到风险产生的根源，找到新的大循环中金融服务实体经济的真正堵点和断点。

近年来，金融整顿和金融供给侧结构性改革已经做了很多工作，在清理影子银行、调整资管业务、整顿股市债市中个案等领域，取得了一系列成就。没有 2015 年以来持续 5 年的大整顿，很难想象 2020 年我们可以度过中美冲突和疫情叠加的艰难期。

但在这一过程中，风险也在逐步暴露。从 2015 年股灾、到汇灾、再到债券市场暴雷，这些是深层次风险的逐步暴露，还是治理过程中风险

作者系 CF40 成员，中国人民大学副校长。

的自我延伸？目前我们在治标上取得了很多成绩，但在治本上还没有根本性破题，这需要我们对风险的根本性机制和体制性节点有更深的思考。

过去 20 年本质上是政府信用扩张的 20 年，其中，地方政府信用扩张是风险产生的核心焦点。而地方政府信用风险最重要的源泉，不是分权体系所导致的地方政府间竞争，而是地方政府与地方投融资平台、地方城商行、地方国企这几大主体之间的隐契约。这些隐契约在不同时期承担了地方政府财政扩张的第二只手、第三只手，按照不同的形式使地方政府的债务和信用以隐蔽的方式侵蚀金融体系，这是很重要的风险来源之一。

2014 年的“46 号文”和“51 号文”对投融资平台进行了新老划段，这对地方债务的显性化起到了很好的作用。但这一过程中，土地财政发挥了核心功能，土地成为地方政府融资、扩张的一个重要跳板。这个跳板首先是靠城投公司，然后是靠大型投融资平台，在 2014 年、2015 年整顿之后，又创新出“银信证”等新通道，这些新通道被叫停后又产生了新的方式，2020 年暴露的地方国企债券违约事件就是地方政府和国企之间通过资金等各种方式所形成的新通道的一种反映，这是对我们过去所说的地方政府与国企之间的软约束关系的一种强化。

如果想让金融行为真正按照市场化的原则进行，重新梳理银企关系和政企关系、改变软预算约束，是尤其重要的。

地方政府信用扩张造成了双循环的最大堵点

目前地方政府对金融资源的整合力度在逐步加强，金融配置日益成为地方政府竞争中财政运作的隐蔽手段，且这种手段在全世界都在使用。

现在热议的MMT理论放在地方政府层面，与地方政府无约束的隐蔽融资有异曲同工之妙，因为MMT理论的核心就是强调政府债务与自然人债务的本质性区别，地方政府并不像自然人一样，有生命周期的财务约束。所以如何约束地方政府债务，是近年来我们一直在探究的问题。虽然我国也对地方政府的行为、对债务上限做出了一些约束，但基本是上面有监管举措，下面有创新的规避方法。核心问题在于，新发展格局下地方政府的功能定位存在着严重扭曲。在新阶段，地方政府作为区域经济发展核心发动机的角色，要不要重新定位？地方政府是否要与中央政府一样，成为投资型的、经济型的政府，还是要转换成主体功能区维护型的政府？这是我们需要考虑的第一个核心问题。

第二个核心问题是，如何解决目前地方政府承担的城市和区域社会建设功能，与现行税制之间的冲突？1994年分税制改革之后，地方政府事权下沉，财权上移，导致新世纪我们普遍面临的一个问题是：地方政府财权和事权的不对称。这种不对称带来的内生压力是，地方政府为应对竞争，必须要寻找新的、非财政性的财源。而非财政性的财源必定来自金融。所以这20年间，作为一个快速发展的经济体，我们在解决了很多的风险性、扭曲性的问题的同时也在加剧扭曲。

最明显的表现是地方政府的债务率水平。如果对非金融企事业单位的债务率进行细分，可将其进一步分解为城投公司的债务、事业单位的债务和国有企业的债务。按照西方的标准，这些都属于类政府债务。这几大债务加总，再加上目前狭义的政府负债率，总负债率可能远远超过140%。也就是说，目前中国政府的实际债务率可能远高于美国。

当然，中国政府的债务率与美国的不一样，中国还有很多资产，但我们一定要重视。因为政府债务率扩张的主体部分就是这三大层级，它们虽然不归为政府债，但都在依托政府信用进行扩张。所以目前的金融供给侧结构性改革，虽然拆除了一系列风险点，但风险依然在蔓延，债务率一直在延伸。如果按照我国目前285%的总体债务率和6%-7%的融资成本计算，利息支付占GDP的比重已经达到17%-18%。这意味着风险会持续孕育和暴露，因为宏观债务率太高了。因此，仅在个案上、在金融机构本身寻找风险治理的方法，而没有在真正创造风险的扭曲的问题上做文章，金融供给侧结构性改革是很难触摸到风险根部的。

目前地方政府也在打“服务实体经济”的牌，强迫城商行、村镇银行等向中小企业进行大规模贷款，要求银行救助一些绩效较差的国有企业，还要求通过一些隐性手段为投融资平台融资。所以金融循环、资源要素循环中最大的断点，不是物流和交通，而是地方政府事权、财权的错配，所必然演化出的地方政府融资行为、信用扩张行为。这构成了资本和要素区域化流动的障碍，成为双循环格局中的最大堵点。

重构地方国企的功能和管理体系

2014年以来，中央对投融资平台进行了一系列整顿，对银信证合作等新型通道进行了全面治理，2020年还把目光转到地方国企。在过去7、8年，地方国企急剧膨胀。全国国有资产从2013年的104万亿，上升到目前的230多万亿，增长到2.24倍。其中，央企资产从48.6万亿上升到87万亿，增长到1.79倍；而地方国企从55.5万亿增长为147万亿，增长到2.7倍，比央企资产扩张速度高出一倍，而负债则扩张得更厉害。

那么是否有必要通过大幅度扩张地方国企，来发挥地方政府的经济和发展功能呢？2020年出台的关于“新时代推进国有经济布局优化和结构调整”的文件中，没涉及的一个重要问题就是央企和地方国企的结构和功能分布。

地方为什么要有这么多的国企？如果从战略实施、产业引领、国计民生、科技创新等功能来考量，或是从国有经济的“五力定位”（影响力、创新力、控制力、竞争力、抗风险能力）来讲，地方国企真正的战略性效益是什么？对此，我认为目前既要解决地方财政事权和财权不匹配的问题，对财税体系进行调整；也要解决地方政府与企业之间的天然软约束所产生的潜在的、隐形的信用扩张冲动。

对此，我们需要重构地方国企的功能和管理体系，这就要求地方国企“瘦身”，并适当地拓展央企的一些战略性功能，但只是战略性地扩张，而非全面性地，可以按照目前的新定位，比如服务于科技创新、服务于产业链的现代化和高级化，服务于国民经济的畅通运转等，进行适当地布局。

解决地方信用的扩张需要以下几方面的调整。第一，财税调整。党的十八届三中全会改革方案中也涉及中央财权、事权重构的问题。第二，重新梳理地方的区域性自然垄断行业。目前，每个城市都有自己的城投公司，都有自己基础建设的主要载体，这成为地方政府天然垄断的一种模式。但这种垄断模式实际上并不自然，我们完全可以引入一种全国体系，引导区域性竞争，而不一定天然要和地方政府产生联系。第三，要对地方国企进行全面的、功能性的调整，甚至要进行战略性的“瘦身”，这是第二轮国企改革中很重要的一个维度。这几方面的改革能够将地方政府的信用扩张约束在一定范围内，帮助我们从系统性风险的源头上做文章。

双循环、增长趋同与劳动力市场发展

都　阳

在双循环的发展格局中，内循环居于主导地位。这不仅是顺应新阶段国内外经济形势变化的战略部署，也对不同地区之间的经济发展格局提出了新的要求。无论是从消费需求的提升还是从保持产业链完整性、稳健性的角度看，实现国内经济大循环的一个重要基础就是保持区域经济的协同发展。促成区域经济协同发展的基础条件之一是充分发育和一体化的要素市场，而与新阶段特征相适应的劳动力市场又是其中的重要内容。

一、劳动力市场变化与双循环

双循环的发展格局与中国经济发展阶段相互契合，其中，劳动力市场的变化既是促成双循环格局形成的重要原因，又是未来以内循环为主的发展格局顺利实现的重要保证。改革开放之初，中国经济的总体发展水平较低，禀赋优势主要集中于劳动密集型行业。在这种发展背景下，外部经济产生的需求，尤其是对劳动密集型的制造业产品的需求是推动中国经济发展的重要力量。从某种意义上说，在改革开放之初的劳动力

作者系 CF40 特邀成员，中国社会科学院人口与劳动经济研究所副所长。

无限供给的二元经济时代，以劳动密集型产业的发展为先导，加入国际经济大循环，对于中国经济从总体上顺利地摆脱“贫困陷阱”，到全面建成小康社会都起到了决定性的作用。

劳动密集型产业的发展也有效地扩大了就业，有助于同步地实现经济增长。从需求因素看，由于农村存在大量的剩余劳动力，中低收入人口占总人口的比重大，难以形成有效的内部需求；从供给因素看，资本的高度稀缺使得经济发展只能集中于少数劳动密集型的产业部门，难以形成国内完整的产业链。解决二元经济所面临矛盾的主要手段就是不断扩大就业，通过非农部门不断创造就业机会，吸纳农村的剩余劳动力。

因此，加入国际经济循环是充分利用自身禀赋优势，抓住发展机遇的必然选择。随着对外开放的不断扩大，中国经济的外贸依存度也逐步上升，凸显了外部需求对当时中国经济发展的重要性，到 2006 年进出口总额与 GDP 的比率达到了 64.2% 的峰值。与此同时，劳动密集型产业的发展也带动了非农就业规模的不断扩大，2006 年，中国城镇就业总量已达 2.83 亿，外出农民工的总量达到了 1.32 亿。

随着中国经济的不断成长，劳动力市场格局发生了转折性变化。劳动密集型产业的持续发展，使农村剩余劳动力就业问题得到缓解，中国经济和劳动力市场也随之跨越“刘易斯转折点”（蔡昉，2010），并逐步告别了二元经济时代。后刘易斯转折点时代的一个突出特征就是劳动力的稀缺性凸显，劳动力短缺的频繁出现导致普通工人的工资水平明显上扬。以农民工工资为例，2003 年至 2018 年，农民工实际工资年均复合增长率达到了 8.8%。在农民工工资增长最快的时期，其年均增长速度明显快于同期的经济增长速度。以农民工为代表的普通劳动者的主要收入来源是工资收入，工资的快速增长意味着他们收入水平的迅速提高，同时也意味着一个巨大的群体开始有能力不断地创造内部需求，并逐渐成为推动中国经济发展的重要动力。由于内部需求在中国经济发展中的地位逐步提升，外需的相对重要性也相应地开始下降，2019 年货物贸易及服务进出口总额与 GDP 的比率已经下降至 32.6%，约为 2006 年该比率达到峰值时的一半。巨大的国内市场意味着双循环的格局逐步形成。而纵观不同阶段的发展特征，中国劳动力市场出现的转折性变化是促成双循环格局的重要因素。

二、区域协同发展是内循环的重要条件

内循环在经济发展过程中依赖经济体内部各个区域之间的协同发展以发挥更重要的作用。改革开放以来，区域经济关系不断变化，但从过去十年区域经济关系的变化轨迹看，伴随人均收入水平提高，逐步缩小的区域差距对内循环的支撑作用也逐步显现。区域协同发展之所以对于内循环发挥作用有着重要意义是由于以下几个方面的因素。

首先，区域经济增长的趋同是形成强大的国内市场必不可少的条件。以往对区域经济协同发展重要性的认识更多是从“实现共同富裕”这一社会主义市场经济的根本要求出发的。实际上，从发挥国内循环的主要作用看，区域经济的协同发展也是产生有效国内需求的重要保证。中西部地区集中了大量的人口，虽然中国劳动力市场跨越刘易斯转折点后普通劳动者的收入水平有了明显的上升，但其绝对收入水平还不高。在新的发展阶段，中低收入群体收入水平的持续增长仍然是国内需求增长的重要来源。而这些人群更多地集中于中西部地区，需要依靠这些地区更快速的发展促进他们收入水平的持续提升。

图 1 展示了近年来东部和中西部地区居民人均收入变化情况，在该图中我们还绘制了全国居民按五等分分组后，中间 20% 收入组的居民平均收入情况。我们可以清晰地看到，东部地区和中西部地区的居民人均收入的差距仍然较为显著，而中西部地区的居民人均收入与全国居民收入五等分分组时的中间 20% 组的收入非常接近。2019 年中部地区居民人均收入和全国中间 20% 组收入的比率为 1.04∶1，西部地区居民人均收入和全国中间 20% 组收入的比率为 0.96∶1。2019 年中西部地区的人口占全国人口 61.7%，可见，中西部广大地区和众多人口的持续收入增长对于未来全国的收入增长和国内大市场的持续繁荣有着举足轻重的作用。

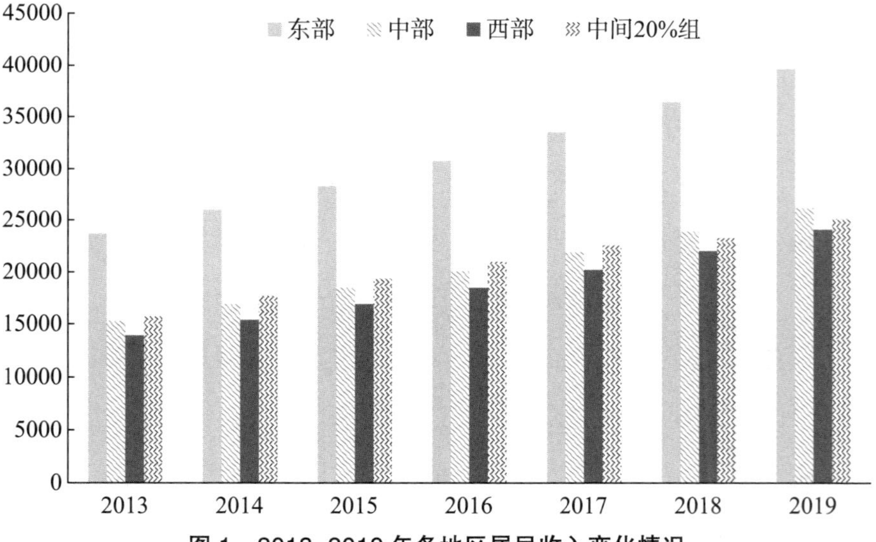

图 1　2013–2019 年各地区居民收入变化情况

资料来源：作者根据《中国统计年鉴》数据计算。

其次，从供给侧因素看，产业链的完整与升级也有赖于区域经济的协调发展。以内循环为主的发展格局既得益于中国具有完整的制造业产业链，又期望通过内循环强化产业链各个环节的衔接。与此同时，通过内循环强化国内产业链前后端企业的联系与协作，更是对国际上贸易保护主义抬头的一种预防性的举措。完整的产业链往往意味着不同地区在产业分工中承担不同的角色，需要区域经济能够实现协同发展。此外，从供应链的安全性看，保持供应链的稳健性（robustness）和弹性（resilience）都非常重要，前者是指供应链在危机发生时仍然保持运转的能力，后者则是指供应链在危机消退后恢复到正常供应水平的能力（Miroudot，2020）。以往的经验表明，供应链分布的特点使其往往缺乏稳健性，但具有较强的弹性。在经济发展面临各种不确定性冲击的时期，如何在新发展格局下保持供应链的稳健性成为一个重要的课题。对于一个超大经济体而言，保持供应链稳健性的一个可能性就是使供应链在区域分布上适度分散，从而在遭遇逆向冲击时能够通过风险分担，保持供应能力。在内循环为主的格局下，保持供应链的稳健性可能需要以各个地区协同发展为前提。

第三，区域间的“雁阵发展”模式不仅有助于形成梯度发展的格局，还是内循环的重要内容。伴随着经济发展和资源禀赋条件的变化，劳动密集型产业必然会发生转移。从以往的经验看，在缺乏庞大的国内市场的情况下，由于一个经济体的内部容量有限，产业转移多发生于不同的经济体之间，形成所谓的“雁阵模式”。改革开放以来，东部沿海地区对“亚洲四小龙”等经济体的劳动密集型产业的承接，就是这一发展模式的体现。在新的发展阶段，尤其是中国劳动力市场在总体上跨越刘易斯转折点之后，东部沿海地区的劳动密集型产业也已经步入发展优势转换的转折点。但与小规模的经济体不同，中国是否可以通过加强国内循环，使得“雁阵模式”在一个超大经济体内部完成，不仅关乎东部和中西部等不同区域未来发展模式的变化方向，还将对内循环的具体实现方式产生深远影响。

三、内循环为主的发展格局要求加速增长趋同

通过改革开放四十余年间区域经济格局变化的情况，我们可以很明显地看到，经济的快速发展不仅带来了总体收入水平的阶段性变化，还使得区域间经济关系伴随着不同的发展阶段，表现出不同的特征。改革开放之初，在长期的计划经济体制下，大部分地区的经济增长潜力都受到了压制。加之重工业优先发展战略下的城市偏向政策，使得少数地区的经济发展水平大大领先于其他省份。因此，从区域经济关系上看，反映地区差距的指标——人均 GDP 的基尼系数处于较高的水平。如图 2 所示，1978 年各省（市、自治区）的人均 GDP 的基尼系数处于高位的水平，达到了 0.35，也是改革开放以后的最高点。

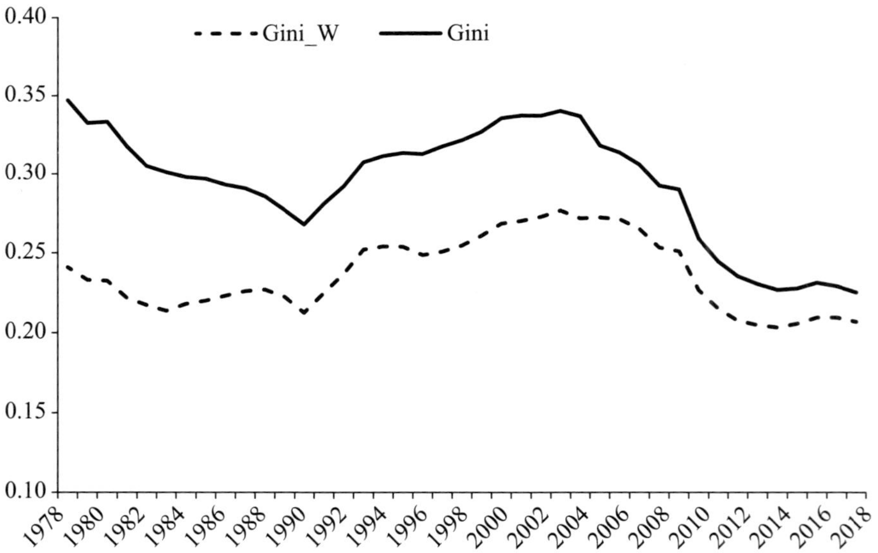

图 2　中国各省（市、自治区）的人均 GDP 的基尼系数

注：图中的实线为各省人均 GDP 的基尼系数，虚线是以各省人口为权重计算的人均 GDP 的基尼系数。

资料来源：作者根据《中国统计年鉴》（历年）数据计算。

改革开放极大地解放了生产力，推进了各个地区的经济建设水平，其中，部分位于沿海地区的省份更是迅速实现了经济上的赶超。也正是这些地区的快速增长，使得 1978 年至 1990 年的区域差距迅速缩小，如图 2 所示。而中西部地区在改革开放以后虽然也出现较之改革前更有力的经济增长绩效，但其增长的速度相比东部沿海地区而言稍显落后，并导致了 1990 年以后区域经济增长差距的重新扩大。2003 年以后中国各省份的人均 GDP 的基尼系数总体上处于下降的趋势，由 2003 年的 0.34 下降至 2018 年的 0.23，尤以最近十年下降的幅度最大。这主要得益于市场化改革的不断深化，改善了各个地区要素配置效率，为中西部地区的经济增长创造了更为坚实的制度基础。此外，伴随着经济发展和人口转变，中国劳动力市场开始跨越“刘易斯转折点”，劳动力的稀缺性凸显，对于劳动力资源丰富的中西部地区发展产生了积极的影响。

我们将 1978 至 2018 分成两个阶段观察，可以发现在改革开放以来的第二个二十年区域经济收敛的速度加快。图 3 显示了各个地区的人均 GDP 收敛的情况，上图的横轴为改革开放初期的 1978 年各省的人均 GDP 水平，纵轴为 1978 年至 1998 年的 20 年间人均 GDP 的年均复合增长率；下图的横轴为 1998 年时各省的人均 GDP 水平，纵轴为 1998 年至 2018 年的 20 年间人均 GDP 的年均复合增长率。对比图 3 中的上图和下图可以发现，下图的预测线向右下方倾斜的幅度更大，显示出改革开放后第二个二十年里地区经济增长收敛的加速。同时，我们也看到，下图中各个点更均匀地分布在拟合线的周围，意味着各个地区的增长收敛在这一时期较之前一阶段更为明显。这种情况说明，通过创造适宜的发展条件，可以在今后促成中西部地区实现更快速的经济增长，并使这些地区在内循环中发挥更加重要的作用。

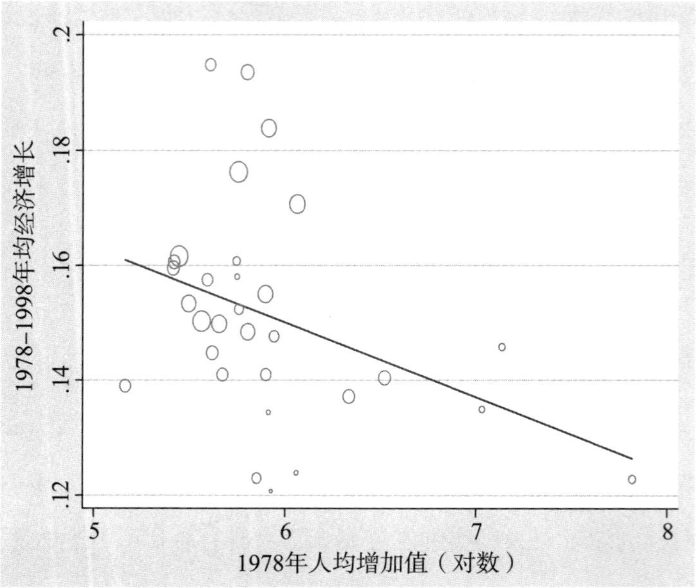

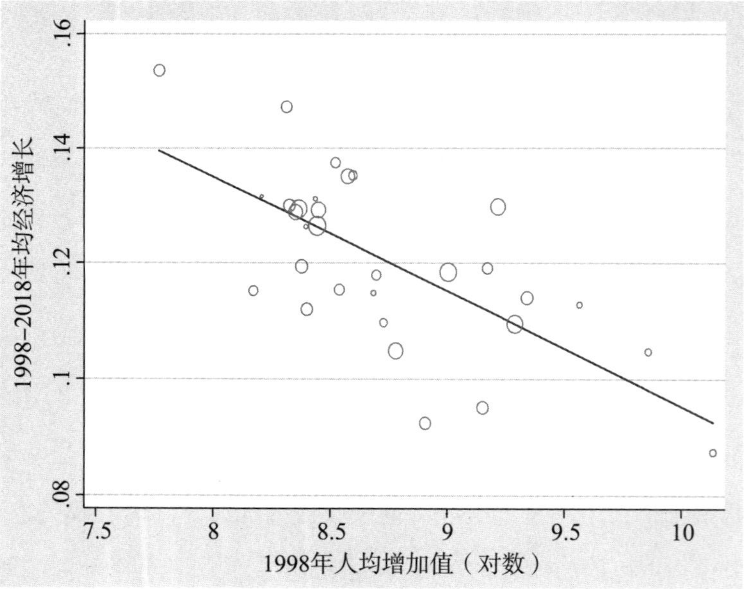

图 3　中国各个省（市、自治区）的增长收敛

注：图中的每一个点代表一个省份，点的大小表示各省期初的人口规模，越大的点表示人口规模越大。

资料来源：《中国统计年鉴》（历年）

虽然区域经济收敛呈加速的态势，但是仅仅依靠经济增长的自发机制实现区域经济的协同增长将是一个漫长的过程。根据对中国各个省份绝对收敛速度的计算，目前的绝对收敛速度约为每年 2 个百分点（都阳，2020），这一速度也与以跨国研究计算出的绝对趋同速度相当。然而，这样的趋同速度尚不足以满足内循环发展的需要。例如，1998 年时，经济发展水平最低的贵州省人均 GDP 为 2364 元，经济发展水平最高的上海市人均 GDP 为 25206 元，是前者的 10.7 倍；到了 2018 年，贵州省的人均 GDP 上升至 41244 元，上海为 134982 元，后者是前者的 3.27 倍。我们可以做一个反事实的假想：仅仅依靠经济增长的绝对收敛机制，1998 年至 2018 年间，贵州将比上海平均每年高出 2 个百分点的经济增长，在这种情况下贵州的人均 GDP 水平为 18227 元，上海是贵州的 7.4 倍。两者之间的发展差距较之实际的情形更大。同样，在未来要促成内循环更好地发挥作用，也需要加快中西部地区经济增长收敛速度。

四、通过完善劳动力市场制度促成内循环

促进区域经济加速收敛的因素有很多。基于大量的实证研究结果，在以往的研究中，经济学家们已经就哪些因素可以促成经济发展的趋同给予了充分的讨论（Barro，Robert J. and Xavier Sala-i-Martin，1992；2004）。结合中国新发展阶段的特点，我们认为进一步深化劳动力市场改革、完善劳动力市场制度，对于促进区域经济协同发展，并为形成内循环为主的经济发展格局创造条件具有重要意义。

首先，要进一步深化劳动力市场的基础性制度改革，为劳动力充分自由的流动创造条件。近年来，户籍制度改革虽然已经取得了重要进展，

但距离户籍制度改革的终极目标尚有距离。以户籍制度为基础的一些制度障碍，仍然是阻碍劳动力在不同地区之间、城乡之间、部门之间自由流动的原因。而包括劳动力要素在内的生产要素自由配置，是实现区域经济协同发展的重要基础。从户籍制度改革的进程看，仍然需要进一步强化顶层设计、全国整体推进，彻底解决中央和地方“激励不相容”问题，切实消除常住人口与户籍人口城镇化率的差距。在已有的改革基础上，除了极个别超大中心城市外，我国应力争尽快全面放开落户限制。

完善农业转移人口市民化的成本分摊机制。基础性公共服务如义务教育等经费由中央财政负担，就业服务、医疗卫生、养老保障、住房保障等统筹层次逐步提高。加强户籍制度与土地流转制度等其他相关制度之间的协调推进。力争在制度上实现区域之间城乡之间一体化的劳动力市场体系和社会保障制度，加强相关机构配合联动，建立全国联网的居住证制度，实现人口与户籍、保险账户可同步自由转移。

其次，要加大对中西部地区的人力资本投资，促成欠发达地区加速增长的条件。经济增长理论和大量的实证研究结果都已经说明，在劳动力市场供给的诸多因素中，人力资本水平是促成经济增长的最重要的基础条件之一。因此，教育水平的趋同对于促成各个地区经济增长加速收敛尤其关键。根据 1990 年第四次人口普查资料，计算各省的平均受教育年限，并以此反映各地区初始的人力资本水平，再根据 2015 年 1% 人口抽样调查资料，计算相应省份 1990 年至 2015 年平均受教育年限的增长率，可以发现各个地区的人力资本积累也存在趋同：即期初人力资本水平较低的地区，在随后的 25 年里有更快速的人力资本提升。各个地区的人力资本水平的趋同，既有经济发展的原因，也是政策干预的结果，并与经济增长的趋同互为因果。随之经济发展进入新阶段，经济结构调整将更加频繁，经济的转型和升级也将加速，对于中西部地区而言，将可能面临越来越严峻的人力资源和技能短缺的挑战，加大这些地区的人力资本投资，可以在促进区域经济协同增长的同时，提升其参与内循环的质量。

第三，在新的发展格局下，促进内循环，实现区域协同发展也要更加关注传统经济增长模式与新经济时代的增长方式对区域经济关系的不同影响。以信息化、数字化、自动化为特点，新经济载体更多地依赖如互联网技术、人工智能技术等，并形成新的经济增长模式。新经济形态与传统的工业化时代的增长特点有显著的差异，其突出的特征就是知识与技术的高度密集以及达到一定规模和市场范围后，边际成本急剧下降（甚至为零）。在这种经济增长模式下，先发优势显得尤其重要，同时也给后来者的追赶增加了困难。因此，中西部地区在参与内循环的进程中，一定要结合新经济的发展特点，准确定位区域间经济关系的竞争性与互补性，制定相应的发展策略。同时，与传统经济模式对人力资本要求程度相对较低不同，在新经济形态下，要更加充分地发挥人力资源富集地区的区域增长极的作用。例如，通过改革开放以来多年的发展，尤其是人力资本投资的不断增加，一些中西部地区的中心城市完全有条件成长为区域增长的创新中心，并发挥其对区域经济的辐射作用。中西部地区一些高等学校集中的区域中心城市，在新经济时代将更具发展优势，较高的高技能人才密度，使它们在参与经济内循环中发挥更积极的作用，并成为推动区域持续发展的引擎。

科技服务双循环建设

田 轩

“十四五”时期是我国全面建成小康社会之后乘势而上、实现中华民族伟大复兴的关键时期，如何实现创新引领、创新为本，使创新能力适应经济的高质量发展，以科技创新服务双循环的建设，使我国抓住发展机遇、顶住各项挑战、拓展新空间、踏上新征程，是需要我们深入研究的重要课题。

一、形势复杂，创新打破双循环堵点

（一）外部形势严峻，中美竞争深入到科技领域

当前，站在“两个一百年”的历史交汇点上，我国面临的外部形势日趋复杂严峻。全球产业链面临重构、地缘政治摩擦频出、逆全球化趋势重现、贸易保护主义抬头，再加上 2020 年新冠肺炎疫情流行对全球经济的猛烈冲击，世界各国经济都出现了不同程度的萎缩。此外，近几年来中美关系不断恶化，贸易争端影响范围甚广。尤其是 2020 年以来，

作者系 CF40 特邀成员，清华大学五道口金融学院副院长、教授。

美国政府大肆鼓吹“去中国化”“中美脱钩”，实行单边主义、霸权主义，在技术领域不断对中国施加限制，禁止向中兴、华为等公司出口部分零部件、芯片等，对字节跳动、腾讯等中国高科技公司出台限制使用的禁令等。由此可见，中美之间的大国博弈已经由贸易、金融、人才、外交之争逐步深入科技之争。这一方面反映了美国对我国高科技公司近年来在部分技术领域快速发展的忌惮，另一方面也侧面反映出我国目前在一些核心技术零部件上仍然受制于人的困境。

（二）内部面临转型，创新引领经济增长新模式

除了外部形势的变化，我国内生经济增长动力也面临转型。过去我国主要是依靠庞大的人口基数与低廉的劳动力价格在国际分工中获得竞争优势，然而近些年来我国劳动力人口出现逐年下滑的趋势。根据国家统计局数据，16 至 59 岁的劳动年龄人口从 2011 年的高点 9.24 亿到 2019 年已经下降到 8.96 亿，劳动年龄人口占总人口的比重由 2010 年的高点 68.8% 到 2019 年已经下降到 64%。伴随着人口红利逐渐消退，劳动力成本逐渐上升，当前我国人口、资本要素已经积累到一定程度，依靠资源等传统生产要素已不能满足我国的发展速度。而技术创新可以促进产业升级，提高产业技术附加值，使我国占据产业链上游位置。因此，我国工业企业正逐渐由劳动密集型、资本密集型向技术密集型转变，各地也在加快产业结构调整，优化产业布局。由此可见，我国经济发展模式正逐渐由投资拉动转向创新引领，技术进步将成为未来经济增长的主要动能。

（三）遵循双循环发展思路，创新打通关键环节

在内外部形势充满复杂变化的大背景下，我国政府适时提出了构建“以国内大循环为主体、国内国际双循环相互促进”的新发展格局。内部立足于国内市场，以扩大内需为基点，完善国内产业链、供应链，打通生产、分配、流通、消费的各个环节，在国内形成顺畅的良性循环。外部继续推进高水平的对外开放，积极参与国际合作与竞争，不搞封闭，通过“一带一路”建设和构建人类命运共同体来促进全球大循环，吸引全球优质的资源。内部外部双循环互相促进、相辅相成，形成动态平衡，以内部战略定力应对外部政治经济环境变化带来的冲击挑战。

习近平总书记在2020年的经济社会领域专家座谈会上强调“要大力提升自主创新能力、尽快突破关键核心技术，这是形成以国内大循环为主体的关键”。这表明了自主创新是使得整个双循环体系顺利畅通起来的核心。只有真正补齐我国在科技领域的短板，做到关键领域自主可控，实现核心技术的本土化，不再在关键技术环节、核心零部件等方面受人制约，才能打破双循环面临的堵点，真正畅通国内大循环，进而推动双循环发展，形成经济持续增长的内生动力。因此，在“十四五”的重要战略机遇期，我国需要充分发挥创新的驱动引领作用，提升科技产业关键要件的自主化水平，着力解决核心技术被“卡脖子”的问题，在各个环节做到自力更生，使创新能力适应经济的高质量发展，以科技创新服务双循环格局的建设。

二、创新为本，技术进步引领经济发展

从理论层面，技术进步对于经济增长的贡献已经被无数经济学家证实，提高技术创新能力可以提升一国的经济产出水平已经成为国内外学者的共识。技术创新的相关研究最早可追溯到“创新之父”熊彼特发表的《经济发展理论》，他在著作中首次提出创新的概念，他认为创新的过程会极大促进经济社会的发展（Schumpeter，1912）。随着 20 世纪 50 年代以微电子技术为代表的新兴技术的崛起，技术创新理论得到了系统的完善与发展。关于技术创新的理论发展至今，已经逐渐形成了不同的分支学派。新古典学派的代表人物索洛用包含技术进步在内的全要素生产率代表资本与劳动之外促进经济增长的要素，建立了新古典经济增长模型（Solow，1957）。而另一分支罗默的内生增长理论则认为技术进步是经济增长的内生变量，提出知识积累是经济增长的动力（Romer，1986）。新熊彼特学派的代表人物包括曼斯菲尔德、阿罗、卡曼、施瓦茨等人，这一学派继续强调技术进步在经济增长中的作用。曼斯菲尔德建立了新技术推广模式，在完全竞争市场条件下分析了技术创新与模仿之间的关系（Mansfield，1963）。后续学者试图通过垄断与竞争的市场结构来解释创新活动的不同，进而提出什么类型的市场结构适合技术创新。阿罗提出完全竞争市场更有利于技术的创新（Arrow，1962），卡曼、施瓦茨则认为垄断竞争的市场结构最适合技术创新（Kamien 和 Schwartz，1972）。制度创新学派的代表人物戴维斯和诺思曾在著作中提出制度创新理论，认为制度创新有助于增加创新者能够获得的利润，从而提高社会的技术创新水平（Davis 和 North，1971）。而国家创新系

统学派的代表人物弗里曼则认为，国家创新系统是推动社会创新的核心要素，国家创新系统通过国家制度及部门间的相互作用对知识的学习和传播进行资源配置，从而影响社会的创新水平（Freeman，1987）。

三、政策为先，科技发展决定国际竞争

从实践层面，自第三次工业革命以来，各国在科技领域的竞争已经进入白热化，而技术创新恰恰决定着各国能否在新一轮科技革命中占据先机。为推动创新以促进经济社会发展，欧盟、美国等都推出了一系列支持创新的计划。

（一）欧盟：出台战略追求研发投入目标

欧盟在 2000 年提出了“里斯本战略规划”（The Lisbon Strategy），该战略通过鼓励创新、推动通信等技术的发展，旨在提高欧盟地区的就业率，并通过增加科研投入以提高创新水平，以科研投入占 GDP 比例达到 3% 作为目标。然而“里斯本战略规划”实施的结果并未达到预期，于是欧盟在 2010 年又推出了“欧盟 2020 战略”（Europe 2020 Strategy），提出通过支持创新、研发，鼓励更多的人学习新知识、新技能，提高社会的数字化程度等，最终提高就业率，并再次将科研投入占 GDP 比例达到 3% 作为目标，提出通过增加研发投入，力争将就业率提升至 75%。

（二）美国：将科技发展作为无止境的前沿

美国对于创新的重视也十分值得借鉴，各项政策为美国带来了近几

十年来科技行业的飞速发展，奠定了美国在创新领域的领先地位。二战结束后，美国开始重视国家科研，时任美国战时研究与发展局局长的万尼瓦尔·布什发布了《科学：无止境的前沿》(Science: The Endless Frontier)，也被称为“布什报告”，把发展科技作为战后建设的核心任务，奠定了美国科技政策的基础。进入到冷战时期后，由于与苏联的竞争，美国科研经费增长幅度较大，出于国家安全战略考虑，大部分经费都用于进行军事技术相关的研究，在举国力量的支持下，美国科技成果不断涌现，计算机、半导体、微电子、航空航天等领域的技术发展迅速。20 世纪 80 年代，受日本、德国的竞争促使，美国开始重视技术转移，先后通过了《拜杜法案》(The Bayh-Dole Act/Patent and Trademark Law Amendments Act)、《史蒂文森 - 怀德勒技术创新法》(The Stevenson-Wydler Technology Innovation Act of 1980)、《小企业创新发展法案》(Small Business Innovation Research and Development Program, SBIR)，以支持科研机构、企业的合作，促进技术成果的商业化。1988 年，美国两党一致通过《综合贸易与竞争法案》(The Omnibus Trade and Competitiveness Act of 1988)，其中设立了“先进技术计划”(Advanced Technology Program, ATP)，由政府资助企业推进科研成果商业化。进入 20 世纪 90 年代，克林顿政府发表了关于技术政策的报告，并大幅提高了 ATP 计划的经费拨款，为科技创新创造了有益的环境。2007 年，美国国会通过《为有意义地促进一流的技术、教育与科学创造机会法》(America Creating Opportunities to Meaningfully Promote Excellence in Technology, Education, and Science Act)，简称《美国竞争力法案》(America COMPETES Act)，其中又提出了“技术创新计划”(Technology Innovation Program, TIP)，以替代此前的 ATP 计划，支持重点领域高风险、高收益的变革型创新，该计划直到 2012 年终结。近十年来，随着中国等其他国家对于研发投入越来越重视，美国在科技领域的领导地位在全球竞争中面临愈发严峻的挑战。2020 年，美国提出《无尽前沿法案》(Endless Frontier Act)，以法案的名字呼应当年的“布什报告”，计划提供 1000 亿美元用于支持十大领域的技术发展，试图重振美国的科技领先地位。

四、政策重视，加大投入支持创新发展

一直以来，我国政府在战略层面都对于创新保持着高度重视。在党的十九届五中全会的会议公报中，“创新”一词被提及了十五次；在“十四五”规划中，“创新驱动发展”被着重强调；在我国“十四五”规划时期经济社会发展目标中，“创新能力显著提升”是其中一项重要标准；在我国到 2035 年要实现的社会主义现代化远景目标中，也提到了“关键核心技术实现重大突破，进入创新型国家前列”。这些规划目标为全面建设社会主义现代化国家提供了根本指引，是新时代、新征程的领航图。

（一）政策环境保障日趋完善

近年来，我国在鼓励科技创新方面已经有了很大的进步，政策环境对创新越来越支持，各项政策为科技创新的发展创造了良好的氛围。顶层设计方面，党的十九届五中全会明确指出：“坚持创新在我国现代化建设全局中的核心地位，把科技自立自强作为国家发展的战略支撑。”产业政策方面，2020 年我国出台了《加强“从 0 到 1”基础研究工作方案》，大力支持人工智能、重点基础材料、高端医疗器械等重点领域的核心技

术突破。财税政策方面，2017 年我国提升了研发费用税前加计扣除比例，进一步加大对研发创新的税收优惠程度。金融政策方面，我国针对科技创新型企业融资难、融资贵的问题采取包括降低银行贷款要求、采取应收账款融资、放松企业直接融资条件等措施。统计政策方面，2016 年为顺应研发支出资本化的国际标准，我国实施了研发支出核算方法的改革，不再将研发支出算作中间消耗，而是算作固定资本形成纳入 GDP，体现了研发支出可以带来经济利益的属性，可以更好地反映出创新对于经济增长的贡献。

（二）科技领域投入持续增加

我国在科研方面的资本投入逐年稳步增加，从总量数据来看已经位于世界前列。研发经费投入强度是衡量创新投入的重要指标，根据国家统计局数据，我国研究与试验发展（R&D）经费占 GDP 的比重从 1995 年的 0.57%，到 2019 年增加到了 2.23%，提高了 1.66 个百分点，超过 2018 年欧盟十五国平均水平。根据经济合作与发展组织（OECD）发布的《主要科学技术指标》(Main Science and Technology Indicators，MSTI)，2018 年中国作为世界第二大研发大国，以购买力平价（PPP）计算的研发支出已经是美国的 80%，而在 2005 年中国的研发支出仅为美国的 26%。企业研发投入方面，根据国家统计局数据，2019 年我国企业研发经费达到 1.69 万亿元，其中规模以上工业企业研发经费接近 1.4 万亿元，企业研发经费对全社会研发经费增长的贡献达到 68.5%，此外，2019 年有接近半数的规模以上工业企业开展了技术创新活动。研发人员规模方面，根据国家统计局数据，2010 年我国 R&D 人员全时当量为 255.38 万人 / 年，到 2019 年这一数字增长至 480.1 万人 / 年，年均复合增长率为 7.27%，而这一时间我国的人口年均复合增长率仅为 0.48%，研发人员规模保持了较快的增长速度。

五、成绩显著，综合科技创新实力大幅提升

新中国成立 70 多年来，我国从最开始科技发展落后，各方面配套设施短缺，到自力更生发展创新，建立国防科技体系，逐步追赶发达国家，再到改革开放后，实施科教兴国战略，推进科技体制改革，增加科技领域投入，出台重大科技计划，目前我国的综合科技实力、核心科技水平逐步增强，重大成果不断涌现。通过以下经济数据体现的成绩，我们可以看到我国科技创新领域的历史跨越性发展，充分体现了我国创新发展战略的成效以及对知识产权保护的日益重视。

（一）创新驱动引领作用增强

我国目前的综合科技实力、核心科技水平在逐步增强。根据国家统计局社会科技和文化产业统计司《中国创新指数研究》课题组的测算，以 2005 年为基准数据 100，2019 年中国创新指数达到 228.3，比 2005 年增长了 128%。具体来看，在创新环境、创新投入、创新产出和创新成效四个指数方面分别达到 249.9、199.1、295.3 和 168.8，分别比上年增长 10.5%、3.0%、11.8% 和 3.1%。从国际排名来看，根据世界知识产权组织（WIPO）公布的《2020 年全球创新指数》，我国已经名列 14 位，而在 2009 年我国这一排名仅为第 43 位，创新指数排名大幅提高。培育壮大创新发展新动能是促进经济高质量增长的重要支撑。根据国家统计局数据显示，以 2014 年为基准数据 100，2015-2019 年我国经济发展

新动能指数分别为 124.8、159.1、204.1、269.0 和 332.0，分别比上年增长 24.8%、27.5%、28.3%、31.8% 和 23.4%，可以看出我国经济发展新动能指数保持持续上升的趋势。其中，在经济发展新动能指数的四项指标中，2019 年创新驱动指数为 201.4，比上年增长 15.6%，表明我国创新驱动引领作用增强。

（二）专利产出健康发展

从专利数量来看，根据《中国科技统计年鉴 2019》数据，2010 年我国专利申请量为 122 万件，到 2018 年申请总量已上升至 432 万件，年均复合增长率为 19.78%。从专利结构来看，在 2010 年发明专利、实用新型和外观设计专利分别占比 32%、34%、34%，到 2018 年三种专利占比变为 36%、48%、16%，发明专利和实用新型专利的相对占比都有所增加。从国际专利来看，我国于 1994 年正式成为《专利合作条约》（Patent Cooperation Treaty，PCT）的成员国，根据 WIPO 发布的《2020 年专利合作条约年鉴》，中国居民 PCT 专利申请达到 5.899 万件，同比增长 10.6%，超越美国的 5.784 万件成为第一位。企业方面，华为技术有限公司以 4411 件申请位列企业申请人第一名，超过了第二名日本三菱电机株式会社。科研机构方面，清华大学以 265 件申请位列高校申请人第二名，仅次于加利福尼亚大学。相比于 1994 年的 98 件申请，我国 PCT 专利申请在 25 年间实现了 600 倍的增长。

（三）重点领域成果丰硕

在部分重点科技领域，如 5G 通信、人工智能等领域，我国已经逐渐成为引领者，与美国、韩国等科技强国的差距逐渐缩小。根据 IPlytics

公司发布的一份5G行业专利报告，截至2019年4月，中国企业申请的5G标准必要专利（SEP）占全球34%，位列全球第一，超越了韩国的25%，其中华为和中兴公司拥有的SEP专利数量分别排名第一和第五。根据WIPO发布的《2019年科技趋势之人工智能报告》，人工智能专利申请主要由来自日本、美国和中国的公司主导。企业方面，中国国家电网公司排名进入前20名，百度公司在深度学习方面排名最高。科研机构方面，中国高校对特定领域的人工智能研究作出了显著贡献，在人工智能专利申请排名前20的学术机构中中国占据17席，中国科学院在公共研究机构申请人中位列第一名，拥有最大规模的深度学习组合。

六、正视不足，直面关键科技领域差距

同时，我们必须清醒地认识到，当前我国整体科技水平与美国等国际科技强国仍有一定的差距，还有进一步的提升空间，创新能力还不适应高质量发展要求。因此我们应勇于正视不足、直面差距、取长补短。只有真正补齐我国在科技领域的短板，做到关键领域自主可控，实现核心技术的本土化，不再在关键技术环节、核心零部件等方面受人制约，才能打破双循环面临的堵点，真正畅通国内大循环，进而推动双循环发展，形成经济持续增长的内生动力。

（一）研发经费投入强度仍有进一步提升空间，尤其是基础研究投入不足

根据国务院发布的《“十三五”国家科技创新规划》，“十三五”期间研发经费投入强度要达到2.5%，目前离这一目标还有一定的距离。从国

际比较来看，仍然要看到差距的存在。根据OECD主要科技指标（MSTI）2018年数据，关于研发支出占GDP比例这一项指标，OECD国家平均水平为2.38%，我国已经基本接近，但相比于国际科技强国来看仍显不足，如以色列为4.94%、韩国为4.53%、日本为3.28%、德国为3.13%、美国为2.83%，我国仍然有继续进步的空间。从结构来看，基础研究投入仍显薄弱，我国2019年R&D经费支出21737亿元，其中基础研究经费1209亿元，基础研究经费占比仅为5.6%。而从国际比较来看，该项指标发达国家普遍在10%以上，根据2017年的数据，日本为13.7%、韩国为14.5%、美国为17%，而瑞士高达41.7%。

（二）企业对创新活动重视不足，企业研发投入偏低

根据《中国科技统计年鉴2019》，关于2018年规模以上企业创新活动的统计，开展创新活动的企业占所有企业的比例为40.8%，实现创新的企业占所有企业的比例为38.2%，同时实现四种创新的企业所占比例仅为8.1%。根据《2018年欧盟工业研发投资排名》数据，在2018年全球前100名研发投入排名企业中，我国仅有11家，而该统计数据列举的前2500家企业中，我国企业的研发投资规模占总投资的比例不足10%，而美国和欧盟的投资比例分别在35%和25%以上。相较于国外的研发投入情况，我国企业研发的投入需要进一步提升。

（三）我国目前在部分关键领域对外依存度过高，存在“卡脖子”问题

目前我国的工业正处于升级阶段，工业企业虽然总体规模庞大，但存在核心技术水平低、关键生产设备依赖进口等问题。在当前复杂的国

际形势下，一旦国外对我国进行技术出口限制、关键零部件断供，我国的部分工业企业很可能面临停工停产的风险，将会威胁到我国的科技安全。根据我国海关数据，2019 年我国芯片进口额超过 3000 亿美元，位列进口规模第一位，目前我国芯片自给率仅为 30% 左右。而根据 2020 年 8 月国务院印发的《新时期促进集成电路产业和软件产业高质量发展的若干政策》，我国要在 2025 年实现 70% 的芯片自给率，目前来看距离这一水平还有很大差距。打破国外技术和设备垄断问题，降低核心基础零部件进口依赖程度，实现关键技术领域的国产替代，维护我国的科技安全，是“十四五”期间亟待解决的问题。

（四）我国科研人才培养、科研配套基础设施仍需要进一步提高

我国科技创新人才数量有待进一步增加，根据《中国科技统计年鉴 2019》，2018 年我国 R&D 人员全时当量为 438 万人年，但是相比于我国庞大的人口基数来说，研发人员比率仍显不足，其中致力于基础研究的 R&D 人员全时当量只有 30 万人年，基础研究人员比例仅占 7%，体现了我国在人才培养中对短期回报低的基础研究重视不足。此外，我国目前“产学研”结合程度较低，创新的成果转化及产业化应用不足，高新技术产业园区在营商环境、配套体系等方面均落后于国外优秀的创新集群，行政负担重，市场化程度低，对全球创新人才的吸引力不足，无法整合最优质的资源进行突破性创新。

七、迎头赶上，“十四五”期间科技创新再发力

党的十九届五中全会提出：“完善国家创新体系，加快建设科技强国，

要强化国家战略科技力量、提升企业技术创新能力、激发人才创新活力、完善科技创新体制机制。”深入学习贯彻五中全会精神是今后一个时期的重要任务，对标“十四五”规划和2035年远景目标，我们应认真开展当前我国创新发展中重大战略问题的专题研究，坚持问题导向、需求导向，提出坚持创新引领“十四五”经济发展、科技服务双循环格局建设的具体思路。下一步，应建立鼓励创新的制度政策体系，加大研发投入，加强核心技术攻关，继续推进创新发展战略，进一步提升我国科技创新水平。

（一）进一步扩大对科技创新的资金支持，重点加大基础研究领域研发投入

财政对科技创新投入的支持只能起到引导性作用，未来除了落地实施鼓励和落实相关支持研发投入的财政政策，还应进一步积极引导社会资金对研发的投入，拓宽研发资金多样化的来源，将庞大的社会资金诸如居民闲散资金、企业资金、金融机构资金等运用起来，扩充科技创新的资金来源渠道。此外，还应重点加大对于基础研究的资金投入，逐步提高我国基础研究经费的投入占比，追赶国际水平。加强产业政策方向的引导，针对我国目前相对薄弱的研发领域重点进行科研攻关，增加对重点领域的研发投入，打破国外垄断地位，获得自主话语权。

（二）完善国内多层次资本市场，进一步推进金融市场对外开放

Hsu、Tian等（2014）的研究利用32个国家的跨国数据，发现一个国家的资本市场越发达，企业创新能力越强，反之一国的信贷市场越发达，越抑制其企业创新的产出。我国过去主要以银行类间接融资为主

体，未来有必要推进银行的改革转型，发展“投贷联动”模式、与创投公司合作等新业务模式，改变传统风险控制模式，支持创新企业发展。此外，还应充分发挥科创板、创业板的功能，深入推进注册制改革，解决创新创业企业融资难问题，鼓励保险资金、养老基金等长期机构投资者入市，匹配企业创新所需要的长期性。

Moshirian、Tian 等（2020）的研究利用全球 20 个经济体的数据，发现了资本市场自由化可以推动技术创新进而促进经济增长。Luong、Moshirian、Tian 等（2017）通过对 26 个经济体创新活动的研究，发现了国外机构投资者对促进企业创新方面具有积极作用。因此，应建立更加开放的金融市场，推进资本市场自由化，为企业提供更加充足的资本支持，进一步提高外国投资者占比，鼓励境外机构投资者持股，通过专业的机构投资者持股完善上市公司治理，释放企业创新活力。

（三）有效引导产学研深度融合，加大对于技术成果转化的支持

Tian 和 Xu（2020）的研究利用中国设立高新技术产业开发区的背景，发现高新技术产业开发区的设立可以显著提升该地企业的创新数量和创新质量。应引导高新技术开发区进一步推进“产学研”一体化，鼓励科创企业与高校进行人才交流、举办技术成果交易会等，进一步帮助科技创新成果的转化和落地，加大对于技术成果转化的支持。整合开发区的区域资源，培育良好创新生态，形成优质创新集群。对于研发成果，还应进一步完善法律法规对科技创新成果的保护程度，加强研发企业和人员对于研发成果主动申请专利保护的意识。相关部门也应进一步简化审批流程，保护研发者的劳动成果。扩大优惠政策的适用范围，降低政策门槛，加大对创新政策落实的监督。营造有利创新的外部环境，促进

形成公平竞争的市场秩序。

（四）大力推进创新型人才建设，积极培养和吸引科技创新人才

Liu、Mao 和 Tian（2019）的研究通过对比组织资本和人力资本对创新的影响，发现人力资本对公司创新的解释力度是组织资本的 6 倍。因此，要大力营造浓厚的吸引人才、重视人才、培养人才、留住人才的良好创新环境。对高校及研究院来说，应进一步提高创新能力，完善科研管理和考核机制，提高科研人员的创新积极性，建设适合创新的学术生态环境，扩展科研机构对研究领域的自主权。还应加强对基础学科的人才培养，为科研人员提供良好的创新氛围，鼓励科研人员在掌握基础知识的前提下进行多角度思考、积极探索创新的方法。对企业来说，应制定恰当的制度为员工创造适合创新的环境，并以工资奖金、职级晋升、生活保障等多种方式激励员工进行创新，以市场化的方式给科技创新从业人员合适的待遇，避免薪资水平过低导致科技创新人才的流失及断层。在当前美国不断限制科技人才的情形下，我国还应大力吸引高水平人才回流，用良好的待遇和营商环境吸引海外科研人才来到我国，在全球范围内开展人才竞争。

下一步，我们要按照推动经济高质量发展和构建新发展格局的要求，进一步增强创新发展，加快聚集创新动能，为实现第二个百年目标而奋斗。

（国家统计局的张溪婷对本文亦有贡献。）

从“被地球转动”到“转动地球”

鲁政委

一、从“被地球转动”到“转动地球”

2020年，我国提出以国内大循环为主体、国内国际双循环相互促进的新发展格局。我国提出这一发展模式，既有为了应对国际形势变化而主动调整发展战略的考量，同时又是我国基于自身的经济发展阶段以及在世界经济格局中地位的变化而做出的适时调整。

（一）“转动地球”的能力

自2006年起，我国对全球经济增长贡献即超过美国位居全球第一，意味着我国拥有以自身能量来“转动地球”的能力。2019年，我国对全球经济增长的贡献率高达32.4%，对全球经济拉动占比接近1/3，远高于美国20.4%，成为拉动全球经济的“火车头”。

作者系CF40特邀成员，兴业银行股份有限公司首席经济学家。

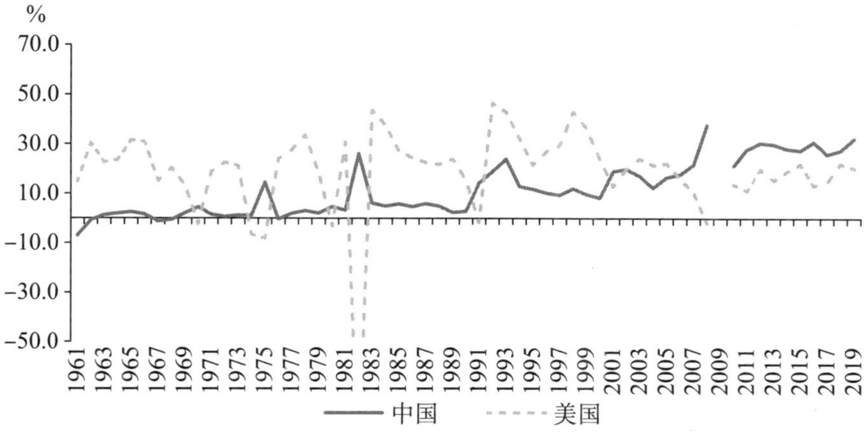

图 1　我国与美国对全球经济增长的贡献率

资料来源：WIND，兴业研究

“火车头”效应具体可以从经济周期、库存周期及贸易周期等角度观察。从经济周期看，2006 年之前美国经济周期大致领先我国一个季度；2006 年以后，我国经济周期开始领先美国一至两个季度。通过 HP 滤波法对我国和美国经济增长周期项和趋势项进行分解，可以发现 2008-2010 年，我国经济周期大致领先美国一个季度；2010-2013 年，领先性扩大至两个季度；2020 年，中美疫情错位使这一领先幅度再度收窄至一个季度。

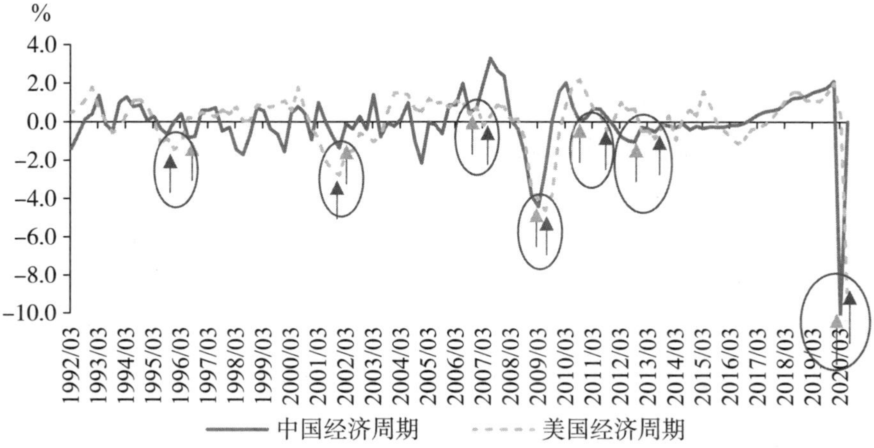

图 2　2008 年后我国经济周期领先美国

资料来源：WIND，兴业研究

从库存周期看，2006 年之前美国库存周期大致领先我国两个月，而后我国库存周期大致领先美国一至两个月。2006 年以后，中美大致经历了三个完整库存周期，其中我国的库存周期分别为 2009.09-2013.08、2013.09-2016.06、2016.07-2019.11；美国的库存周期则分别为 2009.11-2013.09、2013.10-2016.07、2016.08-2019.12。

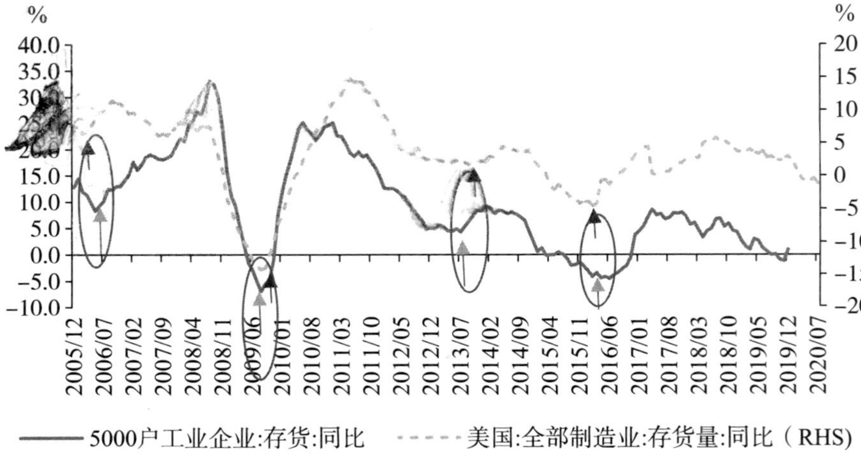

图 3　我国存货周期与美国存货周期

资料来源：WIND，兴业研究

从贸易周期看，我国信用周期大致领先工业原料价格 6 个月。作为全球大宗商品主要进口国，我国进口需求增长通常带动大宗商品价格上行。从进口拉动全球需求看，2006 年之前，美国进口增速回升通常领先于我国；而后我国进口增速开始领先美国。从数据看，2006 年第三季度我国进口增速见底回升，领先美国一个季度；2008 年后，我国进口增速于 2009 年第一季度见底回升，美国则于 2009 年第二季度开始回升；2015 年末至 2016 年，我国进口增速于 2015 年第四季度回升而美国则在 2016 年第一季度回升；2020 年，我国进口增速于 2020 年第一季度末回升而美国则在第二季度回升。

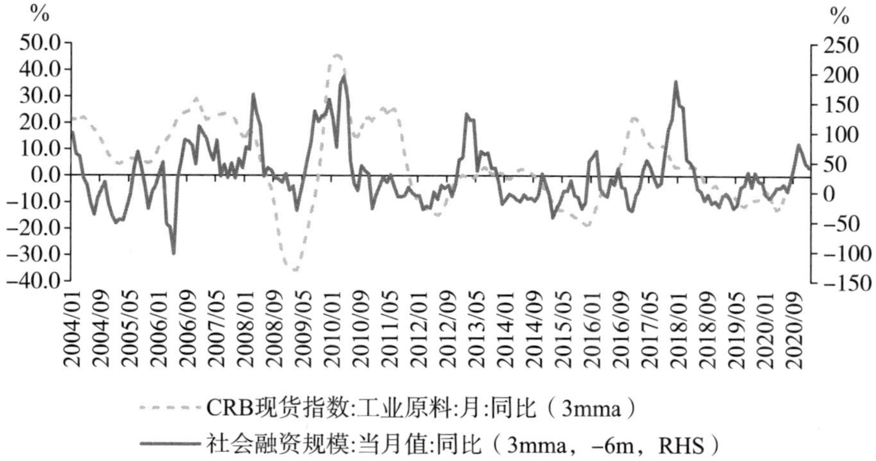

图 4　我国社会融资规模与 CRB　现货指数

资料来源：WIND，兴业研究

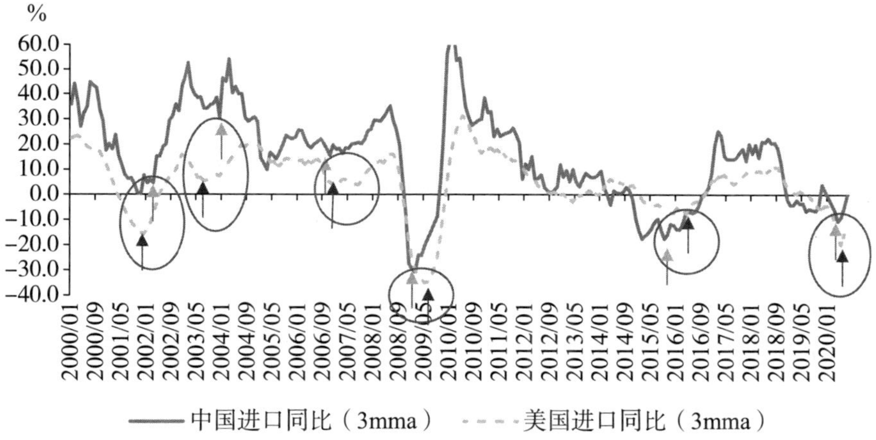

图 5　我国进口同比与美国进口同比

资料来源：WIND，兴业研究

（二）能力的源泉

自 2006 年，我国开始成为全球经济的引领者。究其原因，这得益于我国超大的市场规模以及产业升级所带来的活力。换言之，“内需”和“科技”赋予了我国以“转动地球”的能力。

1. 我国超大市场规模对全球需求外溢效应上升

目前我国已成为仅次于美国的第二大进口国，其进口规模占全球比重已由 2001 年的 3.8% 上升至 2019 年的 10.8%，逼近美国的 12.3%。同时，随着人均收入水平提升，我国巨大消费潜力伴随着居民跨境旅行外溢全球。数据显示，2012 年以来我国旅行进口支出即超过美国，位居世界第一。

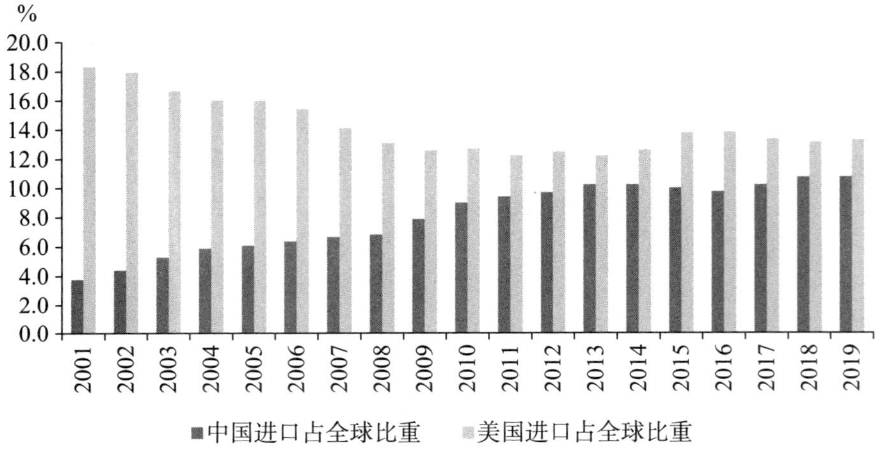

图 6　我国进口规模占全球比重

资料来源：WIND，兴业研究

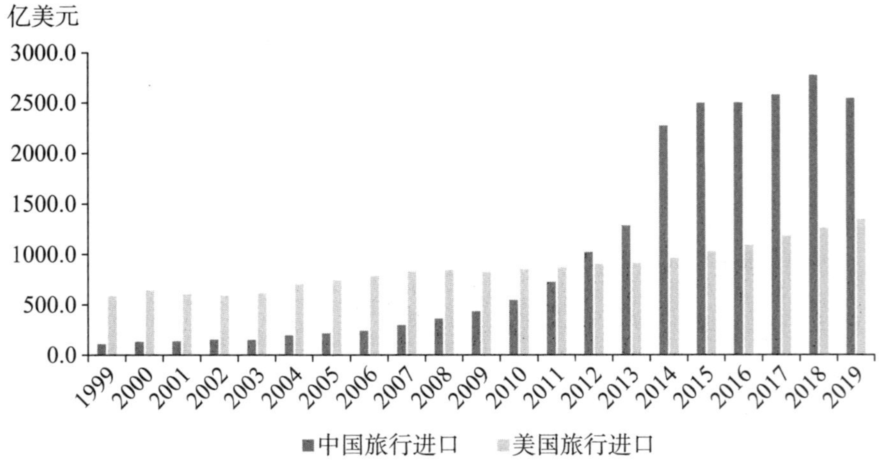

图 7　我国与美国旅行进口规模

资料来源：WIND，兴业研究

2. 产业升级强化我国对新兴经济体产业“头雁”效应

近年来，我国对外直接投资占全球比重不断上升。日本的经验显示，伴随产业升级换代，产业转出国将通过对外直接投资转移边际产业，对产业接收国具有显著的增长溢出及技术溢出效应。随着我国人均 GDP 突破 1 万美元大关，劳动密集型产业转出势在必行。数据显示，2017 年以来我国成为第二大对外直接投资国，占全球对外直接投资比重 9.9%；到 2018 年我国对外直接投资占比上升至 14.5%。需要指出的是，2019 年受中美贸易摩擦影响，我国对外直接投资占比小幅下降。

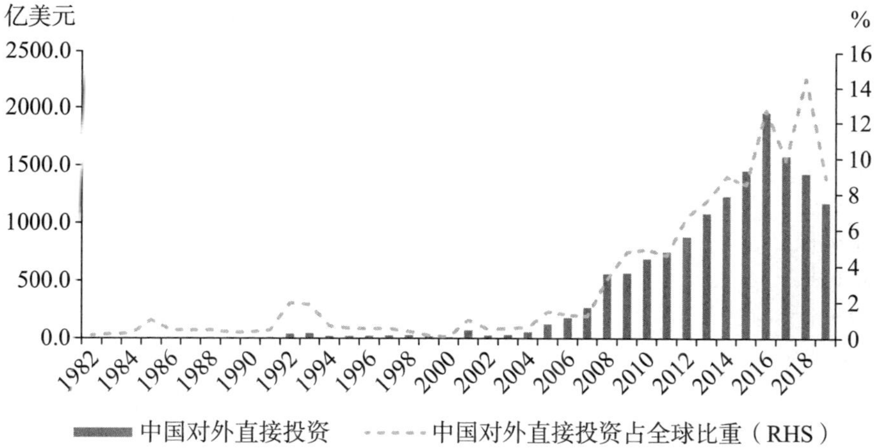

图 8　我国对外直接投资与我国对外直接投资占全球比重

资料来源：WIND，兴业研究

在我国拉动新兴经济体增长的同时，新兴经济体也在领跑全球，成为全球经济增长的主力。2019 年，包括我国在内的新兴经济体为全球贡献了 60% 以上的经济增长率。在对全球经济增长贡献前 20 个经济体中，有半数以上的经济体为新兴经济体。

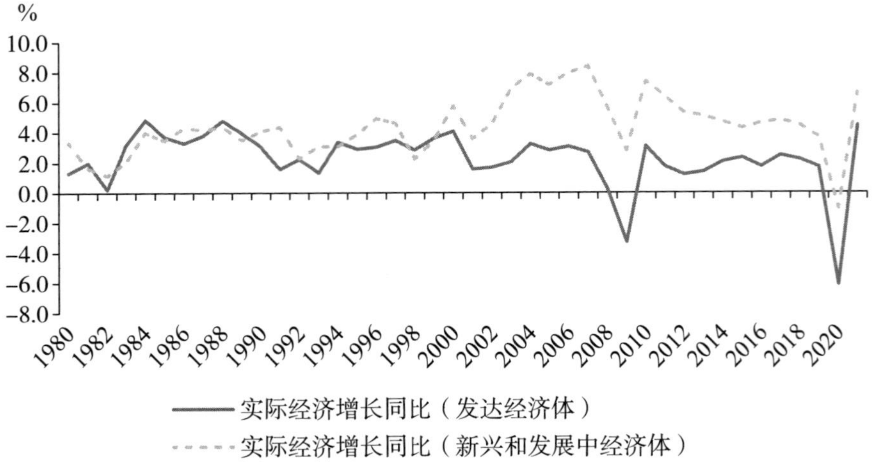

图 9　新兴和发展中经济体、发达经济体实际经济增速同比

资料来源：IMF，兴业研究

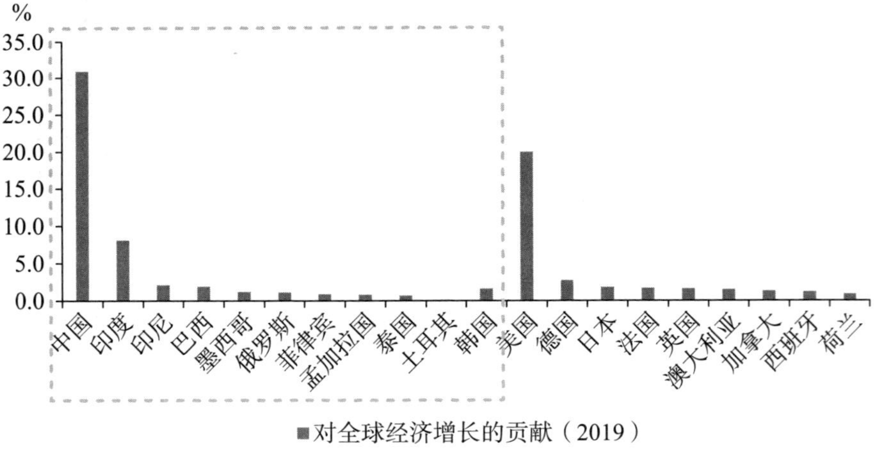

图 10　2019 年分国别对全球经济增长的贡献

资料来源：IMF，兴业研究

二、内需市场：超大，可以更大

对于应该如何构建双循环发展格局，习近平总书记于 2020 年 8 月 24 日在经济社会领域专家座谈会上的讲话中明确指出，一方面，“我们要坚持供给侧结构性改革这个战略方向，扭住扩大内需这个战略基点，使生产、分配、流通、消费更多依托国内市场，提升供给体系对国内需求的适配性，形成需求牵引供给、供给创造需求的更高水平动态平衡”，另一方面，“以科技创新催生新发展动能。实现高质量发展，必须实现依靠创新驱动的内涵型增长。我们更要大力提升自主创新能力，尽快突破关键核心技术。这是关系我国发展全局的重大问题，也是形成以国内大循环为主体的关键”。

因此，“内需”和“科技”作为我国拉动全球经济增长的动力源泉，也是发展以内循环为主体的双循环模式的核心。深挖内需，可以充分发挥我国超大规模市场优势，提升我国经济的韧性和稳定性，有效推动国内企业转型升级。升级科技，则能改变当前要素投入低效局面，提升产业附加值，增强产业竞争力，并通过科技创新创设出更多需求。通过内需和科技的相互正反馈，实现经济的良性稳定循环。

挖掘国内消费潜力，可以提升本国经济的发展韧性，而且还能够吸引全球的资本和人才进入我国市场，促进我国技术创新和产业升级。数据显示，2019 年我国社会消费品零售额接近 6.0 万亿美元，逼近美国的 6.2 万亿美元，我国已成为全球最大的零售消费市场之一。在新冠肺炎疫情困扰全球经济、逆全球化思潮抬头的背景下，充分发挥我国的超大规模市场优势将成为破局前行的关键。

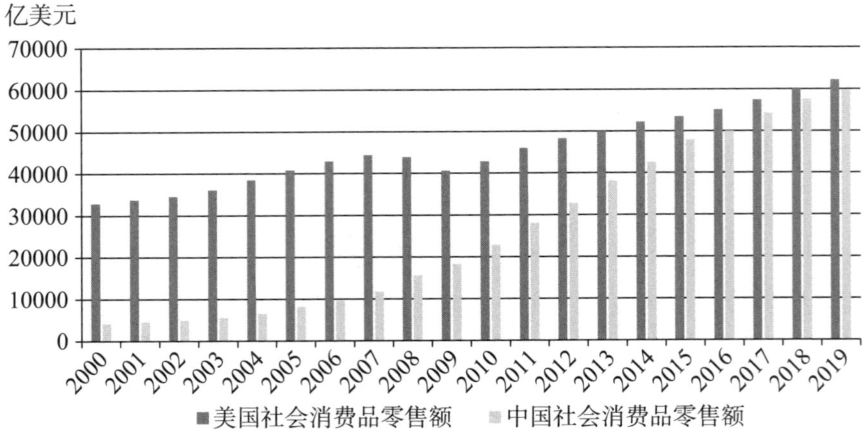

图 11　中美消费市场规模

资料来源：WIND，兴业研究

（一）我国消费现状

当前我国居民消费潜力仍未得到充分释放。2019 年我国居民人均 GDP 达到 10276 美元，首次突破了 1 万美元大关。而美国、日本和韩国人均 GDP 突破 1 万美元的时间分别是 1978 年、1981 年和 1994 年。

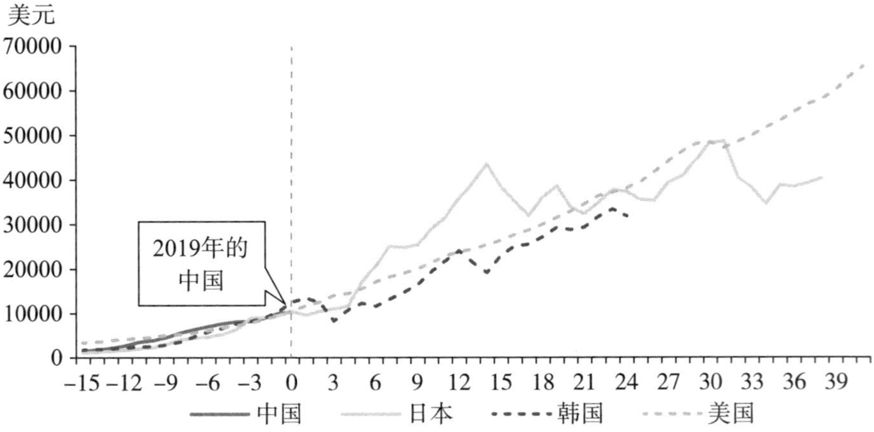

图 12　人均 GDP 增长轨迹

注：图中横轴的 0 代表各个经济体人均 GDP 首次突破 1 万美元的年份，t（t>0）代表人均 GDP 突破 1 万美元后 t 年，t（t<0）代表人均 GDP 突破 1 万美元前 t 年。下同。

资料来源：WIND，兴业研究

从居民消费占 GDP 的比例来看，我国居民消费总体偏低。如果我们考察美国、日本和韩国人均 GDP 突破 1 万美元时的消费情况可以发现，当人均 GDP 突破 1 万美元时，美国居民消费占 GDP 的比例达到 60.5%。日本和韩国的这一比例低于美国，但也分别达到 53.9% 和 51.8% 的水平。而我国居民消费占 GDP 的比例仅为 38.8%，较日本和韩国处于同一发展阶段时分别低 15.1 和 13.0 个百分点。

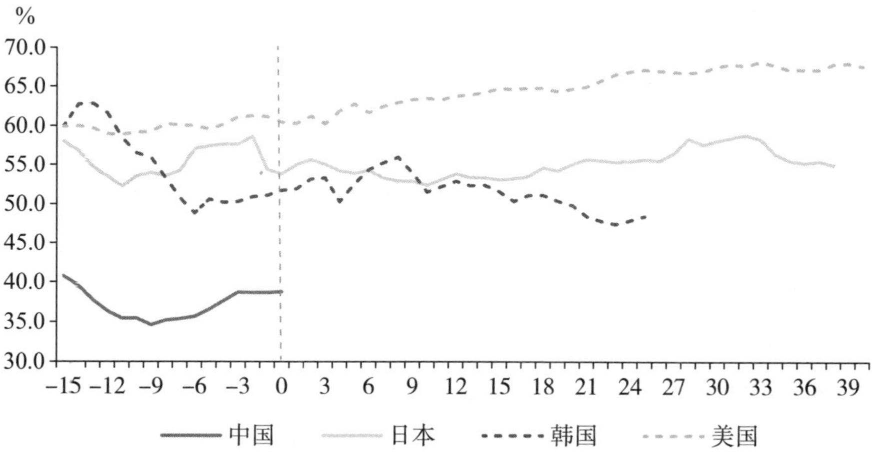

图 13　居民消费占 GDP 的比例

资料来源：WIND，兴业研究

从居民平均消费倾向（这里定义为消费支出与可支配收入之比）来看，当人均 GDP 突破 1 万美元时，美国居民的平均消费倾向为 87.0%，日本居民的平均消费倾向为 79.2%。而我国居民的平均消费倾向仅为 70.1%，较美国和日本处于同一发展阶段时分别低 16.9 和 9.1 个百分点。这意味着，在同等收入水平之下，我国居民愿意用于消费的钱更少。

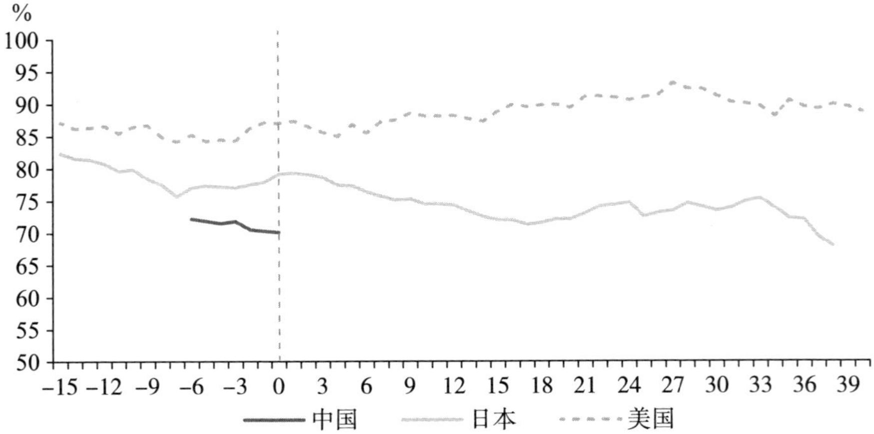

图 14　居民消费支出与可支配收入之比

资料来源：WIND，兴业研究

消费结构上，我国居民在与吃、住相关的生活必需品（或服务）上的支出较高，一定程度上挤压了其他非必需消费的需求。这同时意味着非必需品消费潜力巨大。数据显示，2018 年我国的食品烟酒消费在支出中的占比为 28.4%，高于美国 1977 年的 21.6%；我国居住消费的占比为 23.4%，高于美国的 18.0%；我国教育文娱消费的占比为 11.2%，也高于美国的 9.2%。总体来看，我国居民在食品烟酒和居住方面的消费支出占比较美国在同一发展阶段时高出 12.2 个百分点。

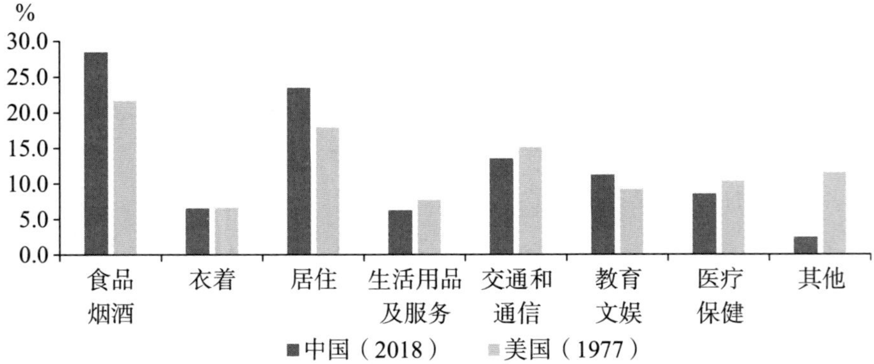

图 15　美国与我国消费结构的对比

资料来源：WIND，BEA，兴业研究

（二）我国消费机遇

当前，我国居民在交通通信、医疗保健、生活用品及服务和其他用品及服务方面的消费占比偏低。与1977年的美国相比，2018年我国居民交通通信、医疗保健消费和生活用品及服务的占比分别低1.6、1.8和1.5个百分点。其他用品及服务的消费占比差异最大，达到9.1个百分点。这意味在这些领域，我国消费市场仍有较大的提升空间。

1. 交通通信

我国汽车消费的增长前景十分可观。当前，我国的人均汽车保有量偏低。2019年我国的汽车保有量大约达到了每万人1857辆，而美国和日本人均GDP突破1万美元时，其汽车保有量分别为每万人7140辆和3361辆。我国人均汽车保有量偏低可能是多重因素共同影响的结果：第一，交通拥堵、城市限购一定程度上抑制了汽车消费；第二，我国的城镇化率偏低，而农村居民的交通通勤需求较低；第三，目前油价的绝对水平高于20世纪70年代末和80年代初。

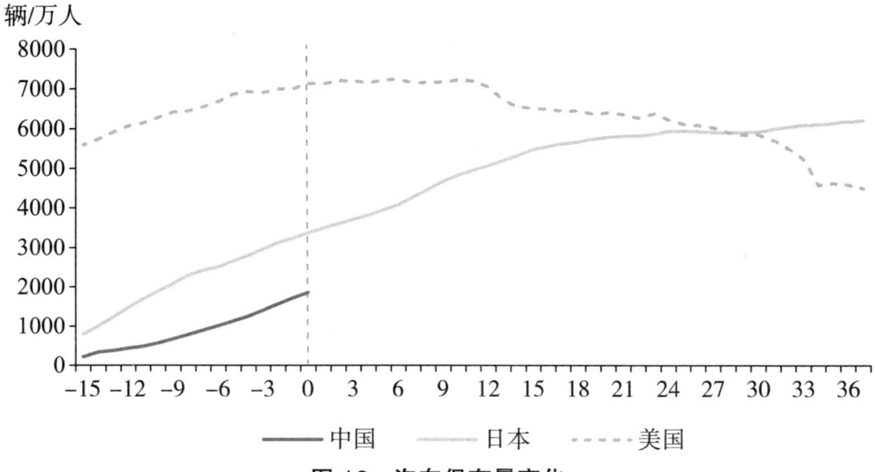

图16　汽车保有量变化

资料来源：CEIC，WIND，兴业研究

2. 医疗保健

我国医疗保健消费增长潜力巨大。当前，我国面临着较大的人口老龄化压力。2019 年我国 65 岁以上人口占总人口的比例为 11.5%。而美国、日本和韩国人均 GDP 突破 1 万美元时，这一比例分别为 11.2%、9.2% 和 5.8%。人口老龄化意味着未来我国医疗消费或将持续上升。此外，居民收入水平的提升以及医疗技术水平的进步，也将带动居民在医疗领域消费增长。

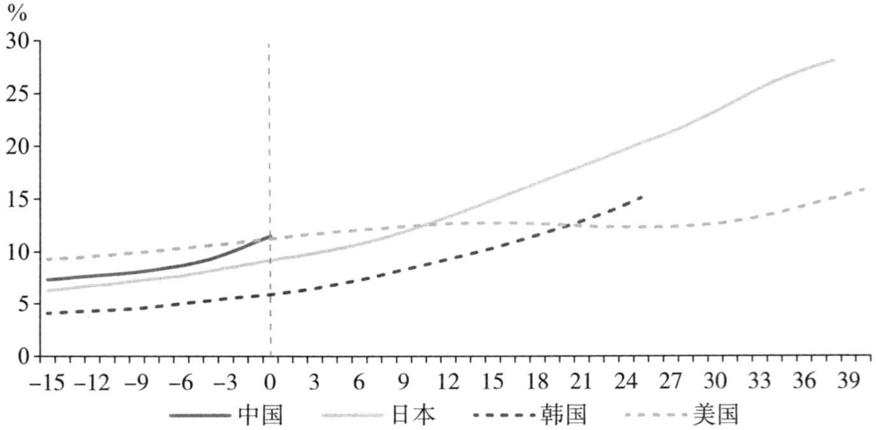

图 17　65 岁以上人口占比

资料来源：WIND，兴业研究

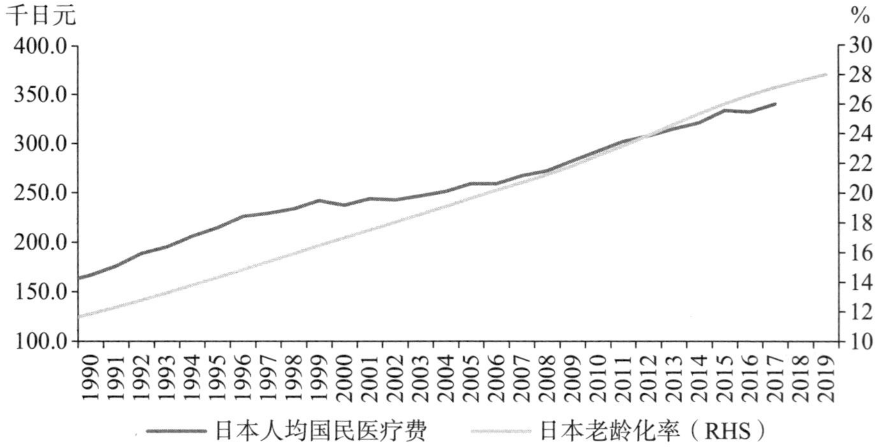

图 18　日本老龄化程度与人均医疗支出变化情况

资料来源：WIND，兴业研究

3. 家电

我国小型家电保有量也有较大的提升空间。前瞻产业研究院的研究显示，与日本城镇相比，我国城镇家庭的吸尘器、空气净化器、洗碗机和烘干机等小家电保有量较低。日本城镇家庭每百户吸尘器、空气净化器保有量分别为 146 台和 77 台，而我国仅为 68 台和 41 台。随着我国家庭收入水平逐渐提升，消费理念逐渐升级，小家电市场仍有较大提升空间。

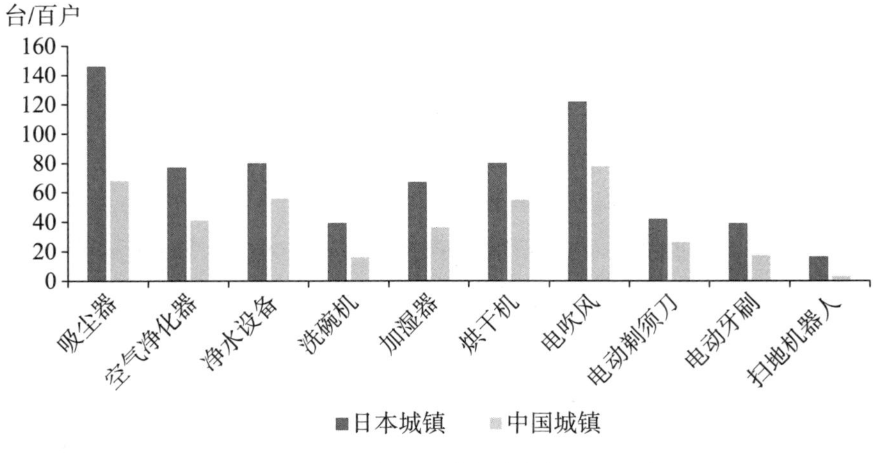

图 19　日本与我国城镇小家电保有量对比

资料来源：前瞻产业研究院，兴业研究

4. 保险和金融服务

未来我国居民保险和金融服务消费的占比有较大的提升空间。美国早在 1977 年保险和金融服务消费支出的占比即达到 5.1%，而我国 2018 年全部其他用品及服务支出的占比仅为 2.4%。此外，我国老龄化水平较高，但我国的保险密度（定义为人均保费）偏低。2019 年我国的保险密度为每人 441 美元，而 2014 年美国的保险密度高达每人 4017 美元。随着人口老龄化程度日益加深，我国保险市场将有较大的增长潜力。

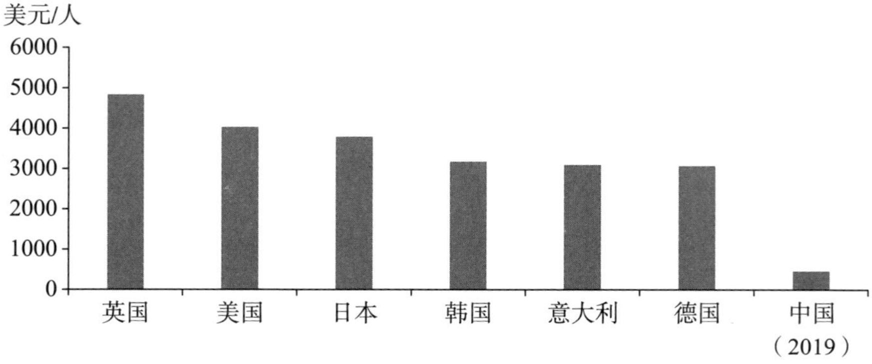

图 20　保险密度对比

注：除我国外，其他国家数据均为 2014 年数据。

资料来源：https://www.statista.com/statistics/264496/insurance-density-in-selected-industrial-countries/，WIND，兴业研究

（三）消费潜力释放

整体来看，现阶段我国的消费潜力仍未得到完全释放，消费层次相对初级，可选消费仍然有着较强的增长空间。如果能够充分释放这部分内需，将为国内经济发展带来新的动力，我国市场的吸引力也有望进一步得到提升。那么具体应该从哪几个方面来激活我国的消费市场呢？

1. 加强新型城镇化建设

当前我国城镇化率与经济发展水平不匹配。当美国、日本和韩国人均 GDP 突破 1 万美元时，其城镇化率均达到了 70% 以上。而

我国 2019 年的城镇化率仅 60.6%，户籍人口的城镇化率更低，约 44.4%。

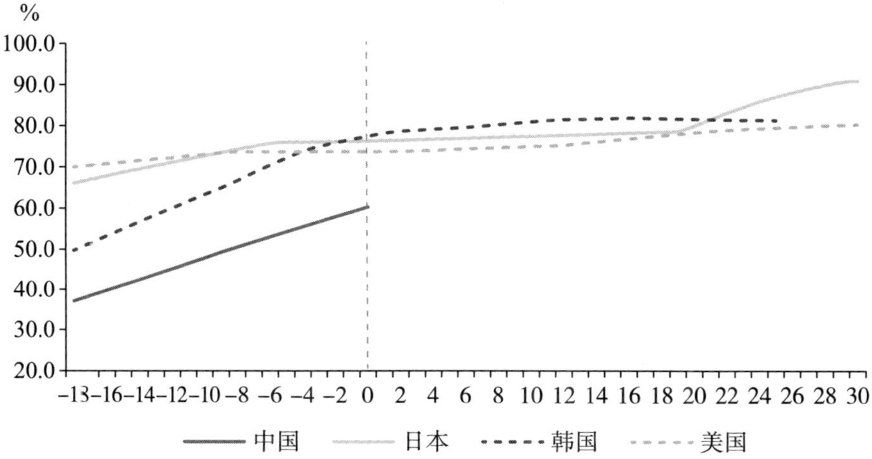

图 21　城镇化率变化轨迹

资料来源：WIND，兴业研究

城镇化率的提升可以有效促进居民消费：其一，城镇化率的提升有利于居民收入的提高。数据显示，2019 年我国城镇居民人均可支配收入为 4.2 万元，显著高于农村居民的 1.6 万元。周微（2014）指出，城镇化对居民消费存在正向的“收入效应”。其二，提高户籍人口城镇化率，有利于降低流动人口储蓄率，提高其消费意愿。安凡所（2014）指出，2011 年流动人口平均储蓄率高达 46.7%，而同期农村居民和城镇居民的平均储蓄率仅为 25.2% 和 30.5%。流动人口的收入不确定性较高，且可能最终返回农村生活，为未来生活积累储蓄的意愿强烈。

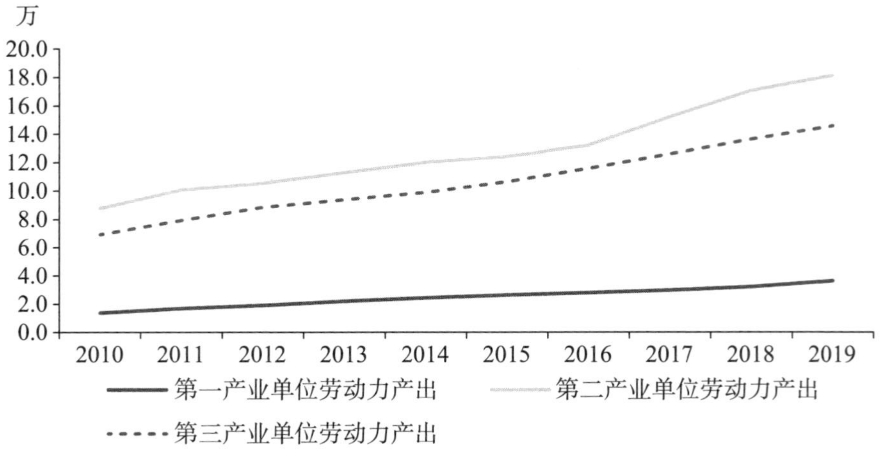

图 22　三次产业单位劳动力产出的差异

注：图中单位劳动力产出等于名义 GDP 与就业人数之比。

资料来源：WIND，兴业研究

2. 强化完善社会保障体系

根据世界银行的统计，2017 年我国政府医疗支出占 GDP 的比例大约是 2.9%。同期美国和日本的这一比例分别为 8.6% 和 9.2%。韩国的政府医疗支出占 GDP 的比例为 4.4%，虽然低于美国和日本，但也高于我国。社会保障体系的不完善增加了居民预防性储蓄的需求，影响了消费的增长。

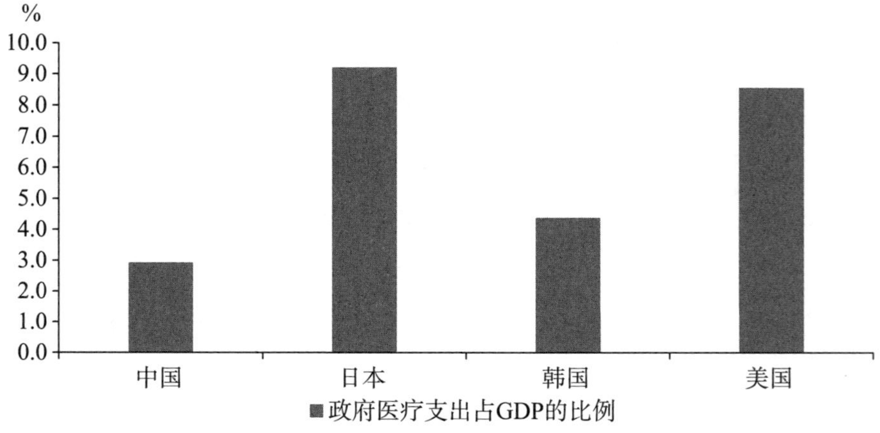

图 23　政府医疗支出占 GDP 的比例（2017）

资料来源：World Bank，兴业研究

3. 坚持“房住不炒”

当前，偏高的居民杠杆率一定程度上抑制我国居民的消费能力。当美国、日本和韩国的人均 GDP 突破 1 万美元时，三者的居民杠杆率十分接近，都在 48% 左右，而我国的居民杠杆率已经达到 55.2%。可见，我国的居民部门杠杆率可能已经超出其经济发展阶段的正常水平。偏高的债务负担可能降低了居民，尤其是城镇居民可自由支配的收入，导致消费能力下降。

而贷款买房无疑是居民杠杆率提升的重要原因。因此，坚持“房住不炒”避免房地产消费对其他消费的过度挤压，对于切实提升居民消费潜力十分重要。

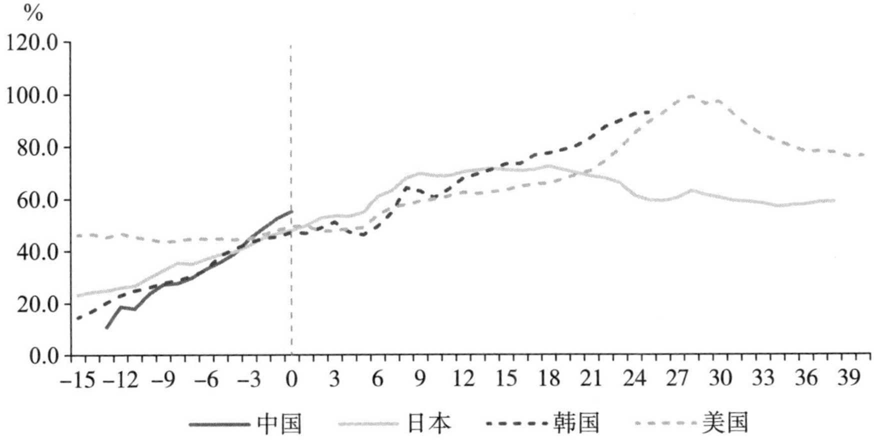

图 24　居民部门杠杆率

资料来源：WIND，BIS，兴业研究

三、科技：关键核心攻坚战

内需之外，科技也是我国启动以内循环为主的双循环模式的重中之重。根据波特的“国家竞争优势理论”，我国经济发展正处于从投资导向向创新导向过渡的重要阶段。经济发展、收入改善推动国内市场走向成熟，需求升级、竞争加剧刺激企业进入到创新竞争的阶段，经营重点转向生产效率提升。国内企业逐步从技术复制者变成创新者，并且通过自身创新能力带动新兴产业发展。那么，当前我国的科技实力如何？要如何进一步实现科技突破？

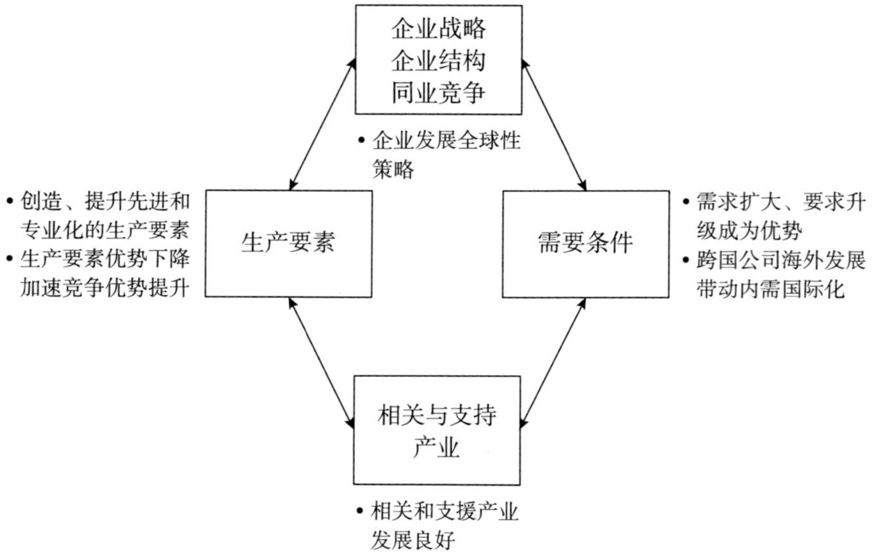

图 25　创新阶段下的钻石模型

资料来源：波特《国家竞争优势》（1990），兴业研究

（一）我国科技现状

近年来，随着我国经济实力提升、产业结构转型深入，政府及企业在科技研发方面的投入亦逐渐加大，我国科技实力的提升进展明显。根据世界知识产权组织发布的全球创新指数排名，2020 年我国全球创新指数排名第 14 名，跻身于日本之前，而 2009 年我国排名仅为 43 名。

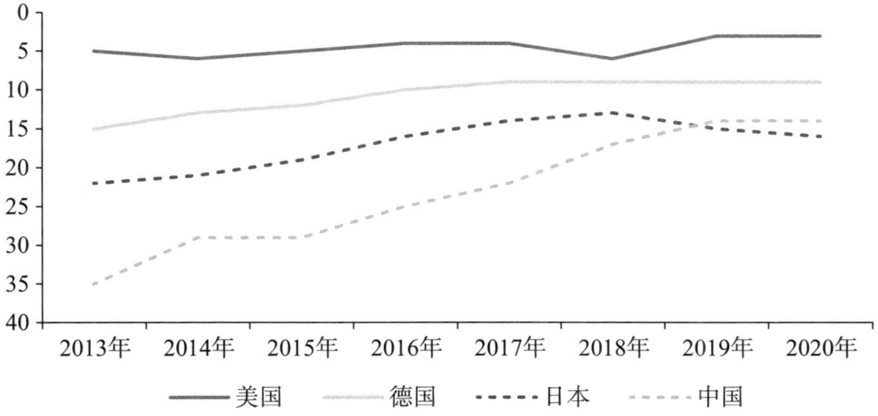

图 26 主要经济体历年全球创新指数排名（逆序）

资料来源：世界知识产权组织，兴业研究

1. 专利领域

从重点研究方向来看，我国科技集群的重点专利集中在数字新媒体产业（TMT）、工业机械领域，生物医药领域整体薄弱。反观美国，25 个科技集群中有 17 个主要专利领域来自生物医药方面，电子设备、信息通信紧随其后。而德国科技集群的主要专利领域则集中在生物医药、工业机械、材料化学领域，在 TMT 领域则略显不足。

表 1 中美德科技集群主要专利领域分布

专利领域	中国	德国	美国
医药	1	1	8
医疗技术	–	2	7
计算机技术	3	–	4
数字通信	5	–	2
土木工程	–	–	2
生物科技	–	–	1
半导体	–	–	1
电气能源装置	2	3	–

（续表）

专利领域	中国	德国	美国
测绘	2	–	–
光学	2	–	–
其他消费品	2	–	–
基础材料化学	–	2	–
有机化学	–	1	–
交通运输	–	1	–
合计值	**17**	**10**	**25**

资料来源：世界知识产权组织，兴业研究

2. 独角兽分布

我国初创企业同样在不断壮大。2020 年胡润发布的全球独角兽企业榜单中，我国独角兽企业数量达到 227 家，占全部上榜企业的 38.7%，企业价值更是达到 5.97 万亿人民币，占全部上榜企业的 46.2%，超过美国上榜企业的 4.76 万亿人民币。

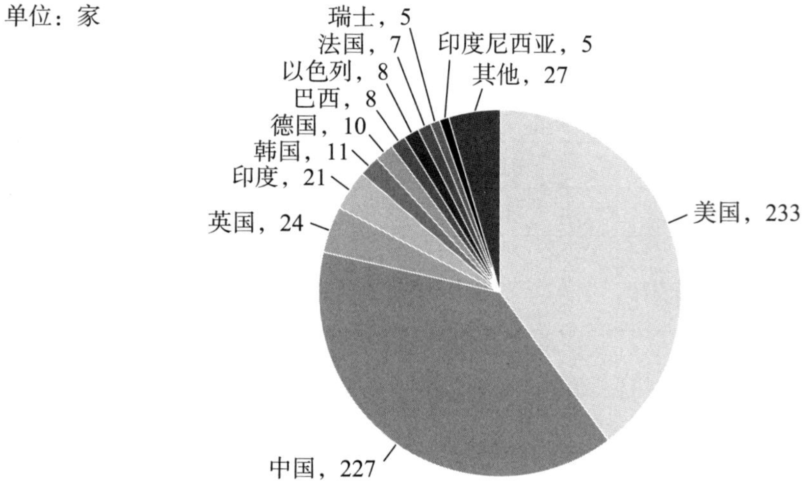

图 27　2020 年全球独角兽企业分布情况

资料来源：《2020 胡润全球独角兽榜》，兴业研究

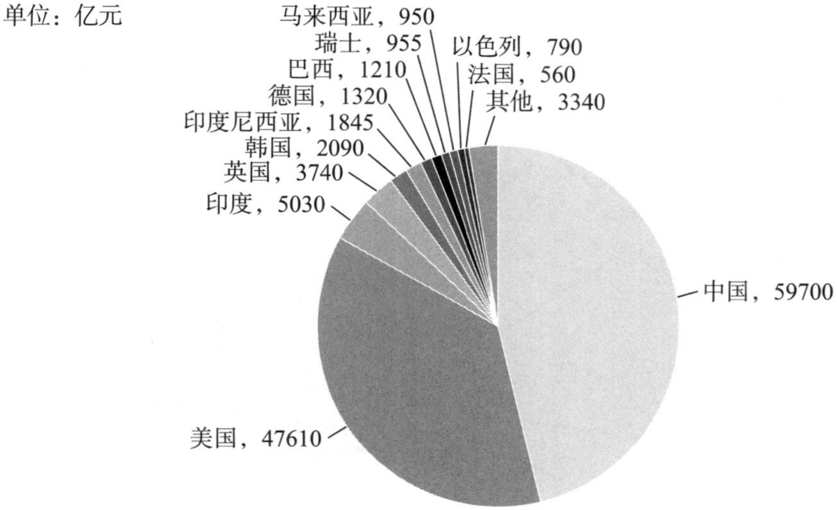

图 28　2020 年各国独角兽企业资产规模情况

资料来源：《2020 胡润全球独角兽榜》，兴业研究

从独角兽企业的行业分布来看，按照企业价值计算，当前我国独角兽企业主要分布在金融科技（27.4%）、社交媒体（13.1%）、共享经济（9.4%）、物流（7.9%）、电子商务（7.9%）等领域。金融科技占据绝对优势，健康科技、人工智能、TMT、新能源汽车等新兴行业紧随其后。整体来看，占比较高的行业多以商业模式创新为主，依赖大规模的使用群体和市场规模提升估值，科技类行业的独角兽价值规模相对较低。

单位：亿元

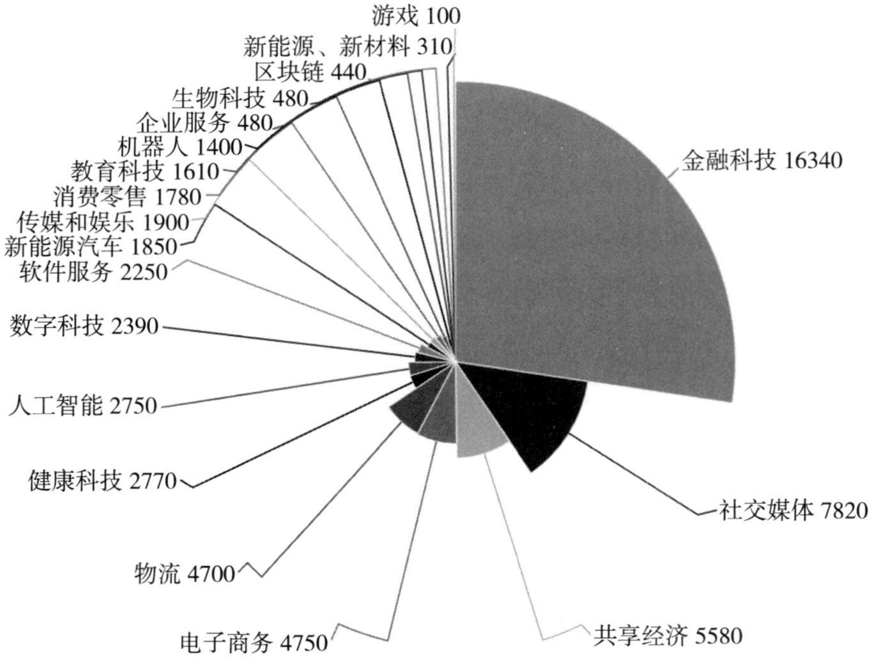

图 29　2020 年我国独角兽企业估值行业分布情况

资料来源：《2020 胡润全球独角兽榜》，兴业研究

3. 重点科技领域技术赶超

在 5G、物联网、人工智能等新一代信息技术领域，我国与美国之间的差距正在缩小。

（1）5G 通信技术

从 5G 通信技术专利分布情况来看，我国企业在 5G 领域的专利占比相较于 4G 领域有了长足的进步。根据 IPlytics 的数据，截至 2019 年 3 月，华为和中兴的 5G 专利占比分别较 4G 提升了 4.6 和 4.7 个百分点，在前十五名企业中，我国企业专利占比则由 21.3% 提升至 33.3%。

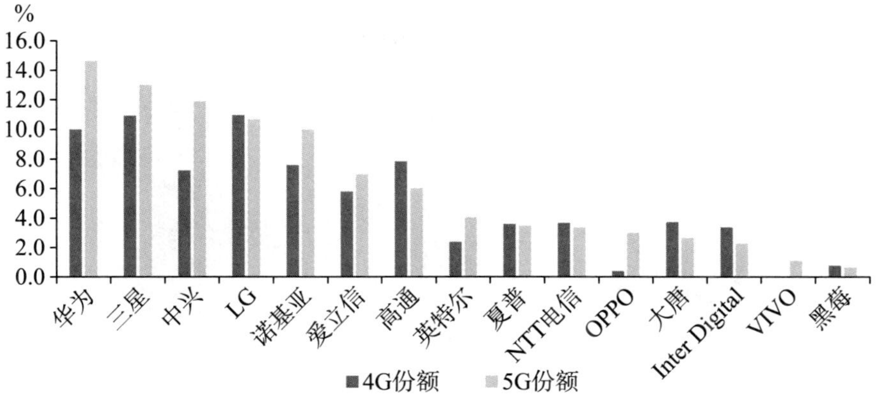

图 30　4G 及 5G 专利分布情况

资料来源：IPlytics，兴业研究

（2）人工智能

从总量上来看，我国在人工智能领域的申请专利数、论文数均已成为世界第一。总量上的领先，体现了我国整体跟进速度较快。从人工智能领域论文的高引用率论文数量及占比来看，截至 2018 年，我国人工智能领域高被引论文数以及占比数均高于美国。人工智能领域顶级会议的论文录用数量上，我国 2009 年在 ACL、ICCV、AAAI 三个会议上录用数量同样超过美国。

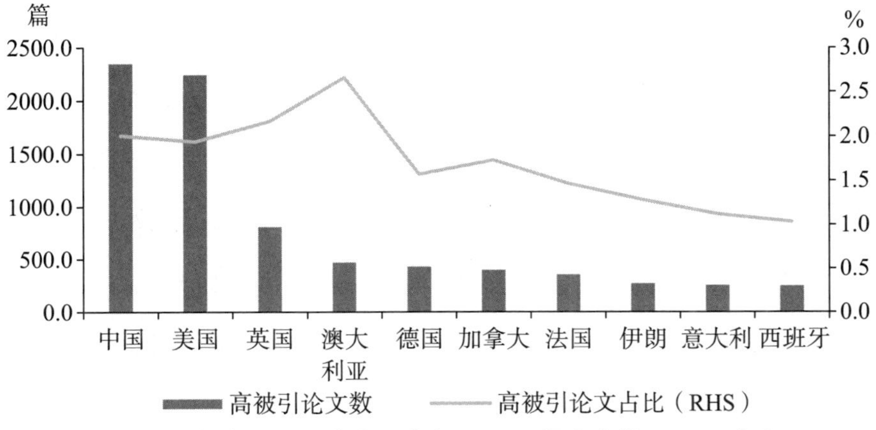

图 31　全球 AI 论文高水平产出 TOP10 国家（截至 2018 年）

资料来源：《我国人工智能发展报告 2018》，兴业研究

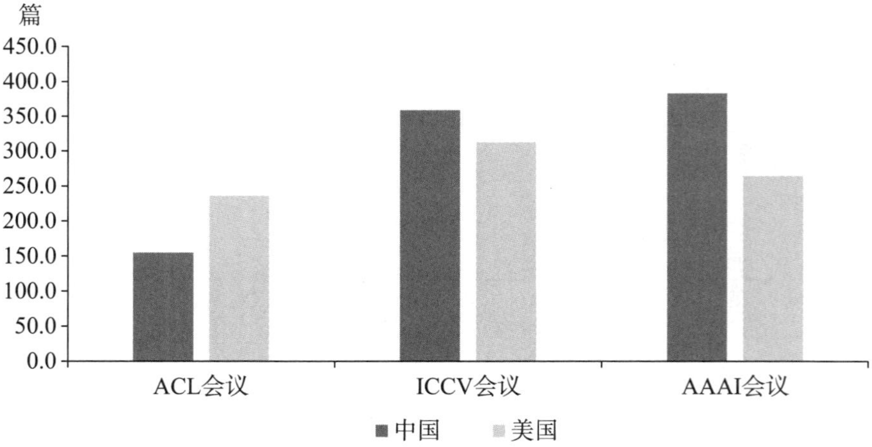

图 32　2019 年部分人工智能顶级会议论文录取情况

资料来源：相关会议官网，兴业研究

（二）东部或成创新突破口

一个国家（或地区）的科技创新水平与其人均 GDP 的高低有关。更高的人均 GDP，往往意味着更强的经济实力、更成熟的产业结构、更完善的市场。而这些都是科技创新的繁荣发展的重要条件。

2019 年，我国人均 GDP 按平均汇率折算达到 1.03 万美元，首次超过 1 万美元大关。但当年美国人均 GDP 则达到了 6.25 万美元，是我国的 6 倍。但包括北京、天津、江苏、上海、浙江、福建、广东在内的东部七省市，2019 年按照购买力平价计算的人均 GDP 已经达到 2.56 万美元，约为当年美国人均 GDP 的 40% 左右。2018 年，七省市常住人口规模约为 3.56 亿人，亦与美国人口 3.28 亿规模较为接近。东部七省市完全有可能成为我国技术创新的突破口。

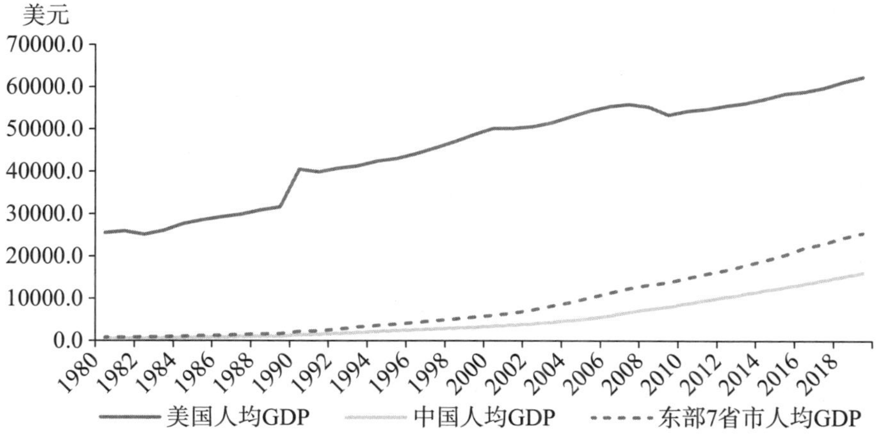

图 33　购买力平价计中美人均 GDP 对比

资料来源：WIND，兴业研究

1. 东部创新优势

第一，东部地区基础设施完善。多年经济发展过程中，我国东部地区建立起完善的基础设施体系，尤其是高密度的交通网络。发达的基础设施有助于提升区域经济活跃度，促进要素流动，进而刺激科技创新发展。自 2006 年始，东部七省市的公路密度已经超过美国。从铁路密度来看，东部七省市的铁路基础设施整体水平远超美国。

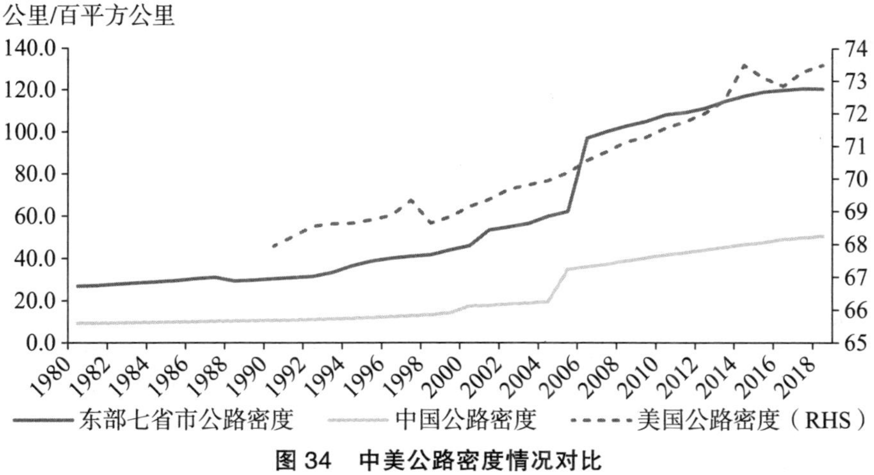

图 34　中美公路密度情况对比

资料来源：WIND，兴业研究

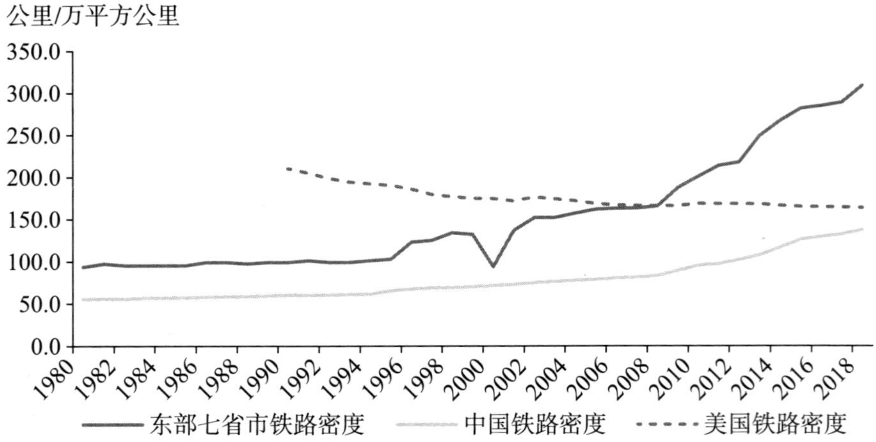

图 35　中美铁路密度情况对比

资料来源：WIND，兴业研究

第二，东部地区人才吸引力强。从科研人员数量来看，东部地区充分吸收了我国的工程师红利。2017 年，全国科研人员数量达 174 万人，世界排名第一，高于美国 143.4 万人。东部七省市的科研人员数量达到 88.1 万人，占比 51%，虽然低于美国，但已经远高于德国、日本、韩国的 42.0、67.2、38.5 万人。

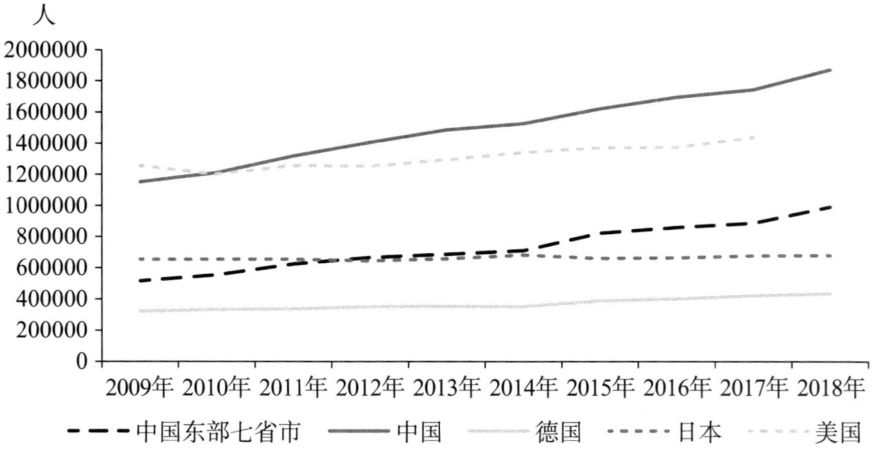

图 36　各国科研人员数量情况

资料来源：《中国科技统计年鉴》，世界银行，兴业研究

第三，东部地区资金实力雄厚，研发投入高。从研发投入强度来看，我国东部七省市研发投入强度已经接近甚至超过部分发达经济体。2019年，东部七省市的研发投入强度已经达到 2.96%，超过美国（2.84%），接近日本（3.26%）和德国（3.09%）。从研发投入规模来看，2018 年，我国东部七省市的研发费用规模达到 1701 亿美元，高于德国、日本的 1222、1618 亿美元。

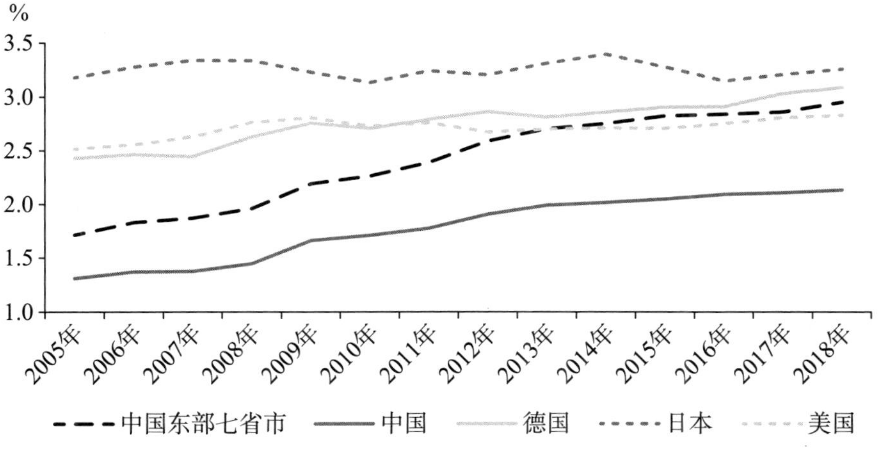

图 37 各国研发投入强度情况

资料来源：《中国科技统计年鉴》，世界银行，兴业研究

2. 东部创新成果

从科技集群质量来看，东部地区科技集群的科研质量可比肩欧美重要科技城市。世界知识产权组织发布的 2020 年世界前 100 科技集群的前十榜单中，我国有三个科技集群上榜：广深港（第 2）、北京（第 4）、上海（第 9），均来自东部七省市。2020 年《自然》杂志评选出的 200 个科研城市 Top10 中，来自我国的三个城市均来自东部七省市：北京（第

1）、上海（第 4）、南京（第 9），北京更是创纪录夺得冠军。这充分显示了东部地区在科研领域的引领作用。

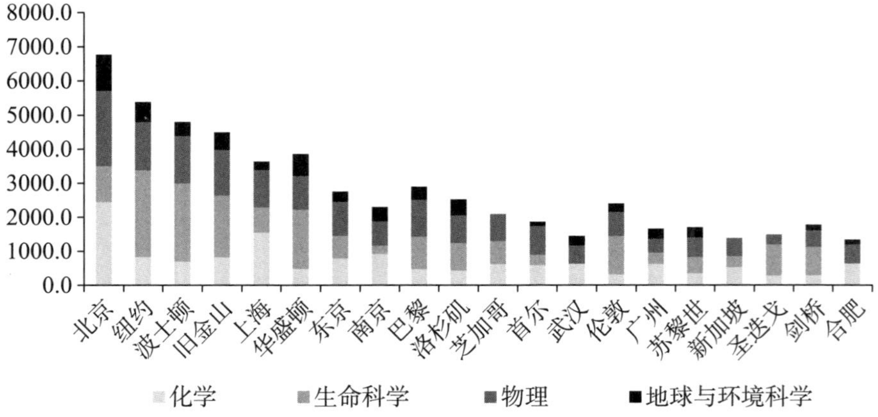

图 38　2020 自然指数 Top20 科研城市分项得分情况

注：从左到右，排名为第 1 名至第 20 名；排名并非单项得分加总，分项得分仅表示单项表现，故存在排名靠前城市单项得分汇总低于排名靠后城市

资料来源：《自然》杂志官网，兴业研究

东部地区还拥有一批前沿创新企业。市场规模的优势、技术发展的红利，让我国拥有一批成熟的科技企业。这些企业大部分来自东部七省市。根据《2019 年中国互联网企业 100 强发展报告》，连续 6 年名列我国互联网企业 100 强的企业共有 19 家，全部来自东部七省市。2020 年胡润全球独角兽企业榜中，我国上榜企业里，有 90.7% 企业来自东部七省市，企业估值占比更是高达 96.3%。这是东部发达地区在发展前沿领域的资金优势、市场优势、理念优势、人才优势的综合反映。

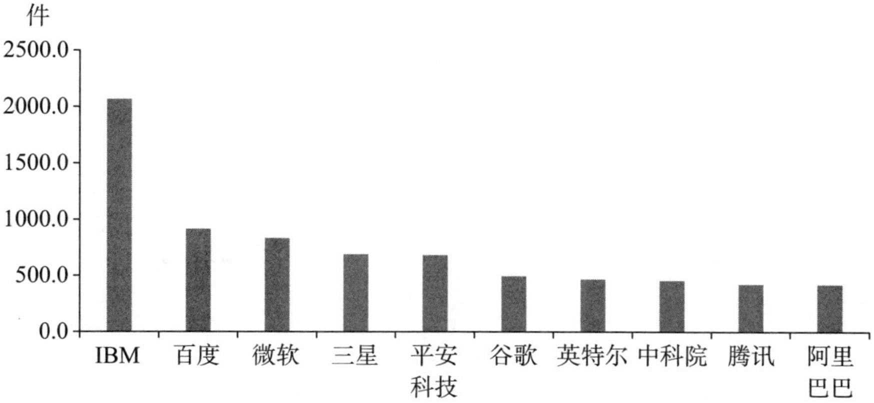

图 39　2015 年 – 2019 年 AI 专利申请数 TOP10 机构

资料来源：日经中文网，兴业研究

（三）科技提升方向

我国技术发展的路径正是我国双循环经济模式的重要体现。当前，我国技术领域的突破主要来自两个部分。

一部分来自国家顶尖科研机构的技术产出：我国科学院、清华、北大等顶尖科研院所，是我国前沿探索、技术攻关的中流砥柱。

另一部分来自科技企业的引领突破：BAT 等科技巨头以及商汤、旷视等科技新贵以业务为导向实现的技术创新。

“举国体制”与“市场激励”是我国科技发展的两把利器。举国体制下，“集中力量办大事”的模式加快了我国基础技术层面的原始积累，以及高精尖技术的单点突破。而我国技术的快速发展，超大规模的市场优势让科技企业有了更多的技术空间与利润空间，进而在市场的驱动下，实现科技的自我迭代与创新螺旋，从而切实带动整体技术水平的提升。

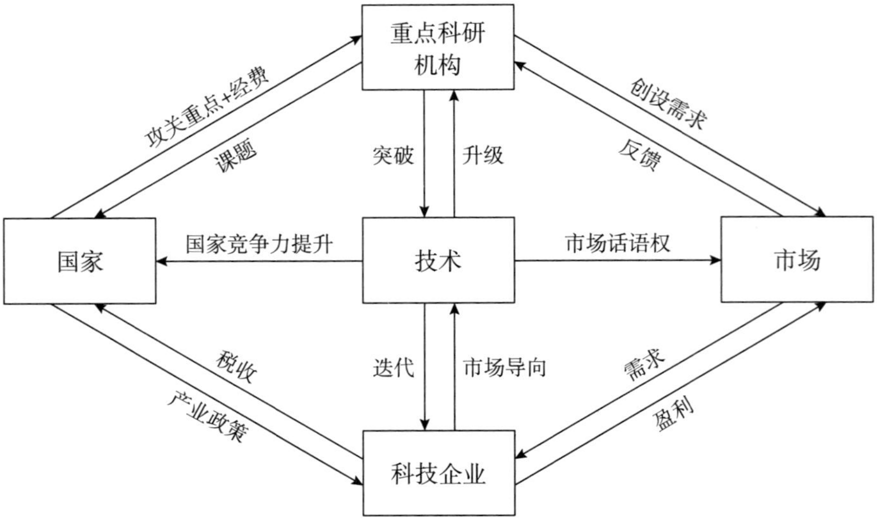

图 40　我国科技发展模式

资料来源：兴业研究

1. 加强重点产业政策引导

要坚持产业政策的方向性引导，利用“举国体制”加强重难点领域科研攻关，尤其是在高精尖工业技术、生物医药等相对薄弱的领域。当前国际摩擦日益增多的背景下，重点领域科技自主是保证我国经济稳定、产业竞争力提升的关键。

我国工业领域仍处于制造业大国向制造业强国转变的阶段。根据我国工程院发布的《2019 中国制造强国发展指数报告》，我国 2018 年除制造业规模外，在制造业的质量效益、结构优化、持续发展等分项上与美日德等第一梯队的国家仍存明显的差距。工业技术仍然是较为薄弱的环节。而芯片、精密仪器等“卡脖子”领域对于制造业技术要求甚高。因此，需要政策的坚决引导跟进，依托市场优势实现技术突破。

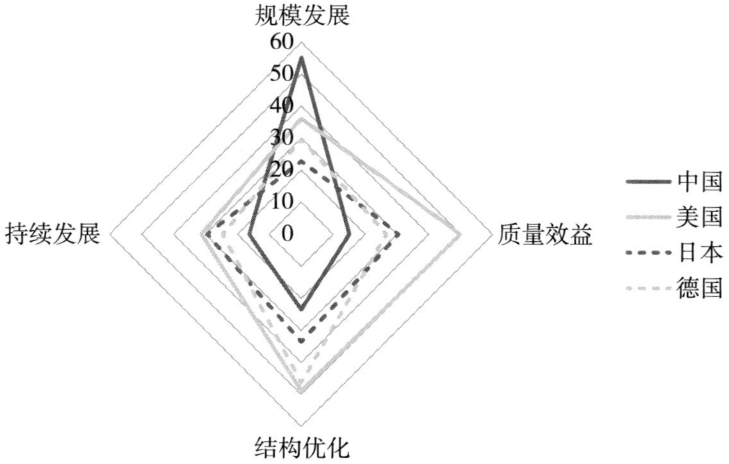

图 41　主要工业国制造强国发展指数分项情况

资料来源:《2019 我国制造强国发展指数报告》，兴业研究

2. 培育中西部增长极

当前我国不同区域的科技实力依然存在较为明显的分化，是制约我国整体科研实力提升的关键。我国中西部重点城市拥有着丰富的科研资源，但在科技应用落地方面仍显不足。根据《自然》杂志发布的 2020 年全球前 200 科研城市中，中西部重点城市如武汉（第 13）、合肥（第 20）、西安（第 34）、成都（第 37）等均有上榜。这些城市有着非常多优秀的高校、科研院所，但是由于发展方式偏传统，市场主体未能跟进参与科技转化。从世界知识产权组织公布的数据来看，榜单上 7 个东部科技集群 PCT 专利申请量占比达到 11.5%，而其他集群的占比则仅为 0.8%。

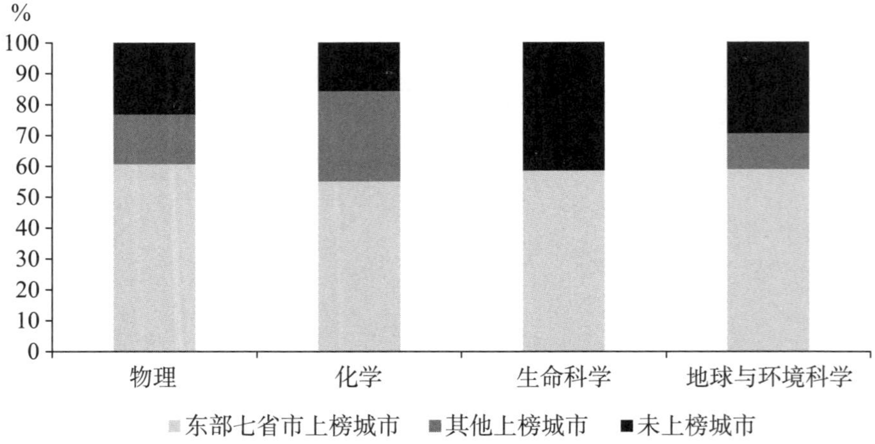

图 42　不同区域分领域科技贡献占比

资料来源:《自然》杂志官网，兴业研究

以国内大循环为主体的模式下，加快培育中西部增长极，加强中西部地区的城市群建设至关重要。一方面有助于当地消费市场容量质量提升，带动当地企业走向优质成熟，产业逐步转型升级；另一方面，消费升级、产业转型推动当地科技资源整合、提升、落地。

第四章

金融服务双循环

切实增强金融服务双循环的能力 / 张晓慧

双循环战略需要创新友好型的金融体系 / 赵昌文

投融资体制改革应转向“以企业需求为中心” / 于春玲

切实增强金融服务双循环的能力

张晓慧

从金融角度看，服务好双循环新发展格局需要做以下这几件事。

把握好金融在双循环新发展格局中的定位

服务好新发展格局要把握好金融在双循环新发展格局中的定位。习近平总书记多次强调：金融活，经济活；经济兴，金融兴；经济是肌体，金融是血脉，两者共生共荣。在推动双循环新发展格局形成的过程中，金融无疑应当发挥重要的作用，也就是说，金融的结构性变革必须致力于解决双循环新发展格局当中的难点和痛点问题，致力于配合解决实体经济的创新发展。这或许才是金融在新发展格局中的准确定位。

从国际经验看，英美等西方金融强国都曾经通过现代商业银行的创新以及包括现代投资银行和创业投资体系在内的现代资本市场的创新和发展，成功地参与了第一次到第三次工业革命，为解决实体经济的创新发展奠定了金融基础，提供了良好的金融环境。当前，中国也可以算得

作者系 CF40 资深研究员，清华大学五道口金融学院院长。

上是金融大国，我国的银行体系、信贷市场规模、外汇储备规模都是全球第一，股票市场、债券市场、保险市场的规模排全球第二。但我们距离金融强国应该说还有漫长的路途要走，可以说，双循环新发展格局的提出，也为金融的结构性变革更好地服务经济高质量发展、为中国成为金融强国提供了一次机遇。

金融是现代经济的引擎，在某种意义上说，金融效率和科技创新也是相互成就的，这在发达经济体的实践中早就得到过验证。众所周知，华尔街和硅谷实际上也是相互成就的。在2020年9月11日召开的科学家座谈会上，习近平总书记再次强调了科技创新的重要性。他指出，科学技术现代化从来都是我国实现现代化的重要内容。尤其是推动国内大循环需要提高供给体系的质量和水平，以新供给创造新需求，这其中科技创新是关键。而畅通国内国际双循环也需要科技实力来保障产业链供应链的安全稳定。这意味着，双循环新发展格局下中国金融制度所面临的新一轮开放升级和变革，必须以科技创新实践为依据，加快从间接融资向直接融资的转变。只有整个金融体系变得更加开放，更有活力，才能给予新经济、新技术、新产业更精准、更直接的金融支撑。

继续发挥金融供给侧结构性改革的核心作用

新发展格局下要继续发挥金融供给侧结构性改革的核心作用。

首先，要健全货币政策和宏观审慎政策双支柱调控框架，货币政策要更加灵活适度。尤其是当前形势下，可以通过健全结构性货币政策工具体系来加大金融对实体经济，特别是制造业和民营企业、小微企业的支持力度，提高居民消费意愿和能力，促进民间投资，扩大内需，推动形成统一的国内大市场，为双循环特别是国内经济大循环提供需求的拉动。同时，我们也要强化监管约束，加强系统重要性金融机构的监管，建立逆周期资本缓冲机制和宏观审慎压力测试制度，丰富宏观审慎工具箱，建立工具的启用、校准和退出机制。

其次，要发展多层次资本市场，尤其是培育壮大与科技创新相适应的股权投资和证券市场，打通科技驱动－现代金融－实体经济的良性循环；要大力发展供应链金融，增强金融与产业链的融合度和协同性，在支持战略性产业发展的同时，更要推动传统制造业的优化升级，如此才能为支持双循环，特别是国内经济大循环构建高效完备的生产供给体系。

再次，要稳步推进人民币国际化。在推进人民币国际化的过程中，尤其是要注重推动人民币在跨境贸易、投资以及大宗商品计价方面的运用。一方面可以利用双边本币互换、对外援助、对外优惠贷款等机制来扩大人民币的国际使用；另一方面要加强跨境支付基础设施建设，积极推进 CIPS 的建设，提高人民币清算结算效率，逐步降低中资金融机构对 SWIFT 的依赖，维护金融支持我国企业参与国际经济循环的能力。

把握政策力度和节奏

要抓紧完善宏观调控跨周期设计和调节制度，做好短期宏观政策和中长期制度的发展衔接，把握短期政策力度和节奏，为中长期结构性改革预留空间。

习近平总书记指出，“我国经济虽然面临较大压力，但是国内基本盘总体稳定。我国经济潜力足、韧性强、回旋空间大、政策工具多的基本特点没有变”。

疫情冲击之下，我国推出了较大力度的逆周期调节政策，对经济的较快恢复发挥了重要的作用。但为防止过度刺激带来的副作用，政府将政策中心主要放在疫情防控以及帮助企业尽快复工复产上，对财政和货币政策的刺激规模相对温和，整体政府部门的杠杆率仍然处在基本可控的区间。货币政策方面，相对其他主要发达经济体，中国人民银行资产负债表的扩张也比较温和，且仍有进一步降准、降息的空间。这意味着相对其他多数主要经济体，中国仍有充足的政策工具可以应对未来可能受到的冲击。

不过，应对疫情过程中出现的新增信贷和社会融资规模的大幅上升还是会继续推高宏观杠杆水平的。中国社科院经济研究所发布的《宏观杠杆率季度报告》显示，2020 年上半年杠杆率增幅为 21 个百分点，由上年末的 245.4% 上升到了 266.4%。这要求未来宽信用政策必须更加精准导向，在帮助中小企业渡过难关的同时，也要避免大量的新增流动性流入股市、楼市，刺激资产价格的上升，造成风险积累并增大后期风险释放压力，尤其是要避免资金的空转套利乃至抬高实体经济的融资成本。

关注资产负债表的修复

要关注资产负债表的修复，更要警惕房地产作为短期刺激经济手段的倾向。首先要特别关注的是，政府部门、非金融企业部门与居民部门资产负债表的修复是需要时间的。此次的疫情冲击具有一定的非对称性，中小企业资产负债表受损的程度更高一些，当前政府的纾困政策着重在对现金流受损严重的中小企业施以援手。疫情过后有效需求的恢复速度仍然会制约中小企业资产负债表的修复速度。其次是房地产作为短期刺激经济手段的倾向仍然存在。中国经济的崛起很大程度上依赖于投资拉动的增长模式，

近年来，固定资产投资增长占 GDP 比例已达 70%—80%，其中很大一部分是房地产行业。其实早在疫情之前中国房地产行业就已经显现过度繁荣的迹象，2018 年房地产投资占 GDP 的比重达到 13%，地区之间的价格和供需也出现了严重失调，更重要的是金融资源过度集中在房地产相关行业造成了经济扭曲，对消费的挤出效应十分显著。从 2020 年前七个月的经济数据看，房地产开发投资依然具有较强的韧性，率先实现了 3.4% 的正增长，这无疑有助于中国经济的企稳修复。

但与此同时，某些热点城市的房价在疫情冲击下仍出现快速上涨，并存在部分资金违规流入楼市的现象，这些既不利于房地产市场的稳定，又会扩大金融行业的风险敞口，并对内需的恢复，尤其是对居民消费和固定资产投资中最具生产性的部分——制造业投资带来负面影响。

坚定推进制度型金融开放

必须坚定推进制度型金融开放。尽管出现了逆全球化潮流，但是国际经济联通交往仍然是世界经济发展的客观要求。对外开放是我国的基本国策，也是我国经济快速可持续发展的重要动力。此前我国在商品和要素流动性开放方面已经取得了可喜的成就，但在制度型开放方面并没有取得太多的实质性进展。我国金融开放的现实与国际通行标准之间仍然存在巨大的差距。

其实2018年底召开的中央经济工作会议就早已提出：要适应新形势，

把握新特点，推动由商品和要素流动型开放向规则等制度型开放转变。制度型开放的核心，就是在学习规则和参与规则制定的过程中，更多使用市场化和法治化手段来推进开放。按照这个衡量标准，我国金融业的开放仍有很长的路要走。目前，我国股票市场中外资持股占比不到5%，债券市场外资占比不到4%，人民币占全球储备资产比重不到3%，银行业外资占比不到2%，所以说金融市场的开放程度仍然有很大的提升空间。

实行制度型负面清单管理

实行制度型负面清单管理更有助于坚定我国扩大开放的决心。在双循环发展新格局下，推进人民币资本项目可兑换和人民币国际化，必须以中央发布的《关于构建更加完善的要素市场化配置机制体制的意见》和《关于新时代加快完善社会主义市场经济体制的意见》为指引，做好制度型金融开放路径的顶层设计，既要避免功利地根据资本流动形势的预判来决定我国的开放进程，又不能因为要应对资本流动的波动就把制度性安排当作调控工具。

货币可兑换和国际化的国际标准通常采用负面清单列示，因为负面清单的方式下，开放是原则，限制是例外。负面清单是不可逆的，只能做“减法”不能做“加法”。只有基于负面清单的制度型开放，才能为支持一种货币成为全球避险货币提供重要的体制保障。我们知道，按照正面清单评估的四十多项人民币资本交易项目，只有五六项是不可兑换的，显示人民币资本项目的可兑换程度已经非常之高，但如按照负面清单，我国完全可兑换的资本交易项目只有七八项，其他都是不同程度的资本管制。所以两者之间的差距还是比较大的。

推动人民币国际化使用

推动人民币国际化使用有利于双循环新发展格局的形成。自 2009 年 7 月央行正式启动跨境贸易人民币结算试点以来，我国逐步放开人民币跨境贸易投资领域的使用限制。经过十多年的发展，人民币的支付、投融资、储备、计价等国际货币功能全面增强。目前人民币是中国第二大跨境支付货币、全球第五大国际支付货币、第五大国际储备货币、第三大贸易融资货币和第八大外汇交易货币，计价货币功能也有所突破。

当前形势下，推动人民币国际使用的重要性日益凸显，这主要是在国际政治和经济格局不断变化的情况下，尤其在地缘政治风险上升，单边主义和贸易保护主义盛行，经济贸易问题政治化的今天，跨境币种选择的非市场因素变得越来越重要。

过去由于交易惯性和路径依赖认为是无所谓的问题，都开始逐渐变得有所谓了。过去企业跨境结算币种选择主要考虑市场因素，譬如汇率风险、货币兑换成本、融资成本等，由于人民币是高息货币，在金融市场开放中对境外投资者的吸引力较高，但在贸易活动中相比美元、欧元、日元则不具备成本优势。然而受美国金融制裁和长臂管辖的影响，担心美元结算、清算渠道受阻，越来越多的企业开始选择人民币作为跨境结算的币种。

其实，依赖美元体系进行结算的惯性也是可以通过精细化管理来加以改善的，当前大多数国家对美元都是采取净额结算，即国内银行内部和银行之间先清算完结，再到国外去清算。我国的银行则大多数采用全额结算方式，无论总行、分行还是海外行，都是直接通过SWIFT以及美国的CHIPS进行结算。

据相关统计，我国的日均结算量若是全额结算的话，大约在两三千亿左右，若采取净额结算方式也不过1/10左右。现在的做法一方面是多付了手续费，另一方面则加剧了对美国支付结算体系的依赖。在双循环新发展格局下，有必要大力推动净额结算的方式。

加强资本市场基础制度建设

加强资本市场基础制度建设有利于推动资本市场的健康发展。资本市场的制度条件决定着资本市场的发展质量。在双循环新发展格局下，重要的是如何通过金融的制度型开放，把国际金融资源用于推动国内的高质量发展和现代化，而不是盲目地把国内金融资源无序、低质量地散发出去。

加大资本市场对外开放力度，不仅可以吸引境外优质资源进而深化资本市场制度改革，而且可以通过境外资本的参与引入成熟的市场规则和投资理念，提高我国资本市场在全球范围配置资源的能力。

资本市场的开放不仅仅是放开对境外投资者的限制，更重要的是通过国内资本市场的建立使我国资本市场和国际资本市场接轨。我国资本市场的运行规则与发达国家存在较大的差异，现行的信息披露、退市、卖空、投资者保护等制度都不够完善，境外投资者在对境内投资环境不熟悉的情况下，风险偏好较低，投资行为谨慎，投资期限也是趋于短期化的。

实施高水平的对外开放，推动以信息披露为核心的注册制改革，完善退市制度，防止行政管理的过度介入，加强投资者保护，为投资者提供良性竞争环境，建立起与国际接轨的运行体系，才能更好地发挥资本市场的枢纽作用，提高我国经济的国际竞争力。

推动商业银行股权投资试点

通过推动商业银行股权投资试点实质落地来解决小微企业最需要的股权投资。从周期上看，小微企业在初创期和成长期时，最需要的资金是股权投资而不是债权投资。根据相关统计数据，2019 年以来，我国的风险投资出现了较大的调整，2020 年公开披露的风投规模只有 405 亿元，大约是 2019 年的 1/4，而且小微企业也不是风投的青睐对象。

如果能够允许资金实力雄厚的商业银行开展股权投资的话，必定可以助力小微企业依法合规做大做强，更好发挥服务实体经济的作用。与社会资本的短期性和逐利性相比，商业银行的投资期往往比较长，能够支持企业长期稳健经营，且雄厚的股本实力有利于撬动更多的债权资金，使企业的资金实力成倍增长。

同时银行整合资源的能力比较强，可以帮助企业搭建综合化的服务平台，引入产业投资人、咨询机构、保理商、保险公司这样一些外部力量，帮助企业持续完善财务管理和公司治理，培育更多的待上市优质企业，推动经济高质量发展。

因此，新发展格局下，应该加快银保监会发布的《关于支持银行业金融机构加大创新力度开展科创企业投贷联动试点的指导意见》的真正落地。首先要加快批准试点银行设立境内投资子公司，并把试点城市扩大到深圳、西安这样一些科创企业比较集聚的城市。

其次，应该允许资本相对充足的银行拿出一定比例的资本参与股权投资，同时可以对银行实施阶段性的风险权重计量。譬如参考债转股的风险权重计算方式，给予商业银行在战略新兴产业的股权投资 2-3 年的低风险权重计量期限，来平滑持有期间的平均资本占用。

最后，要充分发挥好科创板的孵化和退出机制，由相关部门出资设立中小企业股权投资基金或者母基金，在企业初创期介入，实行财务投资，由银行管理，把投贷联动真正做起来；央行和监管部门可以联合设立普惠金融服务中心，专门协调解决普惠金融实务操作中可能出现的梗阻，推动新型供应链金融创新试点，推动数字普惠金融的发展，来助力国内大循环。

推动养老金第三支柱的发展

完善相关配套制度，推动养老金第三支柱的发展。促进养老金融发展对加快构建我国双循环新发展格局具有重要意义，也是促进长期资本形成的重要途径。从某种意义上讲，基于解决未来社会大问题的养老保险第三支柱，恰恰是可以把融资结构、金融体系结构、促进长期资本形成、有效降低宏观杠杆水平等诸多棘手问题串起来解决的一条途径，也就是说，促进养老金融发展对加快构建我国双循环的新发展格局具有重要意义，有利于补上长期资本形成不足的短板。

众人皆知，我国的储蓄率很高，可是过去我们的储蓄中有很大一部分以净出口的形式形成了对国外的净投资，新发展格局下我国的企业必然会加强自身技术研发或者开展长期投资，所以就需要补上国内长期资本形成不足的短板，也就是说，宏观环境的变化要求我们在养老金融体制上进行改革。

与国际上比较成熟，或者比较成功的养老金体系相比，当前制约我国养老金第三支柱发展的主要问题在于财政给予的税收优惠激励不足，涉税流程相对烦琐，没有能够调动老百姓参与的积极性，同时规模经济也不够，机构投资者发展也不足，养老体制改革与资本市场的良性互动无法得到很好的发展。要解决这些问题，不仅需要在税收政策上下功夫，还需要金融机构在其中发挥更大的作用。

随着我国老龄化的加剧，未来从目前现收现付制的 DB 型养老计划转向发展基金积累制的 DC 型养老计划是必然选择。首先，通过建立第三支柱可将家庭部门的短期储蓄变为“长钱”，从而发展直接融资市场，有效支持去杠杆。

据相关部门估算，2020 年我国 GDP 将达到 100 万亿元，家庭金融资产将达到 200 万亿元左右。按照家庭资产负债表的结构，30% 的家庭资产将用于养老，资金规模大约有 60 万亿元。其中第三支柱个人账户留存的资金大概是 40 万亿元，如果把这些资金交给专业机构进行运营，其中只要有 20% 配置到股权融资市场，可以运营的资金就会达到 8 万亿元。只要科学、综合、审慎地把这些资金配置在股权融资中，就可以形成“长钱”，实现养老基金长钱和企业股权融资权限的匹配，这是企业部门去杠杆的一个重要驱动力。

与此同时，建立第三支柱还有助于培育机构投资者，增强金融市场的稳定性。长期以来，我国的资本市场散户多、波动性大、炒作风气浓，削弱了资本市场的吸引力和服务实体经济的能力。机构投资者不仅具有信息优势，规模优势，还有着较为专业和科学化的投资决策模式，行为更接近于有效市场假说中的“理性经纪人”，所以机构投资者市场地位的提高，将有利于促进金融市场健康稳定的发展。

上述种种金融的结构性变革都需要我们解放思想，实打实落，才能取得标志性的快进。只有这些结构性变革得以实现，才能够助力“以国内大循环为主，国内国际双循环相互促进”新发展格局的形成。

双循环战略需要创新友好型的金融体系

赵昌文

2020年以来，习近平总书记多次就如何科学认识和深刻把握国内外大势，统筹发展和安全作出重要论述，提出了关于构建形成以国内大循环为主体、国内国际双循环相互促进的新发展格局的理论，这是根据我国发展阶段、发展环境、发展条件变化作出的科学判断。加快构建新发展格局是贯彻落实新发展理念、推动高质量发展，促进质量变革、效率变革、动力变革，实现更高质量、更有效率、更加公平、更可持续、更为安全的发展的重大战略，是与时俱进提升我国经济发展水平、塑造我国国际经济合作和竞争新优势的必然选择。新发展格局理论的核心是双循环战略，甚至这两个表述在某种程度上可以互换。双循环战略将会是“十四五”和未来相当长一个时期引领我国经济社会发展的重大战略，是我们统筹中华民族伟大复兴战略全局和世界百年未有之大变局，谋划和开展经济工作的根本遵循和行动指南。

双循环战略是最新提出的，是适应我国进入新发展阶段后贯彻新发展理念、推动高质量发展的重大战略，但支撑这一战略的思想并不是才

作者系CF40特邀嘉宾，国务院发展研究中心产业经济部部长。

有的。如果我们历数这些年中央关于经济发展的重大战略，比如，2015年中央经济工作会议提出，供给侧结构性改革就是要“解决重大的结构性失衡所导致的经济循环不畅的问题”；2016 年中央经济工作会议强调，必须从供给侧、结构性改革上想办法，努力实现供求关系新的动态均衡；2017 年中央经济工作会议提出，主攻方向是提高供给质量，要减少无效供给、扩大有效供给，着力提升整个供给体系质量，提高供给结构对需求结构的适应性；2018 年中央经济工作会议中强调，要深化供给侧结构性改革，明确提出了“巩固、增强、提升、畅通”八字方针，以畅通产业循环、市场循环和经济社会循环；2019 年中央经济工作会议提出，要紧紧扭住新发展理念推动发展，把注意力集中到解决各种不平衡不充分的问题上，以创新驱动和改革开放为两个轮子，全面提高经济整体竞争力，加快现代化经济体系建设。由此可见，“循环论”是近年来中央指导经济工作基本的一贯的指导思想，双循环战略既是适应我国进入新发展阶段后国内外环境和条件变化的新战略，又与这些年经济发展的其他重大战略是一脉相承的。

科技创新在双循环战略中极具重要性

双循环战略需要一个什么样的金融体系？要回答这个问题，首先要明确双循环战略要解决什么问题。如前所述，加快形成新发展格局是适应我国发展阶段、环境和条件三个方面的变化做出的重大决策，以下，我将从这三个方面进行分析。

一是我国发展阶段变化带来的不断提高发展质量的需要。“十四五”时期，我国将进入新发展阶段。也就是，我国在全面建成小康社会、实现第一个百年奋斗目标后，将开启全面建设社会主义现代化国家新征程、向第二个百年目标迈进的新阶段。进入新发展阶段，一定要深刻认识错综复杂的国际环境带来的新矛盾新挑战，深刻认识我国社会主要矛盾变化带来的新特征新要求。从国际环境看，主要是积极应对世界百年未有之大变局带来的不稳定性不确定性，防范化解各类风险隐患，其关键在于办好自己的事，提高发展质量。从国内看，进入新发展阶段后的主要任务仍然是不断解决好人民日益增长的美好生活需要和不平衡不充分的发展之间的矛盾，推进高质量发展。

解决发展不平衡不充分问题，推动高质量发展，必须从各个环节、各个部门、各个领域全面畅通国内大循环。打通生产、流通、分配、消费等环节内部和相互之间的堵点，促进现代金融、科技创新与实体经济的良性循环，畅通产业循环、市场循环、经济社会循环，进而提升供给体系对国内需求的适配性，实现需求牵引供给、供给创造需求的更高水平动态平衡，在更高水平、更高质量社会生产和再生产的循环中不断满足人民日益增长的美好生活需要。解决发展不平衡不充分问题，推动高质量发展，必须立足国内国际双循环相互促进。畅通国内大循环，以国内促国际，为正在受保护主义上升、全球市场萎缩困扰的世界经济增添发展新动力，在推动全球复苏中畅通国际大循环。参与国际大循环，以国际促国内，进一步为我国企业开拓更大的成长空间，实现更高水平的国内大循环。国内国际双循环相互促进，必将推动国内市场和国际市场更好联通，必将推动国内资源和国外资源更有效利用，促进国民经济实现更加强劲更可持续更高质量的发展。

我国发展不平衡不充分的主要表现是：创新能力不适应高质量发展要求、农业基础还不稳固、城乡区域发展和收入分配差距较大、民生保障存在短板、生态环保任重道远、社会治理还有弱项，等等。上述每个方面都很重要，都需要下大力气来解决，但我想特别强调创新能力不适应高质量发展要求这个方面。如何来解决这个问题？根本在于坚持新发展理念，把创新特别是科技创新放在更加重要的位置，促进我国经济发展的质量变革、效率变革和动力变革。

双循环战略高度重视科技创新对高质量发展和国内大循环的关键作用，把科技自立自强作为国家发展的战略支撑。科技革命和产业变革一直是历史上驱动国际经济政治格局变迁的基础性变量。跨越"中等收入陷阱"，实现现代化"两步走"战略目标和中华民族伟大复兴的"中国梦"，必须要深度参与和引领科技革命和产业变革。当前，全球新一轮科技革命和产业变革正在加速演变，既凸显了加快提高我国科技创新能力的紧迫性，又给我们提供了在科技创新方面迎头赶上的历史性机遇。通过打好关键核心技术攻坚战，以科技创新提升产业链水平，维护产业链安全。通过科技创新全面提升经济发展科技含量、劳动生产率和资本回报率，解决发展中不充分、不平衡、不可持续问题，实现经济增长从要素驱动向创新驱动的动能转换。也就是说，我们要通过科技创新牢牢把握创新主动权、发展主动权，实现动能更加强劲、发展更为安全的国内大循环，实现国内循环和国际循环的相互促进。

二是我国发展环境变化带来的更加重视经济安全的需要。这些年我国发展环境的变化大大超过了以往，今后一个时期，我们还将面对更多逆风逆水的外部环境，必须做好应对一系列新的风险挑战的准备。这次人类历史上百年未有的大疫情，尚未得到完全控制，疫情后全球大变局还可能会出现一些新趋势新特点。比如，经济复苏的大分化。历史经验表明，无论何种冲击，但冲击之后的恢复和复苏过程一般都会出现显著的分化，这次新冠肺炎疫情后的分化主要取决于抗疫能力，谁能够更好地控制住疫情，谁就会在经济复苏中占得先机。再比如，疫情之后全球供应链的重构几乎是不可避免的。疫情之前，由于经贸摩擦等原因，全球供应链已经出现了调整的趋势，在原来“成本和效率”导向的分工逻辑之上又多了市场和技术的可获得性、国家经济安全等因素。对于我国来说，在全球产业链和供应链重构过程中可能会遇到更多新的压力，如何在产业转移和产业升级之间保持一个合理的平衡。此外，我国一些高技术企业被列入了美国的实体清单，一些领域面临关键核心技术“卡脖子”问题等，这都对我国经济社会稳定发展造成了冲击。所以，一定要统筹好发展与安全的关系，这是现在的一件大事。怎么解决安全问题？答案没有别的，只能是加速科技创新。

“中国经济是一片大海，而不是一个小池塘”，“狂风骤雨可以掀翻小池塘，但不能掀翻大海。经历了无数次狂风骤雨，大海依旧在那儿”。只要我们集中力量办好自己的事，发挥巨大市场需求潜力，用超大规模市场容量容纳更多市场主体提供的产品和服务，激发上亿市场主体活力，尽快突破关键核心技术，推动经济持续健康发展，就能持续提升我国在世界经济中的地位和影响力，就能在全球供应链大重构、全球复苏进程大分化、新一轮科技革命和产业变革加速演变中占据主动。实现国内国际双循环相互促进，顺应和引领全球化历史潮流，就能在推动构建人类命运共同体中实现更为安全的发展。经济全球化仍是历史潮流，各国分工合作、互利共赢是长期趋势。畅通国内大循环，以国内促国际，可以为其他国家提供更广阔的市场机会，为更多的外资外企提供更大的成长空间，有助于推动建设开放型世界经济，在促进全球包容性增长中维护经济全球化。参与国际大循环，以国际促国内，将进一步增强国内国际经济联动效应，使我国成为吸引国际商品和要素资源的巨大引力场。国内国际双循环相互促进将使我国既深度参与国际分工，又牢牢掌握发展主动权，实现安全与发展的相互增进。

三是发展条件变化带来的加快形成新发展动力的需要。经过改革开放40余年的发展，我们的资源禀赋和要素条件正在发生很大的变化，劳动人口数量的减少和工资水平的上升，环保要求的不断提高，使得要素成本低、环境容量大等传统优势正在逐步削弱。新的优势在哪里？2018年我们和世界银行做了一个关于经济转型期增长新动能的联合研究，当时提出了新的三大动力和一个主线。主线是提高全要素生产率，三大动力中，第一个是持续向前推进技术前沿，要做原始创新；第二个是解决好技术或成果商业化与产业化的问题；第三个是通过深化改革解决各类资源错配问题。所以，发展条件变化下重塑竞争新优势的关键也在于科技创新。

畅通国内大循环，实现以国内大循环为主体，是加快形成竞争新优势的基础。关键核心技术是要不来、买不来、讨不来的。突破关键核心技术，提升自主创新能力，必须要依托我国超大规模市场和完备产业体系，打通阻碍产业与科技、需求与供给高水平循环的瘀点堵点，创造有利于新技术快速大规模应用和迭代升级的独特优势，加速科技成果向现实生产力转化。同时，国内循环越顺畅，越能形成对全球资源要素的引力场，越有利于构建以国内大循环为主体、国内国际双循环相互促进的新发展格局，越有利于形成参与国际竞争和合作的新优势。国内国际双循环相互促进，才能不断巩固和增强竞争新优势。中国经济要发展，就要敢于到世界市场的汪洋大海中去游泳。在游泳中才能学会游泳，在竞争中才能获得竞争优势。畅通国内大循环，以国内促国际，可以增强全球产业链供应链创新链的韧性，国内市场越大、创新能力越强，就越有利于畅通创新资源的国际大循环。参与国际大循环，以国际促国内，可以更好学习和吸收全球先进技术、管理经验、创新文化，在开放中推进自主创新。国内国际双循环相互促进，将在更高起点上、更大空间内推动科技创新和优势的转换，在竞争中不断提升我国在全球产业链、供应链、价值链、创新链中的地位和竞争力。

综上所述，从发展阶段、发展环境、发展条件的变化来看，科技创新都具有极端的重要性，决定着国家的未来，这件事我们必须抓好，没有其他选择。

双循环战略需要创新友好型的金融体系

如前所述，科技创新是双循环战略的核心内涵。双循环战略需要怎样的金融体系？答案就是创新友好型的金融体系。接下来的问题是，什么是创新友好型的金融体系？如果我们从个案出发，比较好回答，因为凡是创新做得好的城市和地区，比如深圳，大体上就应该属于创新友好型的金融体系。但是，也有很多金融资源比较好的城市，创新做得并不是很好。接下来，我想从三个方面对创新友好型的金融体系做一个大体的界定。

第一，创新友好型金融体系要有助于我们抓住新工业革命的机遇，或者说，要适应新一轮工业革命的技术金融范式。在这里，我想先引出一个概念，也就是英国的佩罗兹（Perez）提出的“技术—经济范式”，我稍微做了一些改变，叫作“技术—金融范式”。那么，创新和技术—金融范式之间有什么关系？技术—金融范式又和新工业革命之间有什么关系？

实际上，创新与金融之间的关系非常密切。历史上每一次重大的科技创新，背后都有金融创新的因素。剑桥大学教授李约瑟博士在其所著的《中国的科学与文明》(即《中国科学技术史》) 中指出，一方面，中国古代对人类科技发展做出了很多重要贡献，在科学、技术方面处于领先地位，甚至出现了“四大发明”，另一方面，中国却没有继续往前迈进，因此当 17 世纪西方的进步加快之后，中国就远远落后了。特别是鸦片战争之后，中国人就一直被光荣的历史回忆和现实落后的屈辱所困扰。这样一个矛盾被李约瑟博士归纳为具有极大挑战性的两个难题：第一，为什么中国历史上一直远远领先于其他文明？第二，为什么中国现在不再领先于外部世界，工业革命为什么没有发源于中国？这就是著名的“李约瑟之谜”。

对“李约瑟之谜”，有许多不同的解释。李约瑟博士本人的解释是，因为“封建官僚制度”，使得一种新观念很难被社会接受，新技术开发领域几乎没有竞争。中国古代的官僚体制最初非常适宜科学的成长，然而，它却阻碍了重商主义价值观的形成，没有能力把工匠们的技艺和学者们发明的数学和逻辑推理方法结合在一起。他预言，如果欧美和中国的环境条件掉过个儿，那么所有其他方面也会掉过个儿——科学史上所有伟大的名字，像伽利略、马尔皮基、哈维、波义耳，都会是中国人而不是西方人。

林毅夫教授的解释是：在前现代时期，技术的发明基本上源于实践经验，而在现代，技术发明主要是从科学和实验中得到的。中国早期在技术上独领风骚，主要原因在于，在以经验为基础的技术发明过程中，人口规模是技术发明率的主要决定因素。中国在现代时期落后于西方世界，则是由于中国并没有从以经验为基础的发明方式转化到基于科学和实验的创新上来，而同时期的欧洲，至少经由18世纪的科学革命已经成功实现了这种转变。

美国北伊利诺斯大学经济学陈强博士建立了一个“发明者选择模型”，说明持续技术进步对工商产权保护的依赖性，并用高实际税率及其不可预测性、随意性与累进性来衡量古代中国“工商产权的薄弱”对技术创新的影响。

以上的解释从不同的角度看，都是非常有意义的。但是，这些解释都忽视了一个非常重要甚至最重要的方面，即金融制度对科学发现和技术创新的巨大作用。我认为，中国古代的金融制度是工业革命没有发源于中国的决定性原因。因为工业革命的本质是持续不断的技术进步和先进技术在生产中长期、大规模的使用，技术创新机制及技术扩散机制非常重要。从技术创新机制看，与农业社会低成本的偶然发明不同，工业革命所要求的许多技术发明成本很高，不是一种生产过程中的“副产品”，而是一种类似于当代企业的R&D投资行为。聚焦技术扩散机制这一视角，从偶然的科学技术发明到先进技术在生产过程中大规模的使用，也需要巨大的资金投入。与此相应，中国当时的信用制度、货币制度、金融制度还很不完善，存在着货币流通、资本供给在结构和总量上与技术投资需求之间的矛盾，以及由于不完善的信用制度而产生的交易成本太高与先进技术开发、使用的收益分享和保护制度不健全之间的矛盾。所以，中国古代的金融制度一方面推动了农业文明的发展，另一方面又制约了农业文明向工业文明的转换。

过去的200多年中，从第一次工业革命到第二次工业革命，再到第三次工业革命，一直到今天的新一轮工业革命或者第四次工业革命，不同的时代都有不同的技术—经济范式，也有与这个技术—经济范式相适应的技术—金融范式。技术—金融范式就是当时技术经济背景下最能推动创新、技术进步和新兴产业发展的基本金融体系和模式。佩罗兹Perez把历史上的“技术—经济范式”分为五个阶段，与我们一般认为的工业革命阶段大体上也是一致的。始于1771年的英国第一次技术革命，技术经济范式的主要特征是企业规模普遍较小，固定资本比例较低，与之相适应的技术－金融范式的主要特征是区域性银行、短期和小额信贷、家庭及朋友融资、开放性的合伙企业以及企业的内部利润积累。始于1829年以蒸汽与铁路为代表，从英国并逐步扩散到欧洲大陆和美国的第二次技术革命，技术－经济范式的主要特征是企业规模较大，固定资本比例较高，以及全国范围的市场，与之相适应的技术－金融范式的主要特征是股份银行、全国性银行，中长期、大额信贷，集中化和制度化的资本市场等。始于1875年以钢铁、电力等重工业为代表，主要发生在美国和德国等的第三次技术革命，技术－经济范式的主要特征是企业规模大，固定资本比例高，已经形成世界范围的市场网络等，与之相适应的技术－金融范式的主要特征是与工业资本联系紧密的大银行、全能银行，投资银行及规范化的资本市场，以及长期融资、出口融资等。始于1908年以石油、汽车和大规模生产为代表，先美国后扩散到欧洲的第四次技术革命，技术－经济范式的主要特征是企业规模大，固定资本比例较高，大规模生产和全球市场，与之相适应的技术－金融范式的主要特征是消费信贷（分期付款）、融资能力很强的资本市场等。始于1971年以信息和远程通信为代表，先美国后扩散到欧洲和亚洲的第五次技术革命，技术－经济范式的主要特征是新创企业规模小，轻资产化（无形资产、非固定资产比例较高），知识成为资本/无形价值的附加值，与之相适应的技术－金融范式的主要特征是具有生产资本属性的创业投资，包括创业板市场的多层次资本市场，以及科技银行、科技保险等。

那么，适应当前新一轮工业革命、与双循环战略相匹配的技术－金融范式又是什么呢？我们可以从多方面进行思考。比如，从反面讲，我们不能简单地认为工业化快速推进时期的大商业银行模式就一定能够适应现在以数字经济为主要特征的技术经济条件。从正面讲，我们看到数字经济时代有很多创新，各类新技术新业态新模式层出不穷。比如，平台经济就是一种主要的商业模式。平台是相互依赖的双方通过互动实现价值创造和分配的一种商业模式，其目标是匹配用户并通过商品、服务或社会货币的交换为所有参与者创造价值。平台企业，就是平台的搭建者、创造者、管理者和运营者。平台企业本质上是一种连接型企业，它具有与非平台企业完全无差别的内部资产，但更主要的是能够为不同参与者之间进行交易提供增值服务，能够在人、机构和资源的互动中实现价值创造和价值交换。据测算，我国平台经济规模已经占 GDP 的 10% 左右。平台经济已经深深地融入了工业、零售、交通、物流、能源、金融等诸多领域中。平台经济具备以下三个主要特征：

一是从平台模式讲，平台是不同于传统企业与市场的一种组织形态。平台作为一种新的组织形态，既是企业，又是市场；既不完全等同于企业，又不完全等同于市场，而是一种兼具传统企业组织和市场功能的第三种形态。

二是从平台企业讲，平台外部的连接性及其网络效应决定了平台的发展空间。不同于传统企业强调内部资产的重要性，平台企业更强调外部的连接性及其网络效应。也就是说，虽然内部的资本、人才等核心要素仍然是企业竞争力的重要来源，但平台企业更关注外部的人、资源和功能，其管理的重点也从传统供应链和商业模式转变成了管理公司非直接控制的外部资产和资源。“世界上最大的出租车公司优步，不曾拥有一辆车。世界上最流行的社交网站脸书，没有生产过任何内容。世界上最有价值的零售商阿里巴巴，没有一件商品库存。世界上最大的民宿网站爱彼迎，旗下没有一处房源”。

三是从价值创造讲，平台的价值和利润来源不仅是“存量资产”，更主要的是“增量资产”。企业的资金和资产总是有限的，传统企业增长的最大约束就是资金和资产。理论上，平台企业不存在资产和资金规模的限制，只要商业模式足够好。有一种观点把企业分为“管道（Pipeline）企业”和“平台企业”，并由此提出了“线性价值链”和“价值矩阵”的概念。“管道企业”的价值创造和价值实现过程是由设计、生产、销售和服务等诸多环节构成的，是单向的、线性的，企业内部的资产是价值和利润来源的基础；“平台企业”的价值创造和价值实现过程是一个复杂的、多维度的网络结构，生产者或供应商、消费者或顾客以及平台之间既各自创造价值，又在与其他各方的连接和互动中实现价值增值，持续不断增长的用户是价值和利润来源的基础。平台企业具有“网络效应”，就是指一个平台的用户数量对用户所能创造的价值的影响。

因此，平台企业的技术 - 金融范式一定与传统企业不是完全一样的。如果我们对今天这个时代一些新经济形态的技术 - 金融范式研究不清楚，仍用传统的大工业时代的理念去思考问题，金融家很可能会犯错误。

第二，创新友好型金融体系要有助于解决我国经济结构的三大失衡。三大失衡是这些年中央一直强调的，主要包括实体经济内部供需失衡、金融和实体经济失衡、房地产和实体经济失衡。实体经济内部的供需失衡主要表现是低水平产能过剩、高端产品供给不足等，解决问题的关键在于提高供给体系的质量和效益；房地产和实体经济的失衡主要表现在房价房租已经成为这些年企业商务成本不断上升和竞争力下降的主要原因之一，必须坚持“房住不炒”的基本原则和加快形成房地产市场健康稳定发展的长效机制。这里重点论述金融与实体经济的失衡。我们通常讲，金融是经济的“血液”，金融与实体经济是一衣带水、相互依存的关系，但是如果从矛盾论或金融竞合观的视角来观察两者之间的关系，金融与实体经济之间既有相互依存、相互促进的关系，也有相互竞争、相互排斥的关系。目前，中国金融业既存在服务实体经济效率不高的问题，也存在“攫取”实体经济即对实体经济发展产生负外部性的问题，具体表现为金融与实体经济利润结构严重失衡和金融业从业人员收入过高。我们利用上市公司的数据进行了测算，2019 年，金融类上市公司净利润 2.15 万亿元，占全部上市公司利润的 51.2%。金融类与非金融类上市公司收入之比为 1.04∶1。收入严重失衡导致最聪明的人都往金融业跑，人才从实体经济流失到金融业，最终导致资本、人才、企业家精神等所有支撑实体经济发展的创新要素“脱实向虚”。

创新友好型金融体系一定要有助于解决金融与实体经济的失衡问题，至少不能加剧问题的严重性。反过来讲，只要存在这种失衡问题，要建立一种创新导向型的经济结构就是非常困难的。为什么世界上大多数金融中心与创新中心都难以兼容？最主要的金融中心一般都不是最主要的创新中心，最主要的创新中心一般也不是最主要的金融中心。比如，美国的金融中心在纽约，但创新中心却在硅谷；英国的金融中心在伦敦，但创新中心却在剑桥地区；印度的金融中心在孟买，但创新中心却在班加罗尔，等等。

理论上金融中心与创新中心是可以兼容的。经典的金融发展理论表明，金融发展与经济增长是正相关关系，甚至可以是因果关系。由于经济持续增长的源泉是技术创新带来的全要素生产率的提高，金融发展理论的推论之一便是金融有利于技术创新。因此，作为金融机构、金融要素、金融人才或金融家的集聚之地，作为金融创新的活跃之地，金融中心与非金融中心相比，具有更强的企业家筛选效率和资本支撑能力，有利于推动生产性创新，从而使该区域更可能成为创新中心。但也有一种观点认为，金融发展与经济发展之间存在倒U形关系，即金融发展存在一个最优点或区间，超过此点或区间，金融发展与经济发展之间呈负相关关系。对华尔街有利的并不一定是对美国有利的，也就是说，有利于金融的不一定有利于整个经济。由此看来，金融并不必然促进创新，金融是异质的，不同的金融体系在促进创新方面具有不同的绩效。判断一个金融体系是否有利于创新的标准在于其金融安排是否与创新部门中各类企业的需求特征和风险收益属性相匹配。我们需要平衡好金融与创新的关系。否则，金融很可能与创新形成更强的竞争性，主要表现在四个方面：一是对创新要素的竞争（虹吸效应），二是对政策的竞争（利益集团），三是对实体经济收益分配的竞争（侵蚀效应），四是公司金融机制，也就是创新行为的短期化。

推动解决金融与实体经济失衡的关键是破除金融中心主义，以推动金融与实体经济报酬结构的再平衡为核心，构建金融与实体经济和谐共生的关系。政府的职能主要是通过完善科技金融基础设施和以公共金融的方式将财政嵌入金融交易结构，从而改善资金提供者和创业者之间的风险收益结构，为发挥市场的决定性作用创造环境。此外，要进一步深化金融改革，创造统一开放、竞争有序的金融体系。一是要大力发展多层次资本市场。二是要进一步放开市场准入，增强银行体系内的竞争。三是强化银行体系与多层次资本市场的竞争，在竞争机制下，实现金融资源向创新部门配置的结果。

第三，创新友好型金融体系要有助于激发微观主体活力和投融资需求。我们设想一下，如果地球没有摩擦力，世界会变成怎样？同样的道理，如果企业都不愿意贷款和投资，以及新增融资意味着什么？金融体系会怎么样？企业是价值创造的主体，企业的投融资需求是金融发展的前提和基础。所以，创新友好型金融体系一定要符合企业和其他微观市场主体的投融资需求而不是压抑其发展活力。

企业的债务融资需求下降实际上是已经发生过的故事。比如 1998 年以来，日本非金融企业部门债务余额总体保持下降态势。从日本的情况看，通缩和资产泡沫破灭带来的修复企业资产负债表的要求使得企业不再新增融资。我们能够看到的企业不再新增融资的结果就是，政府替代企业不断进行融资，由此导致近些年来政府部门杠杆率已经远超 200%。

从杠杆率的角度来看，一般而言，资本市场主导型的经济体杠杆率比较低，银行主导型的经济体杠杆率都比较高，比较英美（市场主导型金融体系）和中日（银行主导型金融体系）似乎也可得出类似结论。的确，前者的企业部门杠杆率的确要大幅低于中日。比如，2017 年，美国和英国的企业部门杠杆率分别为 73.2% 和 83.5%，而中国和日本却分别高达 162.5% 和 103.2%。但是，如果把再考察德国的经验，则会呈现出另一番景象。德国是典型的银行主导型国家，但杠杆率显著低于美国和英国这种资本市场主导型的经济体。2016 年证券化率仅为 49.3%，2017 年德国企业部门杠杆率仅为 54.4%，分别比美国和英国低 18.8 个和 29.1 个百分点。一个很重要的原因是，德国企业的活力更强、绩效更好，依靠自身的发展和内源融资就能够获得更大的发展，而外源融资比例通常较低。近些年来，在德国和日本的很多企业中，内源融资已经占主体地位，银行贷款的比例在下降，至少增长速度在下降。

这里还有一个观点需要说明，就是通过大力发展股票市场去杠杆。毫无疑问，多层次资本市场对于中国的创新创业和企业发展起到了积极作用，这一点从国内主要行业的龙头企业基本上都是上海、深圳的主板、中小企业板或者创业板的上市公司就可以看出。此外，我国企业的直接融资比例总体上偏低也是事实，大力发展股票市场和直接融资并没有任何问题。这里只是想指出，不能简单地把发展股票市场、直接融资和去杠杆关联起来。我们可以对法国和德国做一番比较。2016 年法国证券化率达到 87.5%，较 2008 年提高了 37.1 个百分点，但 2017 年法国企业部门杠杆率也上升了 25.5 个百分点，达到 133.4%。德国证券化率上升幅度相对较低，企业部门杠杆率却下降了 3.8 个百分点。近些年来，我国企业海内外上市数大幅增加，但企业杠杆率也在同步上升。可见，股票市场发展状况并不是决定企业部门杠杆率的最主要因素。

将股票市场作为去杠杆主要手段的观点，一定程度上忽略了公司金融的基本原理。公司融资首先分内源融资和外源融资，外源融资再分股权融资和债权融资。对于正常的企业而言，内源融资（主要是盈利）往往是第一融资来源。德国作为一个银行主导型国家，企业杠杆率之所以长期维持在主要经济体的最低水平，主要原因在于企业保持了较高的盈利能力。由于盈利能力强，德国企业融资结构中，内源融资占绝对主导地位，近年来外源融资甚至为负。实际上，中国 2004-2008 年间企业部门杠杆率也在快速下降，原因不在于股市发展了，而在于这一期间随着市场空间的快速扩展，企业保持了较强的盈利能力和内源融资能力。中国企业部门杠杆率高且在过去一段时间内快速增长，一方面在于盈利能力快速下降，另一方面在于投资冲动和过度投资。

所以，创新友好型金融体系一定要让微观主体有更强的活力，有更强的发展动力，有更强的投融资能力，有更科学理性的投资观念。否则，就会出现企业与银行之间的非正常依存关系，当下我国银行体系的风险在很大程度上正是因为企业的风险。只有当企业的内源融资占主导地位后，金融体系才会更健康。在刘鹤副总理提出的“三角形支撑框架”中，微观主体活力就占有极其重要的地位，我想这正是其中的含义。

投融资体制改革应转向“以企业需求为中心”

于春玲

改革开放四十多年以来，项目投资对于夯实经济工业化基础、全面加强基础设施建设、加快城市化进程具有重要意义。在以项目建设为中心的投融资体制下，资金跟着项目走，投资拉动效果立竿见影。十九大以来，经济进入高质量发展阶段，社会生产总过程的生产、分配、流通、消费环节的发展模式和相互关系正在发生变革。投融资体制改革，亟须从以项目建设为中心，转换为以企业需求为中心，满足各类企业全生命周期的投融资需求，更好地打通经济循环过程中的节点、堵点和盲点，推动经济全周期、全过程的顺畅进行。

以项目为中心的投融资体制发展回顾

改革开放四十多年以来，项目建设成为拉动投资的重要抓手，我国投融资体制改革也始终围绕项目建设为中心展开。回顾历史，二十世纪八十年代，国家财政拨款为单一来源，不仅没有负债，项目建设资金百

作者系 CF40 常务理事，中再资产管理股份有限公司总经理。

分之百由资本金构成；党的十四届三中全会进行建立社会主义市场机制的改革之后，我国项目投融资逐步开启了以银行贷款为主、多种资金“拼盘”，支持项目建设的大发展时代。

大规模的投资建设，带动了社会经济的全面发展和GDP的突飞猛进。与此同时，由于建设项目投资规模大、期限长，也成为近十余年来我国债务率高企不下的重要原因。特别是1998年亚洲金融危机后，加大“铁公基”基础设施贷款，成为拉动内需的重要措施。2008年次贷危机后，又通过融资平台等扩大了对基础设施建设的投融资范围，在带动固定资产投资的同时，也推升了全社会的贷款和负债。投资拉动了经济增长，也留下了去杠杆、降债务的艰巨任务。

2015年前后，我国正式确立“三去一降一补”的结构性改革任务，着力解决经济存量中的结构性问题。但实际运行中，仍难以摆脱围绕增量项目做文章的体制惯性。投资拉动落实下去要先有项目，能进入部委和地方政府项目库才方便进行下一步的融资推动。当然在投融资领域也有一些创新，如PPP引民资、降债务，试图推动资金来源和项目管理体制的优化。但以政府为主导的项目投融资审批机制，使得PPP成为地方和企业投资博弈、包装项目的“筐”，效果与初衷相去甚远。近两年REITs的推出也要对前面的经验教训进行总结，避免“政策给予厚望，现实制约重重”的局面再次出现。

究其根本，近年来的投融资改革，虽然一定程度上推动了投融资渠道的拓展，但并未跳出“通过上项目拉动投资、上了项目完成投资”的短循环。投资活动的重点集中在投入环节，对产出的后半篇缺乏必要的评价和关注。项目交付后的企业运营和投资回报，能否覆盖投资成本，投资的产出能否覆盖投入，缺乏一整套追踪、检验和提升的体制机制。

无效投资不仅换不来可持续性的增长，相反加重了高债务、高杠杆的负担。先立项、后融资，先上马、后加鞭的方式，形成了“靠巧立名目新项目融资来堵旧项目缺口”的低水平无效循环。近期国企债券违约，说明地方政府依靠平台融资、依靠地方国企项目融资的模式开始暴露问题，投融资模式改革迫在眉睫。

推动以企业为中心的投融资体制机制改革势在必行

不可否认的是，在经济发展初期，以项目为中心的投资建设模式对释放经济活力、推动工业化建设很有成效。但党的十九大以来，宏观面临解决供给侧存量问题的新特征，投资端不再简单理解为建设项目的投资，投融资机制改革也需要更进一步深化。经济高质量发展阶段，存量经济格局下，当前我国面临的投资任务不再是简单“从 1 到 N”的外延式再生产，而要面对“从 0 到 1”的内涵式再生产，这需要依靠存量的优化和技术升级来拉动。相应地，投融资体制也应由以项目建设为中心转向以企业需求为中心。

我国以银行贷款为主的间接融资领域，已经完成以项目为中心向以客户为中心的转换。伴随着商业银行的企业化经营，围绕企业的综合授信服务模式已经形成，对企业评级授信和项目债项评审的机制正在逐步深化。而投融资体制始终围绕项目建设做文章，包括各类“标”与“非标”的融资审批，大都围绕项目总投资进行包装和立项，但对能否涵盖流动资金需求或者涵盖多少比例等，仍在小心翼翼地谨慎考量。因此，从更广泛的意义上，以企业为中心的投融资体制改革还任重道远。

与以项目为中心的投资体制相比，以企业为中心的投融资体制，主要表现为三个方面的不同：

一是初心和起点不同，投资经历的节点也有所不同。撬动项目的资本金与寻求扩张的企业资本金性质不同，其流程也大为不同。以项目为中心的投融资在于“添增量”，固定资产投资拉动靠铺摊子、上项目，上项目又要依靠资本金拉动。而当项目资本金不足时，从央企到地方，当名股实债受限后，纷纷通过设立五花八门的基金解决资本金问题。这类基金，大都用负债方法解决项目资本金的不足，实质上是对资本金“掺水”。如果再加上资本金本身的杠杆作用，会使得项目自身的负债杠杆不断放大。相比而言，企业的资本金是实实在在、存在约束的。因此在企业资本结构调整时更加注重存量优化，通过升级转换等方式优化融资结构、效益整合，且在所有者权益项下进行核算，股性更重。

二是管理目标和持续周期不同，要疏通的堵点也不同。项目投融资管理往往以项目上马、交付使用为目标，因此要花费大量精力在前期项目审批上，以保证项目尽快建成。现实中，一些项目以指挥部的形式作为发起人，管理主体不明、责任不清，对企业本身治理的权责利不对等，割裂了企业内部管理的整体性，使得交付后的项目效益低下。而以企业为中心的投融资机制更关注企业的全生命周期，投融资既要考虑项目建设周期，更要关注项目的投入产出平衡，特别要做好投产后企业的运营和流动性管理，长远看还要面对企业产品升级换代等更加复杂的进化周期。这一视角的转变，要求投融资机制的改革的关注点由项目建成、投产转变为对企业的全面深入调查研究，切实向企业的内核发展动力转变，包括企业的发展长期战略稳定性与前瞻性，企业的历史业绩与成长可持续性，企业“三会一层”内部治理能力是否健康，财务数据是否长期稳健等。

三是对高新技术企业而言，以项目为中心的投融资体制还有许多给不上力的支持盲点。以项目为中心的融资体系，通过在建工程、固定资产等有形资产的抵押，或者上下游照付不议的项目融资等，为传统企业提供了支持。与对传统企业的融资支持不同，以企业为中心的融资体系既包括一般企业，也包含科技等轻资产企业。特别是对于高新技术企业来说，发明专利、知识产权等无形资产，以及试验、推广等递延费用，都需要在企业全生命周期中统筹平衡，才能弥补现有投融资体制的空白和不足。

以企业为中心的投融资体制改革有利于促进经济的双循环

社会经济的内外循环是多节点、多层次、多方交互的。宏观层面，社会生产的四个环节——生产、分配、流通、消费，各个环节均有自身的内外循环；中观层面，产业链、供应链、价值链、生态链的循环交互存在；微观层面，企业自身、企业之间也各成循环。

如何理解循环？“循”意味着转起来，要有增量投资；“环”意味着回得来，要靠投资效益；通过保值增值，才能进行螺旋式上升，而不是原地打转的简单再生产。具体来说，我们讲“循”，投资是主推力，是循着经济的增长点进行开局和扩大再生产投资；而“环”则体现出投入产出的可持续性，有可持续的效益产生才能形成良好的闭环。当一个企业资不抵债时，不仅意味着资本金已被蚕食殆尽，借款也开始缺乏对应的资产保障，循环则不能再持续下去。这就要求，投融资体制机制的改革要以企业为中心，要以观测的企业未来发展为视角，更加注重投资对企业包括生产、建设、运营等在内的全流程驱动，让企业和经济运行真正地做到有循有环。

另外，投资要重视科技的力量，金融资本要在促进产业资本和科技资本的融合上下功夫。新形势下，高新技术企业通过物联、数据等技术手段，改变了生产、分配、流通、消费各个环节的对接和重组。马克思在谈到生产和资本集中不断增强时，讲到产融结合和金融寡头。当前我们面临的是产业、金融和科技多重结合的新阶段和科技寡头的崛起，这是我们在投资过程中遇到的新现象。未来，投资面临的不再是 To P（Project，项目），而是 To B（Business，企业），更要向 To D（Digital，数字）发展。我们要思考如何通过金融资本，促进产业资本和科技资本的融合，推动经济双循环系统的升级再造和可控可调。